AMÉRICA DEL SUR

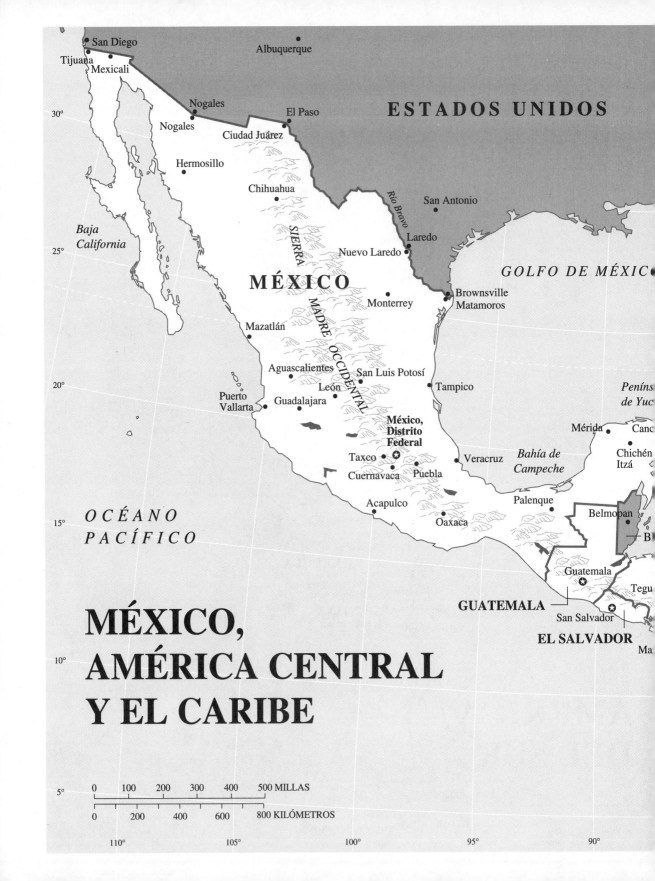

MÉXICO, AMÉRICA CENTRAL Y EL CARIBE

ESTADOS UNIDOS

San Diego
Tijuana
Mexicali
Albuquerque
Nogales
Nogales
El Paso
Ciudad Juárez
Hermosillo
Chihuahua
San Antonio

Baja California

30°
25°
20°
15°
10°
5°

SIERRA

Río Bravo

Laredo
Nuevo Laredo
MÉXICO
Monterrey
Brownsville
Matamoros

GOLFO DE MÉXICO

Mazatlán

MADRE OCCIDENTAL

Aguascalientes
San Luis Potosí
León
Tampico
Puerto Vallarta
Guadalajara

México, Distrito Federal

Taxco
Cuernavaca
Puebla
Veracruz

Bahía de Campeche

Península de Yuc

Mérida
Canc
Chichén Itzá

Acapulco
Oaxaca
Palenque
Belmopan
B

OCÉANO PACÍFICO

Guatemala

GUATEMALA
San Salvador
Tegu

EL SALVADOR
Ma

0   100   200   300   400   500 MILLAS
0   200   400   600   800 KILÓMETROS

110°   105°   100°   95°   90°

75° 70° 65° 60° 55°

30°

OCÉANO
ATLÁNTICO

25°

Miami

Nassau

BAHAMAS

La Habana

CUBA

20°

REPÚBLICA
DOMINICANA

San Juan

AR CARIBE

Santiago
de Cuba   Puerto Príncipe

Santo
Domingo

GUADALUPE

PUERTO
RICO

Kingston

JAMAICA

HAITÍ

15°

MARTINICA

NDURAS

ARAGUA

de
gua

10°

Caracas

a José

Canal de
Panamá   Colón

Panamá

PANAMÁ

VENEZUELA

OSTA
ICA

Golfo
de
Panamá

COLOMBIA

Bogotá

80°

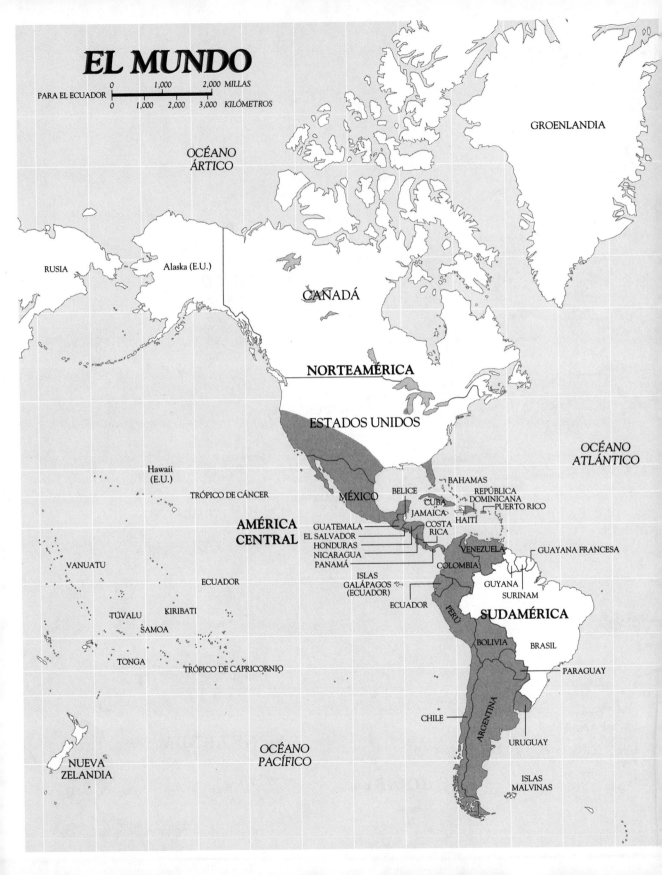

EL MUNDO

PARA EL ECUADOR

0   1,000   2,000 MILLAS

0   1,000   2,000   3,000 KILÓMETROS

OCÉANO ÁRTICO

GROENLANDIA

RUSIA

Alaska (E.U.)

CANADÁ

NORTEAMÉRICA

ESTADOS UNIDOS

OCÉANO ATLÁNTICO

Hawaii (E.U.)

TRÓPICO DE CÁNCER

MÉXICO

BELICE

BAHAMAS

CUBA

REPÚBLICA DOMINICANA

JAMAICA

PUERTO RICO

HAITÍ

AMÉRICA CENTRAL

GUATEMALA

EL SALVADOR

HONDURAS

NICARAGUA

PANAMÁ

COSTA RICA

VENEZUELA

GUAYANA FRANCESA

COLOMBIA

VANUATU

ECUADOR

ISLAS GALÁPAGOS (ECUADOR)

ECUADOR

GUYANA

SURINAM

SUDAMÉRICA

PERÚ

TUVALU

KIRIBATI

SAMOA

BOLIVIA

BRASIL

TONGA

TRÓPICO DE CAPRICORNIO

PARAGUAY

CHILE

ARGENTINA

URUGUAY

NUEVA ZELANDIA

OCÉANO PACÍFICO

ISLAS MALVINAS

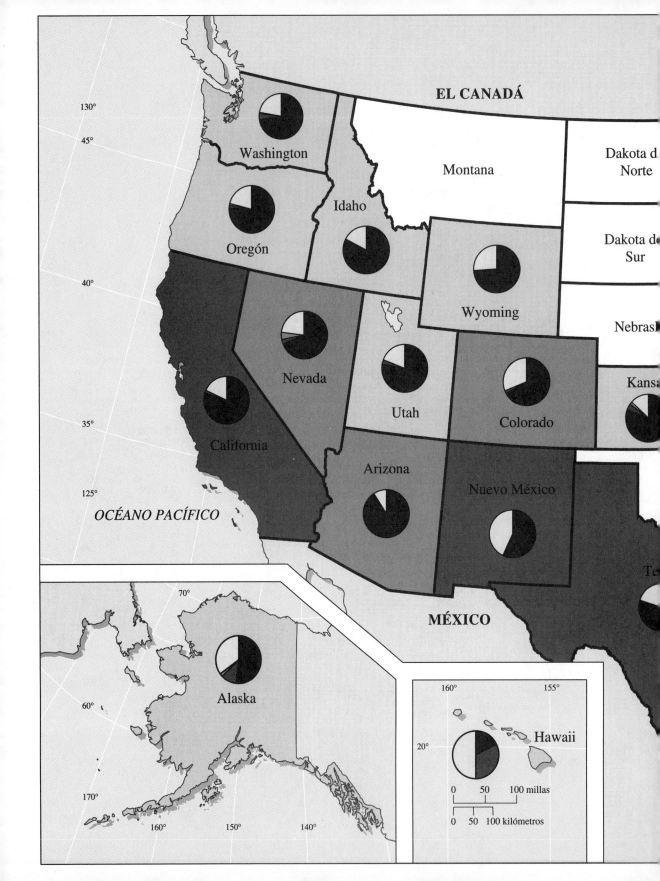

EL CANADÁ

Dakota d
Norte

Dakota d
Sur

Nebras

Kans:

Montana

Washington

Idaho

Oregón

Wyoming

Nevada

Utah

Colorado

California

Arizona

Nuevo México

Te

OCÉANO PACÍFICO

MÉXICO

Alaska

Hawaii

0   50   100 millas

0   50   100 kilómetros

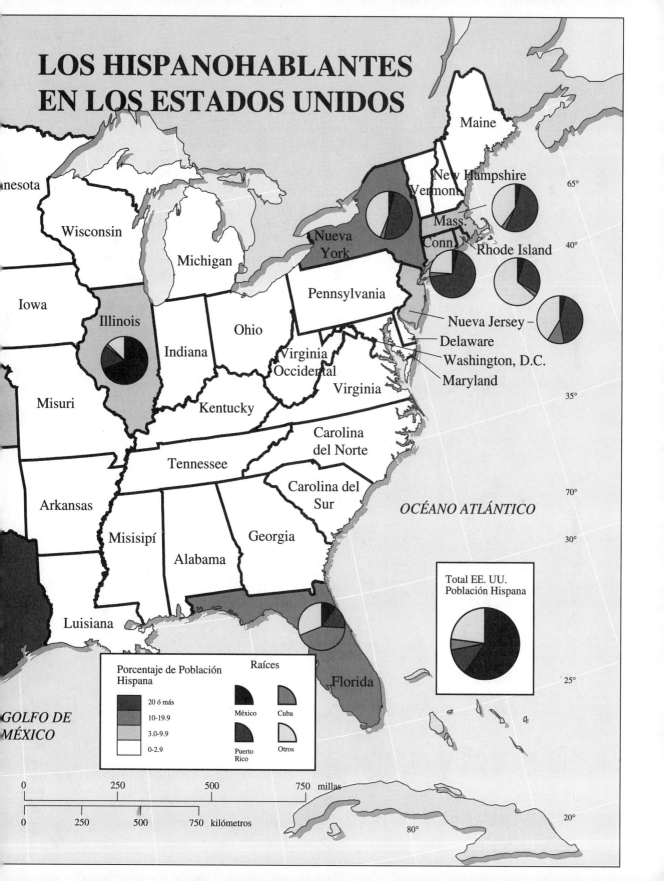

LOS HISPANOHABLANTES EN LOS ESTADOS UNIDOS

Maine

New Hampshire

Vermont

Mass.

Conn.

Rhode Island

nesota

Wisconsin

Michigan

Nueva York

Pennsylvania

Nueva Jersey

Delaware

Washington, D.C.

Maryland

Iowa

Illinois

Indiana

Ohio

Virginia
Occidental

Virginia

Misuri

Kentucky

Carolina
del Norte

Tennessee

Carolina del
Sur

OCÉANO ATLÁNTICO

Arkansas

Misisipí

Georgia

Alabama

Luisiana

Florida

Total EE. UU.
Población Hispana

GOLFO DE
MÉXICO

Porcentaje de Población
Hispana

Raíces

- 20 ó más
- 10-19.9
- 3.0-9.9
- 0-2.9

México

Cuba

Puerto
Rico

Otros

| 0 | 250 | 500 | 750 | millas |

| 0 | 250 | 500 | 750 | kilómetros |

65°

40°

35°

70°

30°

25°

80°

20°

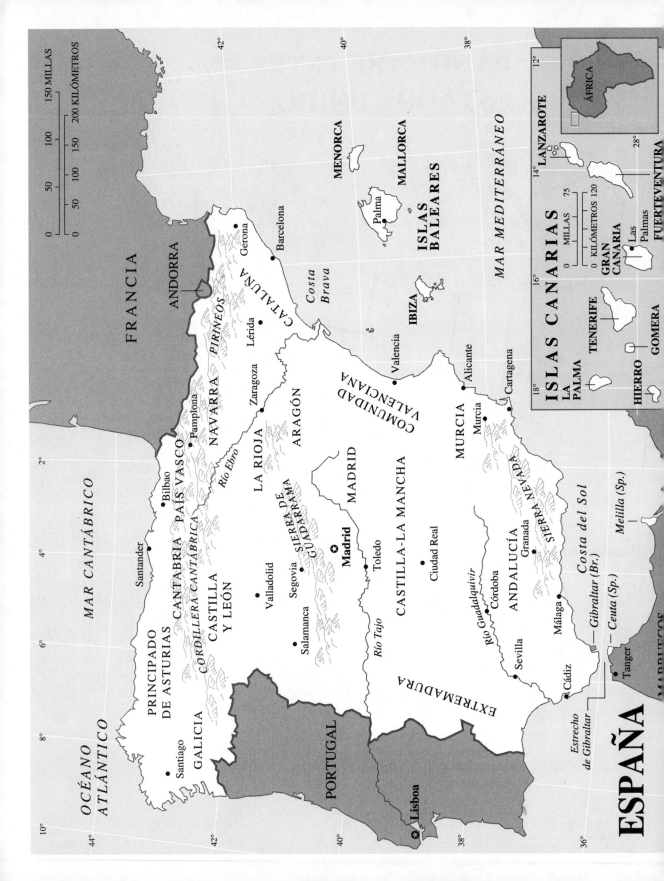

EN CONTACTO
Lecturas intermedias
Quinta edición

EN CONTACTO

Lecturas intermedias

Quinta edición

—■—

Mary McVey Gill

Brenda Wegmann

University of Alberta Extension

Teresa Méndez-Faith

Saint Anselm College

Harcourt Brace College Publishers

Fort Worth   Philadelphia   San Diego   New York   Orlando   Austin   San Antonio
Toronto   Montreal   London   Sydney   Tokyo

Publisher	Ted Buchholz
Senior Acquisitions Editor	Jim Harmon
Developmental Editor	John Baxter
Project Editors	Lupe García Ortiz
	Elke Herbst
	Monotype Editorial Services
Production Manager	Serena Barnett Manning
Senior Art Director	David A. Day

Cover Image: Carmen Lomas Garza
La Feria en Reynosa (The Fair in Reynosa)
Gouache painting
20″ × 28″
©1987 Carmen Lomas Garza
Wolfgang Dietze
Collection of Teofila Dane, San Francisco, California

Address for Editorial Correspondence:
Harcourt Brace College Publishers, 301 Commerce Street, Suite 3700, Fort Worth, TX 76102.

Address for Orders:
Harcourt Brace & Company, 6277 Sea Harbor Drive, Orlando, FL 32887.
1-800-782-4479, or 1-800-433-0001 (in Florida).

Printed in the United States of America

ISBN: 0-03-004619-X

Library of Congress Catalog Card Number: 94-79222

7 8 9 0 1 2 039 9 8 7 6 5

Preface

En contacto: Lecturas intermedias is an intermediate Spanish reader that emphasizes reading skills, vocabulary acquisition and perception of cultural contrasts. It contains authentic readings that have been shortened (in some cases) but not paraphrased or simplified: magazine articles on current issues, poems and stories reflecting customs and attitudes from many parts of the Hispanic world, and literary selections from outstanding contemporary and classical writers, such as Octavio Paz, Isabel Allende, Gloria Stolk, Gabriel García Márquez, Mario Benedetti, Rosalia de Castro, Nicolás Guillén, Antonio Machado, Tato Laviera, Alfonsina Storni, Mariano José de Larra and Clarín.

The readings are varied in length, the shorter ones occurring more at the beginning and the longer ones toward the end. They also increase gradually in grammatical complexity since the chapters follow the usual order of second-year Spanish review, with the selections in the first chapter being predominantly (but not exclusively) in the present tense, those in the second in the preterit and imperfect, etc. The last chapter is divided into genre groupings, giving teachers the flexibility of bringing a selection into the class schedule earlier if appropriate.

This book is designed to accompany *En contacto: Gramática en acción,* and each chapter is coordinated with the corresponding chapter of the grammar according to theme, structures, and core vocabulary. However, *En contacto: Lecturas intermedias* has been used successfully by itself or with other grammar books.

Special Features

Each chapter begins with the *Vocabulario preliminar,* a list of key words and expressions related to the chapter theme with definitions presented pictorially or in Spanish. This is followed by exercises for acquisition; the words and expressions are then used throughout the chapter.

An introductory essay written by the authors, the *Enfoque del tema,* then gives an overview of the theme, stressing cultural contrasts and similarities. This essay uses the core vocabulary in context and is followed by questions and activities.

Two authentic readings come next. Each is preceded by a pre-reading exercise (the *Anticipación*), which presents a particular strategy aimed at improving general and specific comprehension. Exercises, vocabulary expansion work, and cooperative activities follow the reading selections.

New to the Fifth Edition

The fifth edition of *En contacto: Lecturas intermedias* is more streamlined than previous editions and presents a more concise and coherent program for the development of reading skills. Following the advice of critics, we have included more short stories, increased the number of works by female writers and authors of color, and brought in two new chapter themes: Chapter 4: *Hombres y mujeres,* and Chapter 10: *La imagen y los negocios.* Approximately 25 percent of the book's material has been replaced and much has been updated.

The main goal of this reader is to teach students to read actively (consciously, critically, at times perhaps passionately) and avoid the word-by-word translation trap. To do this requires the development of strategies, beginning with the general skill of *Setting the stage* by grasping the context through visual and organizational aspects and preparing the mind for it. This skill is presented again and again in various guises and combined with numerous other reading and vocabulary skills appropriate for different types of reading. Applying these strategies will increase students' comprehension in any language, including their native tongue, and heighten their linguistic and critical awareness.

The following chart outlines the skill development program.

Reading Skills Chart (Tácticas para la buena lectura)

CHAPTER	SELECTIONS	SKILLS
Chapter 1	—*San Fermín y los toros*	—Setting the stage (Getting clues from title and illustrations)
	—*Receta para una telenovela*	—Setting the stage —Predicting the contents
Chapter 2	—*La última despedida*	—Scanning to identify characters in a narrative
	—*Las vecinas*	—Setting the stage —Skimming to identify emotions
Chapter 3	—*El chicano*	—Skimming for background and emotions in poetry/song
	—*Ay, papi, ¡no seas cocacolero!*	—Setting the stage —Skimming for theme
Chapter 4	—*Los feos*	—Setting the stage —Guessing author's intention —Guessing meaning from hidden words
	—*Penélope en sus bodas de plata*	—Setting the stage —Skimming for ideas and emotions

CHAPTER	SELECTIONS	SKILLS
Chapter 5	—*Los estudiantes opinan* —*El número uno*	—Scanning an interview to categorize questions —Determining points of view —Scanning for characters and criticism
Chapter 6	—*Destinos para todos los gustos* —*Vuelva Ud. mañana*	—Setting the stage —Skimming to state an opinion —Scanning for details —Making a prediction
Chapter 7	—*Los dos diarios* —*De vivos y muertos*	—Scanning for specific information —Setting the stage
Chapter 8	—*Adiós: "Goodbye, goodbye, goodbye"* —*Dos poemas afro-americanos*	—Setting the stage —Predicting contents —Scanning for specific information —Setting the stage —Scanning for details
Chapter 9	—*Noble campaña* —*Grillos y mariposas*	—Skimming for setting and plot —Setting the stage —Skimming for characterization —Making predictions about the plot
Chapter 10	—*Los buenos indicios* —*El delantal blanco*	—Setting the stage —Skimming for characterization —Guessing idiomatic meaning from context —Setting the stage —Scanning for specific information
Chapter 11	—*Ideas para su negocio: el sentido de humor* —*El indeciso*	—Setting the stage —Skimming to determine audience —Scanning for specific information —Analyzing divisions of organization

CHAPTER	SELECTIONS	SKILLS
Chapter 12	—*La fiesta mexicana* —*La poesía* —*Dos palabras* —*Cien años de soledad*	—Skimming for ideas —Reading aloud to identify ideas and emotions —Reading twice for different purposes —Scanning for specific information —Predicting ideas and emotions —Learning characters in advance of a complex narrative —Setting the stage

How to Use this Reader

The material in this reader may be divided up in different ways, according to the type of course being offered. If the book is used as a complementary text, along with the grammar book, each chapter may be covered in two class sessions. The *Vocabulario preliminar* and the *Enfoque del tema* are assigned for the first class, and one of the reading selections for the second class. In this case the instructor chooses the reading to be taken or gives the class the chance to make this choice. If the book is used as the primary text for a course stressing reading, conversation, and vocabulary acquisition, the material can be covered in three days, by teaching the Reading Skills section and/or another reading selection on the third day.

Another way of using the text is to skip some chapters and cover fewer chapters in a more complete way, using both selections. The choice of which chapters to skip may be made according to the chapter themes that most interest a particular class or according to the verb tenses and grammar points that most need practice.

Correlation with the Harcourt Brace Video

The Harcourt Brace Intermediate Spanish Video *Cámara 1* can function as an adjunct to this book if time and facilities are available for video use during the intermediate course. Information on how to receive this video may be obtained from a publisher's representative.

The following list contains suggestions for correlating chapters according to theme with the video.

Chapter 1 of *En contacto:* "Diversiones"
  Cámara 1, episodio 9: "Las diversiones"

Cámara 1, episodio 11: "Los deportes"
Cámara 1, episodio 17: "Fiestas y festivales"
Chapter 2 of *En contacto:* "Vejez y juventud"
Cámara 1, episodio 2: "Dos problemas sociales"
Chapter 3 of *En contacto:* "La presencia latina"
Cámara 1, episodio 19: "Los hispanos en los Estados Unidos"
Cámara 1, episodio 10: "La tele"
Chapter 4 of *En contacto:* "Hombres y mujeres"
Cámara 1, episodio 4: "La mujer contemporánea"
Chapter 5 of *En contacto:* "La vida estudiantil"
Cámara 1, episodio 1: "La vida universitaria"
Chapter 6 of *En contacto:* "De viaje"
Cámara 1, episodio 5: "Varios restaurantes hispánicos"
Cámara 1, episodio 8: "El turismo"
Chapter 7 of *En contacto:* "Gustos y preferencias"
Cámara 1, episodio 6: "La gastronomía hispánica"
Cámara 1, episodio 7: "La moda y las compras"
Chapter 8 of *En contacto:* "Dimensiones culturales"
Cámara 1, episodio 13: "El racismo y el clasismo"
Cámara 1, episodio 14: "El mundo musical"
Chapter 9 of *En contacto:* "Salud y medicina"
Cámara 1, episodio 12: "La salud"
Chapter 10 of *En contacto:* "La imagen y los negocios"
Cámara 1, episodio 6: "La economía hispánica" (Escenas 2–5)
Cámara 1, episodio 10: "La tele" (Escenas 2–3)
Cámara 1, episodio 15: "La economía y la política" (Escenas 4–5)
Chapter 12 of *En contacto:* "La imaginación creadora"
Cámara 1, episodio 18: "Arte y cultura"
Cámara 1, episodio 4: "La mujer contemporánea"
(If a complete program is desired, *Cámara 1* episodio 16, "El noticiero"
may be used with Chapter 11 of *En contacto,* "Diversas caras del humor,"
although there is not a thematic connection.)

Why Reading Spanish Is Important: Our Philosophy

An ability to read Spanish, once acquired, is a skill that lasts a lifetime
and can be reactivated even many years after formal instruction has
ended. It does not diminish quickly without practice, as does conversa-
tional fluency. Therefore, it makes sense for intermediate students to develop their reading ability since they have already invested a good deal of
time and energy in learning basic Spanish. Other benefits of an intermediate reading course are an insight into a culture other than one's own
and the experience of reading great works in the original without translation. Also, since Spanish is a phonetic language with a relatively logical
spelling system, reading is a good way to maintain a "grip" on the language so that a speaking-listening ability can be retained or renewed.

While polemics are often generated between those who favor the "top-down" approach and those who support the "bottom-up" method, it seems obvious to us that both are needed. Words are the basic building blocks and authentic readings the essential large structures.

For intermediate Spanish, then, we believe in a combination approach: vocabulary practice, background information on culture, reading skills, current articles, authentic literature, conversation, and writing practice. *En contacto: Lecturas intermedias* reflects this philosophy.

Acknowledgments

Our sincere thanks go to Llanca Letelier Montenegro for her excellent technical assistance, to Cristina Cantú for her special help in obtaining permissions, to Ingrid de la Barra for her fine pedagogical critiques, and to the students and instructors of the University of Alberta Extension Program for their helpful suggestions. We would also like to express our gratitude to John Baxter, Lupe García Ortíz, Elke Herbst, and Serena Barnett Manning for their editorial direction, and to Jeff Gilbreath and Jim Harmon for their perceptive guidance during certain stages of development and production.

Finally, we wish to thank the following reviewers for their insightful recommendations and constructive criticisms which served as a guide for our work: Mike Brookshaw, Winston Salem State University; Susan Eden, Western Michigan University; Sheldon Klock, Jr., Texas Tech University; Margaret Morris, Hampton University; Betsy Partyka, Ohio University; and Daniel Zalacaín, Seton Hall University.

Grammar List*

Chapter 1: Subject pronouns and the present indicative tense; The personal *a;* Nouns: gender and number; Definite and indefinite articles; The reflexive (1)

Chapter 2: the preterit tense; The imperfect tense; Contrast of imperfect and preterit; *Hacer* + time expressions

Chapter 3: Agreement of adjectives; Position of adjectives; *Ser* vs. *estar;* Demonstratives; Possessives; The present participle and the progressive forms

Chapter 4: The future tense: The conditional; Comparisons of equality; Comparisons of inequality; Irregular comparative form; The superlative

Chapter 5: The present subjunctive mood: Introduction and formation; The subjunctive with impersonal expressions; The subjunctive with verbs indicating doubt, emotion, will, preference, or necessity; Approval, disapproval, or advice; the subjunctive vs. the indicative

Chapter 6: Direct and indirect object pronouns; Prepositional object pronouns; Two object pronouns; Position of object pronouns; Commands; Commands with object pronouns

Chapter 7: *Gustar, faltar,* and similar verbs; Affirmatives and negatives; The subjunctive in descriptions of the unknown or indefinite; The subjunctive with certain adverbial conjunctions

Chapter 8: the reflexive (2); The reflexive with commands; The reciprocal reflexive; Impersonal *se; Se* for passive

Chapter 9: The imperfect subjunctive; If-clauses (1); Adverbs; The infinitive; The verb *acabar*

Chapter 10: Past participles as adjectives; The perfect indicative tenses; The present and past perfect subjunctive; The verb *haber;* The passive voice

Chapter 11: Sequence of tenses with the subjunctive; Summary; If-clauses (2); Conjunctions; *Por* vs. *para*

Chapter 12: Relative pronouns; The neuter *lo, lo que (lo cual);* Diminutives

---

*This list refers to the grammar sequence in *En contacto, Gramática en acción,* the text with which this reader is coordinated in a general way.

Materias

Materias

Materias

Credits

p. 1, Jimmy Bolcina/Gamma; p. 7, Hugh Rogers/Monkmeyer Press Photo; p. 8, G.Giansanti/SYGMA; p. 15, AP/Wide World Photos; p. 16, Peter Menzel/Stock, Boston; p. 19, Peter Menzel; p. 23, Peter Menzel/Stock, Boston; p. 35, George Goodwin/SuperStock; p. 38, Peter Menzel/Stock, Boston; p. 39, Owen Franken/Stock, Boston; p. 40, Sergio Dorantes/SYGMA; p. 43, *Tuna de nopal*, 1986, "Pedacito de mi corazón" series, Gouache on Arches paper, 25 1/2 x 20, Courtesy of the artist; p. 49, Odessey/Frerck/Chicago; p. 69, Peter Menzel/Stock, Boston; p. 85, Odyssey/Frerck/Chicago; p. 93, Courtesy of the Tourist Office of Spain; p. 94, Owen Franken/Stock, Boston; p. 95, Michael Dwyer/Stock, Boston; p. 96, Odyssey/Frerck/Chicago; p. 97, Courtesy of the Tourist Office of Spain; p. 98, COMSTOCK; p. 107, Odyssey/Frerck/Chicago; p. 120, AP/Wide World Photos; p. 121, Peter Menzel/Stock, Boston; p. 123, Tom Zimberoff/CONTACT Press Images; p. 128, Stuart Cohen/COMSTOCK; p. 133, Peter Menzel; p. 136, Courtesy of the OAS; p. 143, Peter Menzel/Stock, Boston; p. 147, Courtesy of the Peru Tourist Office; p. 149, Beryl Goldberg; p. 153, Eric Neurath/Stock, Boston; p. 163, Robin J. Dunitz/DDB Stock Photo; p. 168, Odyssey/Frerck/Chicago; p. 189, p. 199, Stuart Cohen/COMSTOCK; p. 209, Sanguinetti/Monkmeyer Press Photo; p. 219, Courtesy Ministry of Culture of Galicia, Spain; p. 221, Columbus Memorial Library; p. 222, MAS; p. 224, Courtesy of the Ministry of Culture of Argentina; p. 227, p. 237, AP/Wide World Photos.

Cartoon Credits (permission to use the cartoons included in the text is gratefully acknowledged to the following):

Arcadio, Barsotti, Downes, Gerberg, Jujka and Martin, all compliments of Cartoonists & Writers Syndicate; Garaycochea (© by Ediciones de la Flor, Buenos Aires, Argentina); José Luis Martín (Ediciones B, S.A., Barcelona, Spain). Percy Eaglehurst, "Pregunta si nos vamos a quedar..." by permission of the author.

Literary Credits

Bienvenidos a Miami, "Conversiones".
Pausto Avendaño, "Los buenos indicios", and Ana María Salazar, "La última despedida," both taken from *Best New Chicano Literature* 1989, ed. Julian Palley; by permission of Bilingual Press/Editorial Bilingüe, Arizona State University, Tempe, Arizona.
Carlos Cenicero, "San Fermín y los toros," from *Cambio 16*, No. 501, June 7, 1981.
Deli A. Fayó, *Bohemia*, "Receta para una telenovela," from "Aprenda a hablar mal viendo TV," Sept. 26, 1977.
Juan Villa, "El chicano," from Arhoolle Records.
Luis Fernández Caubí, "Ay, papi, no seas coca-colero," from *Diario de las Americas*, by permission of the author.
Ursula García Schieble, "Destinos para todos los gustos," from *Cambio 16*, No. 962, Feb. 19, 1990.
Mario Halley Mora, "Los dos diarios."
Naldo Lombardi, "Adios, Good Bye, Good Bye, Good Bye," by permission of the author.
Nicolás Guillén, "Balada de los dos abuelos," from Agencia Literaria Latinoamericana.
Gregorio López y Puentes, "Noble campaña," from Universidad Veracruzana, Departamento de Publicaciones.
Sergio Vodanovic, "El delantal blanco," used by permission of the author.
"Ideas para su negocio: El sentido del humor," from *Visión*.
José Mila, "El indeciso."
Octavio Paz, "La fiesta mexicana," from *El laberinto de la soledad*, by Octavio Paz, from the *Fondo de Cultura Economica*.

EN CONTACTO
Lecturas intermedias
Quinta edición

Capítulo 1

DIVERSIONES

Vocabulario preliminar

Estudie estas palabras y expresiones para practicarlas en los ejercicios y usarlas en todo el capítulo.

Acciones

bailar (en fiestas)

charlar (con los amigos)   conversar

correr

dar un paseo (una vuelta)

divertirse (ie)   pasarlo bien, pasar un buen
                                      rato
festejar   celebrar
gozar de, disfrutar de   tener placer con

**jugar a los naipes (a las cartas),
  al tenis**

leer libros, periódicos, revistas
nadar (en la piscina, en el lago)   moverse sobre el agua

tocar (música, instrumentos
musicales)

Preferencias

Conteste las preguntas, usando vocabulario de la lista.

> **MODELO**   ¿De qué disfruta Ud.? ¿De qué no disfruta?
> **Disfruto de la música. No disfruto de leer**
> **periódicos.**

1. ¿De qué disfruta Ud.? ¿De qué *no* disfruta?
2. ¿Qué hacen sus amigos para divertirse?
3. ¿Qué hace Ud. para divertirse? ¿Cuándo? ¿Donde?

	Cosas
la alegría	sentimiento positivo de placer y diversión
el cumpleaños	aniversario del nacimiento
el festejo	celebración
la película	filme, historia visual que vemos en el cine

Descripciones

aburrido(a)	cansado, sin estímulo, sin interés
alegre	satisfecho(a), contento(a)
emocionante	apasionante, estimulante
parecido(a)	similar
peligroso(a)	lleno(a) de riesgo y la posibilidad de daño

Sinónimos

Dé palabras más o menos similares en su significado a las siguientes palabras. (En algunos casos, hay más de una posibilidad.)

1. apasionante
2. celebrar
3. conversar
4. disfrutar de
5. el placer
6. las cartas
7. el aniversario del nacimiento
8. una vuelta

Antónimos

Dé palabras opuestas o contrarias en su significado a las siguientes palabras. (En algunos casos, hay más de una posibilidad.)

1. diferente
2. interesante
3. pasarlo mal, pasar un mal rato
4. quedarse en casa
5. seguro(a)
6. triste

Comprensión de los dibujos: Opciones multiples

Mire los dibujos de la página 5 y complete las frases.

1. El primer grupo mira en la tele...
   a. una película sobre el béisbol.
   b. una entrevista con dos jugadores de fútbol.
   c. un momento importante durante un partido.
2. Sabemos que el programa es emocionante porque algunas personas...
   a. gritan.   b. charlan.   c. gozan.
3. El segundo grupo mira en la tele una película...
   a. cómica.   b. sobre animales.   c. de suspenso.

Opiniones

1. Para Ud., ¿Qué diversiones de la lista son peligrosas? ¿Cuáles son aburridas? ¿Cuál es la más emocionante? ¿Por qué?

Dos grupos que miran (ven) televisión

el deporte	actividad atlética
el equipo	grupo de jugadores que compiten juntos contra otros grupos
gritar	hacer sonidos fuertes y violentos con la voz
el papel (rol)	parte de la historia que hace un actor
el partido	encuentro deportivo entre dos competidores o equipos, *un partido de fútbol*
el personaje	figura representada en una obra literaria, película o pieza de teatro, el personaje principal de la novela

el jugador

un partido de fútbol

No me gustan las películas de suspenso. Voy a dar un paseo.

el actor

la actriz

Una película: El misterio del diamante redondo

2. ¿Cómo debemos hablar de las mujeres que hacen papeles en las películas? ¿Es mejor decir *actriz* o *actor*? ¿Por qué?
3. ¿Qué tipo de película le gusta más? ¿Cuáles *no* le gustan?

Películas de... terror (como *Drácula*), de ciencia ficción, del Oeste (con vaqueros), románticas, de conflictos psicológicos, sobre animales, de misterio, de violencia, de crimen, de problemas legales, extranjeras (de otros países), cómicas

Rimas

Para los siguientes versos, escoja palabras de la lista que completan el sentido y la rima.

> **MODELO**   Sólo un hombre muy *mentiroso* dirá que el boxeo
> no es **peligroso**.

1. No debemos hablar *durante* un partido _____.
2. Es realmente *ridícula* mirar una mala _____.

Enfoque del tema

¿Cómo se divierten los hispanos?

suele... pregunta
con frecuencia

sidewalk

puesta... *sunset* /
personas que
viven cerca

se... *is due* 10

«¿Pero dónde está la gente?» suele preguntar° el hispano, al visitar por primera vez las ciudades norteamericanas. Está acostumbrado a las calles de España e Hispanoamérica, donde la gente pasea y charla. Hay sillas en la acera,° muchachos que tocan la guitarra, viejos que juegan a los naipes y cafés al aire libre donde charlan los amigos. Es costumbre hispana dar un paseo por la tarde para gozar de la puesta del sol,° para saludar a los vecinos,° para ver y se visto. «¿Por qué los norteamericanos no hacen eso?» pregunta el hispano.

Probablemente esta diferencia se debe° en parte al clima más cálido, pero aún en los países hispanos donde hace frío en el invierno, la gente parece más comunicativa, y las calles más animadas. Sin duda esta atmósfera llega a su máxima expresión durante las numerosas fiestas.

Fiestas y festivales

que aman las fiestas 15

Lenten Season

20

Cristóbal...
Christopher Colombus

25

Los hispanos son gente fiestera.° La mayoría de ellos son católicos. Por eso, en casi todas las comunidades se celebran cada año varios días de fiesta para conmemorar fechas religiosas. El extravagante Carnaval de Río de Janeiro (al comienzo de la Cuaresma°) se lleva a cabo, en menor escala, en muchos otros lugares, con juegos y música y la transformación total de la ciudad.

También hay festivales de origen histórico. El 12 de octubre, los hispanos celebran «El Día de la Raza» (fecha en que los norteamericanos conmemoran el día de Cristóbal Colón°) con bailes y banquetes. Para algunos, la llegada de Colón simboliza el comienzo de la cultura hispanoamericana porque representa el primer contacto entre europeos e indios. Por otra parte, en años recientes hay ciertos grupos que protestan en contra de estas celebraciones; para ellos, Colón representa el comienzo de la opresión de los indígenas.

En muchos países, la gente festeja el día de la independencia, bailando sus bailes regionales, como la cueca en Chile o la cumbia en 30
Colombia, y comiendo platos especiales.

Los deportes

En el mundo hispano hay una gran variedad de deportes. Muchos
de ellos son también populares en Estados Unidos y Canadá: el
básquetbol, el vólibol, el tenis, la natación° y el esquí, pero, natu-   *swimming*
ralmente, hay diferencias. En España y en ciertos países lati- 35
noamericanos, es popular el jai alai, un juego de pelota rápido y
peligroso, jugado exclusivamente por los hombres. Mucha gente
va a mirar los partidos y hace apuestas° a favor de sus jugadores   *bets*
favoritos. Por otra parte, el hockey y el fútbol americano apenas
existen allí.   40
    Una gran pasión para los latinoamericanos, para los españo-
les y para todo el resto de Europa es el fútbol (al que nosotros

World Cup /
championship   45

inclinación

bullfights

50

llamamos *soccer*). El momento deportivo de más importancia es el
Mundial,° el campeonato° de fútbol que se celebra sólo una vez
cada cuatro años.

En España, México y Colombia hay también mucha afición° a
los toros. Todos los periódicos y revistas tienen una sección° dedi-
cada a las corridas.° Sin embargo, para los hispanos la corrida de
toros no es un deporte, sino un espectáculo o una fiesta—«la fiesta
brava» que simboliza la confrontación del hombre con la muerte.

Actividades tradicionales y nuevos juegos

Las peñas y las tertulias son dos actividades populares en España y
Latinoamérica. Las peñas son reuniones informales de amigos que
se juntan para cantar, tocar y escuchar música. Las tertulias son
también reuniones, generalmente en un café, pero en este caso el

objetivo   55

propósito° es charlar sobre los temas del día, especialmente sobre
la política, el tema más popular.

Para los jóvenes de las grandes ciudades, hay unas nuevas diversiones de la alta tecnología que ofrecen la participación en
aventuras emocionantes sin peligro. Por ejemplo, en el juego *Stick*

suits / suben   60
defying

up, los jugadores se ponen trajes° de velcro y trepan° en las paredes, adoptando posturas extrañas y desafiando° las leyes de la
gravedad. (Mire la photo de la página 1.) Naturalmente, ¡este juego
no es para las personas que sufren de vértigo! En otro juego, el jugador hace el papel de un boxeador *sumo* y combate a su adver-

inflatable   65

sario, protegido por un traje hinchable.° En el juego *Laserdromo*,
los jugadores son astronautas del futuro que atacan a sus enemigos con armas de rayos infrarrojos. Los jóvenes pueden practicar
estos juegos en centros comerciales u otros sitios y el gran inconveniente es su alto precio.

Explicación de términos

Explique usted el significado de los siguientes términos:

1. el Día de la Raza
2. la cueca y la cumbia
3. el jai alai
4. el Mundial
5. la peña
6. la tertulia

Preguntas

1. En general, ¿qué diferencias hay entre las calles de Estados Unidos y las calles de España e Hispanoamérica?
2. ¿Cómo celebran los hispanos el Carnaval?
3. ¿Cree Ud. que los indios americanos deben celebrar el 12 de octubre o no? ¿Por qué (no)?
4. ¿Qué deportes son populares en Norteamérica? ¿en el mundo hispano? En su opinión, ¿qué deporte es el más emocionante?
5. La corrida de toros, según los hispanos, ¿es un deporte o no? Explique.
6. ¿Qué piensa Ud. de los nuevos juegos como *Laserdromo*? ¿Son una forma inocente de combatir el estrés? ¿O contribuyen a la aceptación de la violencia en nuestra sociedad?

Debatamos

Diga *sí* o *no* a las siguientes ideas, según su opinión. Luego explique por qué opina así.

1. Todo el mundo debe ver una corrida de toros, por lo menos una vez en la vida.
2. Las personas que hacen apuestas (*bets*) o juegan a la lotería no son muy inteligentes.
3. Las discusiones sobre la política son interesantes.

Entrevista (*Interview*)

Entreviste a un(a) compañero(a), usando las siguientes preguntas. Después, comparta *(share)* la información con la clase.*

1. ¿Cómo te diviertes? ¿Bailas? ¿Charlas con los amigos? ¿Comes en los restaurantes? ¿Bebes en las tabernas? ¿Escuchas música? ¿Lees libros?
2. ¿Qué deportes te gustan más? ¿Qué películas te gustan? ¿Quién es tu actor favorito? ¿Por qué?
3. ¿Te gustaría jugar al *Stick up* o al laserdromo? Para ti, ¿qué juego o actividad es el más emocionante de todos?

---

* In this and other pair or group activities in this book, the **tú** form is used in the questions that students ask each other. The general assumption is that the **usted** form will be used between teacher and student (and in exercise directions) and the **tú** form between students.

Selección 1

Anticipación: El siguiente artículo de una revista española describe la fiesta de San Fermín en Pamplona, un pueblo en el norte de España. Esta celebración es famosa porque aparece en la novela de Ernest Hemingway, *The Sun Also Rises,* en la película *City Slickers,* y en otras obras.

Antes de leer: Mire Ud. el título y la ilustración. Luego, conteste esta pregunta:

Algunas personas están en contra de la fiesta de San Fermín. ¿Puede Ud. adivinar *(guess)* por qué?

Lea el artículo para ver si Ud. tiene razón.

San Fermín y los toros

Carlos Carnicero

Seis de julio a las doce en punto del mediodía. Pamplona arde en fiestas. Por primera vez una mujer enciende el cohete° que empieza la celebración. En fracciones de segundo hay una gran explosión, y miles de personas gritan: «Viva San Fermín». La fiesta «estalla»,° como escribía Ernest Hemingway.

Durante los días que duran los *sanfermines,*° nadie es forastero° en Pamplona. Todos son protagonistas de una de las últimas grandes fiestas que quedan en el mundo. Desde la explosión del cohete hasta la canción que tocan las bandas al final, «Pobre de mí... así se acaba° la fiesta de San Fermín», el pueblo está en la calle y goza con todas las ganas, alegremente, hasta quedar exhausto.

El ritual más conocido de la fiesta es, por supuesto, el encierro,° un ritual emocionante pero también sumamente peligroso. Desde el año 1924 más de doce personas han pagado con la vida° el entusiasmo por correr delante de los toros en San Fermín. Y un número incontable de heridos.° Sin embargo, los accidentados son relativamente pocos si se piensa en los miles de muchachos que corren cada año.

Glosses (margin):
rocket
explodes
celebraciones / persona que viene de otra parte
se... termina
roundup
han... han muerto a causa de / *injured people*

Es que «correr el encierro es una forma de autoafirmarse»,° opina el so-   *self-expression*
ciólogo Gavira. «Algunos quieren regular la fiesta pero eso es un de- 20
satino;° es importante no quitarle la espontaneidad».   *error absurdo*
En Pamplona la fiesta empieza y nadie puede controlarla. En calles y
plazas se reúne la gente para pasarlo bien, gozando con emoción y miedo
del espectáculo del encierro. En Pamplona siempre hay sitio° para más   *espacio*
gente. Y año tras año la fiesta continúa.   25

de la revista española **Cambio 16**

Identificación de la idea principal

Lea las siguientes oraciones y diga cuál expresa la idea principal del
artículo. (Si es necesario, léa el artículo otra vez, muy rápidamente.)

1. Las personas que quieren regular la fiesta no tienen razón, porque
   correr el encierro es una forma de autoafirmarse.
2. Por primera vez una mujer enciende el cohete que empieza la celebración.

3. Es necesario controlar más la fiesta porque en el encierro hay muchos accidentes y un número incontable de heridos.
4. La celebración, con su emoción y peligro, es una vieja tradición de Pamplona que va a continuar por mucho tiempo.
5. La fiesta de San Fermín empieza el seis de julio, a las doce en punto del mediodía.

Análisis de ideas*

Ahora, mire las otras oraciones del ejercicio *Identificación de la idea principal*, y diga cuál(es)...

1. expresa una idea que *no* está en el artículo: _____
2. menciona únicamente detalles menores: _____
3. expresa una idea secundaria: _____ y _____ (dos de las oraciones)

Detective de cognados

Cognados son palabras similares, en forma y significado, en dos lenguas. Busque cognados en el artículo para las siguientes palabras inglesas. (Las palabras están en orden de su apariencia.)

MODELO   *second* segundo

1. *protagonists* _____
2. *band (musical)* _____
3. *exhausted* _____
4. *enthusiasm* _____

5. *to regulate* _____
6. *spontaneity* _____
7. *to control* _____
8. *spectacle (show)* _____

Preguntas

1. ¿Cómo empieza la fiesta de San Fermín?
2. ¿Cómo termina?
3. ¿Qué hace la gente durante la fiesta?
4. ¿Qué pasa durante el ritual del encierro?
5. ¿Qué opina el sociólogo Gavira de la idea de regular la fiesta? ¿Está Ud. de acuerdo o no? ¿Por qué?

Opiniones

1. ¿Hay celebraciones parecidas a la celebración de San Fermín en otras partes del mundo?
2. ¿A Ud. le gustaría correr con los toros en la fiesta de San Fermín, o no? Explique. ¿Hay una diferencia entre las respuestas de los hombres y las respuestas de las mujeres?

---

* Practicing the skills of identifying and categorizing ideas improves your reading comprehension in any language.

Selección 2

Anticipación: ¿Cómo son los programas de televisión en Latinoamérica? ¿Son parecidos a los programas norteamericanos, o diferentes? El siguiente artículo describe un tipo de programa muy popular en Venezuela: la telenovela *(soap opera)*.

Antes de leer: Mire el título y la ilustración. Luego, complete la frase para hacer una predicción sobre el contenido del artículo.

La típica telenovela en Venezuela generalmente incluye

a) un robo de dinero

b) problemas románticos

c) conflictos entre padres e hijos,

d) todos estos elementos

Después de leer la selección, Ud. verá si ha adivinado *(guessed)* bien.

Receta° para una telenovela

Recipe, Prescription

Deli A. Fayó

En Venezuela, para hacer una telenovela de éxito,° la receta incluye: una protagonista hermosa, débil, joven, generalmente despojada° de una lícita riqueza, que se enamora de un galán,° rico, buenmozo,° que la deja invariablemente embarazada° y que al final de la novela se casa con ella «a juro».° En medio hay siempre una malvada° enamorada del galán, un malvado enamorado de la muchachita y unos cuatro muchachos más que hacen de mosqueteros° sin esperanzas. Una vieja buena que ha criado° a la muchacha. Un padre despótico. Una madre que ignora el destino de su hija; y un loco, paralítico, ciego o tonto,° es decir un invalidado físicamente.

Con estos personajes se arma° una historia, siempre muy parecida a la anterior, totalmente ajena° a nuestra realidad, con mecanismos absolutamente falsos, como el de que hay seres° completamente buenos y otros completamente malos, que la riqueza es la base de la felicidad y la belleza un trampolín para alcanzar° lo que se quiere. Es decir, son siempre «verdades a medias»,° torcidas,° manejadas con el criterio de mantener a la gente en la ignorancia y producir consumidores de productos.

de Bohemia, *una revista venezolana*

5

10

15

de... *successful*
robada
muchacho / atractivo
en estado de maternidad / *by force* /
mujer mala

hacen... *act as suitors* / educado

idiota

construye

diferente

personas

obtener

verdades... *half-truths / twisted*

Identificación de la idea principal

Lea las siguientes oraciones y diga cuál expresa mejor la idea principal del artículo. Luego, explique por qué ésta le parece mejor que las otras dos.

1. La típica telenovela venezolana es informativa y emocionante, y enseña importantes «verdades a medias».
2. La típica telenovela venezolana siempre incluye una malvada enamorada del galán, un malvado enamorado de la protagonista, y un padre despótico.
3. La típica telenovela venezolana presenta una historia falsa, y no muy original, que no beneficia a la gente.

Preguntas

1. ¿Qué personajes hay en las telenovelas venezolanas?
2. ¿Cómo es la historia que se representa con estos personajes?
3. ¿Cuáles son dos de las «verdades a medias» que enseña la telenovela?
4. ¿Qué desean los productores de las telenovelas?

Opiniones

1. ¿Cree usted que hay una receta o fórmula para las telenovelas norteamericanas? ¿Hay algunos personajes típicos?
2. ¿Quiénes miran las telenovelas? ¿los hombres? ¿las mujeres? ¿los estudiantes? ¿la gente vieja? ¿Por qué las míran?

 ### Las telenovelas de ahora

Discuta las siguientes preguntas con dos o tres compañeros(as) y esté preparado(a) para dar a la clase un resumen de sus opiniones.*

---

* See footnote on page 9 concerning the use of **tú** and **usted** in this book.

En España muchas veces hay más «espectáculo» en la calle que en la televisión. (*Foto tomado por Miguel Flanagan.*)

1. ¿Qué telenovelas son las más populares ahora en Norteamérica? ¿Por qué son populares?
2. ¿Crees que las telenovelas populares imitan la vida real? ¿O representan la pura fantasía? Explica.
3. En fin, ¿qué piensas tú de las telenovelas? ¿Por qué (no) las miras con regularidad?

Composición dirigida: Un programa que (no) me gusta

Escriba un párrafo sobre un programa de televisión, según este esquema:

1. *La primera frase: Un programa de televisión que me gusta (o que no me gusta) es...* (nombre del programa).
2. *La segunda frase: Los personajes principales son...* (nombres de los tres o cuatro personajes más importantes).
3. Luego, escriba una frase sobre cada personaje, explicando el papel que hace, por ejemplo, *La doctora Smith es la directora de un hospital muy grande.*
4. Escriba una o dos frases sobre las acciones típicas que ocurren, por ejemplo, *Casi siempre hay grandes problemas de emergencia en el hospital. A veces hay crímenes y problemas románticos.*

5. Finalmente, diga en una frase por qué le gusta o no el programa, por ejemplo, *Me gusta este programa porque siempre presenta conflictos emocionantes, pero al final todo termina bien.*

Una canción mexicana para las celebraciones

Aparte de las fiestas generales, el hispano tiene dos días personales para celebrar: su cumpleaños y el día de su santo, la fecha asignada en el calendario de la iglesia católica al santo (o a la santa) que lleva su nombre. (Por ejemplo, el 19 de marzo es el Día de San José y todas las personas llamadas José o Josefina lo celebran.)

«Las mañanitas» es la canción tradicional que se canta en México para festejar a una persona. Hay muchos versos, pero aquí están los más comunes. Trate de saber quién celebra su cumpleaños hoy o mañana (o muy pronto) y cante «Las mañanitas» en su honor.

Otras estrofas

Si el sereno de la esquina
me quisiera hacer el favor
de apagar su linternita
mientras que pasa mi amor.
Despierta, mi bien, despierta, etcétera...

LAS MAÑANITAS

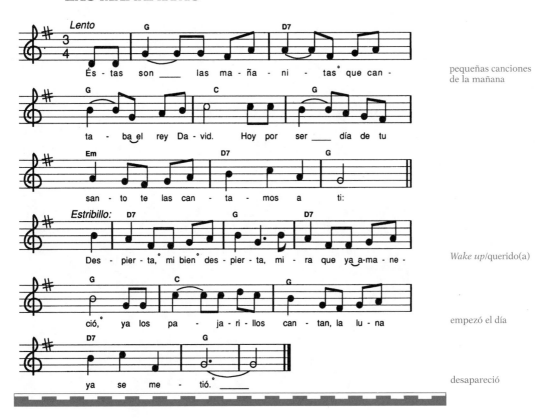

pequeñas canciones
de la mañana

Ésтas son ____ las ma - ña - ni - tas que can -

ta - ba el rey Da - vid. Hoy por ser ____ día de tu

san - to te las can - ta - mos a ti:

Estribillo: Des - pier - ta, mi bien des - pier - ta, mi - ra que ya a-ma-ne -

Wake up/querido(a)

ció, ya los pa - ja - ri - llos can - tan, la lu - na

empezó el día

ya se me - tió. ____

desapareció

Ahora sí, señor sereno,
le agradezco su favor.
Prenda usted su linternita
que ya ha pasado mi amor.
Despierta, mi bien, despierta, etcétera...

Capítulo 2

---■---

VEJEZ Y JUVENTUD

Vocabular preliminar

Estudie estas palabras y expresiones para practicarlas en los ejercicios y usarlas en todo el capítulo.

Diego y sus parientes (relatives): Un árbol genealógico

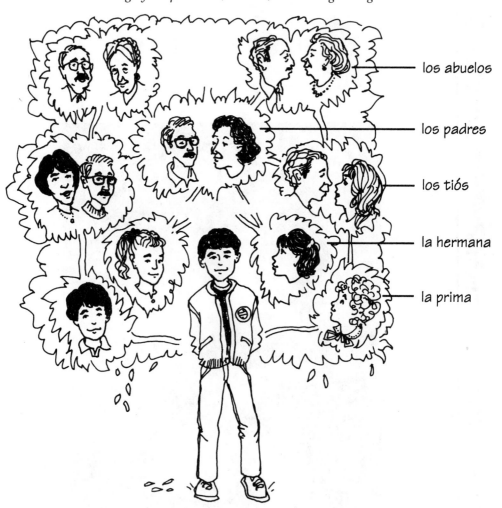

los abuelos

los padres

los tiós

la hermana

la prima

Otros parientes

los bisabuelos	padres de tus abuelos
los esposos	personas casadas
los nietos	hijos de tus hijos
los sobrinos	hijos de tus hermanos
los antepasados	tus parientes de generaciones anteriores

Descripciones

casado(a) unido(a) en matrimonio
divorciado(a)
fallecido(a) muerto(a)
soltero(a) hombre o mujer que no se ha casado
viudo(a) hombre o mujer que ha perdido su esposo(a) por la muerte

Acciones

casarse unirse en matrimonio
crecer hacerse más grande
divorciarse
fallecer (zc) morir
llevarse bien tener buenas relaciones
nacer (zc) venir al mundo
pelear bataller, combatir

La familia de Diego

Mire el dibujo y escoja las palabras y frases más apropiadas.

1. Diego tiene (dos hermanos / dos hermanas / un hermano y una hermana).
2. Los tíos de Diego son (rubios / morenos / rubios y morenos).
3. Diego tiene (todos sus abuelos vivos / tres abuelos vivos y un abuelo fallecido / dos abuelos vivos y dos abuelos fallecidos).
4. Los abuelos maternos de Diego tienen (más nietos que nietas / más nietas que nietos / un número igual de nietos y nietas).
5. Los padres de Diego tienen (dos / tres / cuatro) sobrinos.

Emociones

el cariño afecto
estar orgulloso(a) estar satisfecho y convencido del mérito (de algo); *Está muy orgulloso de su tío famoso.*
el odio sentimiento violento de repulsión
tener vergüenza sentir humillación y falta de dignidad; *Tiene vergüenza de su ropa vieja y sucia.*

Etapas (Períodos) de la vida

la niñez	**los niños**
la juventud	**los jóvenes (muchachos, chicos)**
la madurez	**los adultos (personas mayores)**
la vejez	**los viejos (ancianos, personas mayores, personas de la tercera edad)**

¡Ojo!

Se usa *eufemismos* (palabras más suaves) en español para expresar ciertas ideas de manera más delicada. Busque en las listas eufemismos para estos conceptos:

1. morir   2. estar muerto(a)   3. un viejo, una vieja

Antónimos

Dé palabras opuestas o contrarias en su significado a las siguientes palabras. (En algunos casos, hay más de una posibilidad.)

> **MODELO**   la madurez
> **la juventud**

1. nieto
2. sobrino
3. vejez
4. estar orgulloso
5. bisnieto
6. unos jóvenes
7. reducirse
8. vivo
9. divorciado
10. padres
11. llevarse bien
12. un niño
13. casarse
14. odio

¿Quién soy yo?

Diga quién es cada persona con relación a Ud.

> **MODELO**   Soy la madre de tu abuelo.
> **Eres mi bisabuela.**

1. Soy el hermano de tu padre y el padre de tus primos.
2. Soy la hija de tus padres.
3. Soy el hijo de los tíos de tus hermanos.
4. Soy el esposo de la madre de tu padre.
5. Soy la madre de la única nieta (o del único nieto) de tus abuelos.

Opiniones

1. ¿Cuál es la idea tradicional de la familia?
2. ¿Qué otros tipos de familia vemos ahora en los programas de televisión?
3. En su opinión, ¿es mejor tener hermanos o ser hijo(a) único(a)? ¿Por qué?
4. Para Ud., ¿cuál es el secreto para llevarse bien con sus parientes?

Enfoque del tema

La familia: Tradición y cambios

En los siglos pasados, la familia representaba un papel fundamental en la vida de los individuos. La típica familia era una familia «extensa»° que consistía en varios parientes que convivían° bajo el mismo techo:° el matrimonio, sus hijos, los abuelos o bisabuelos, y a veces tíos o primos, especialmente si eran solteros o viudos. Por eso, las casas antiguas eran enormes. Además, la familia solía° mantener estrechas° relaciones con otros parientes o compadres y comadres° que habitaban el mismo barrio. Los niños crecían en un ambiente de calor humano, y podían confiar en muchos adultos. Para los ancianos, la familia representaba una garantía de protección y cariño cuando ya no gozaban de buena salud. Muchas personas nacieron, crecieron, se casaron y murieron en la misma casa. Cuando morían, sus parientes lloraban y rezaban° juntos en el velorio° que también tenía lugar en la casa familiar.

La familia extensa casi ha desaparecido de Estados Unidos donde ahora predomina la familia «nuclear» (compuesta de madre, padre e hijos). Pero en el mundo hispano todavía persiste la tradición de la familia extensa. Si le preguntas a un norteamericano sobre «su familia», te va a hablar sólo de sus hijos, esposa, padre y madre, pues muchas veces no mantiene contacto con el

extended / vivían juntos / *roof*

tenía la costumbre de / *close*

compadres... *intimate friends who serve as godparents for each other's children*

decían oraciones a Dios / *wake*

5

10

15

20

tío... great uncle

de un solo padre

rule / **más...** *closer*

alianza con la familia de los padrinos / *trabajo* *cuestión*

futuros esposos

support

puntos negativos / *experience*

25

30

35

resto de sus parientes. En cambio, si le haces la misma pregunta a un hispano, te va a hablar también de su primo o de la sobrina de su tío abuelo.°

Actualmente hay muchos cambios sociales en España y Latinoamérica que afectan la vida familiar. El divorcio, si no es tan frecuente como en Estados Unidos y Canadá, es bastante común, y el número de familias monoparentales° va creciendo. No obstante, como regla° general, la familia hispana de hoy es más unida° que la familia norteamericana. También predomina más el «compadrazgo».° Si un joven necesita un empleo, los parientes y compadres van a ocuparse de buscarle un puesto.° Si quiere casarse, toda la familia va a interesarse en el asunto,° dándole opiniones sobre los mejores partidos.°

Hay pocos «hogares para ancianos» en países hispanos porque todavía los viejos suelen vivir en casa de algún pariente. La familia extensa le da al hispano un sentido especial de seguridad y apoyo.° Pero también hay desventajas:° sus miembros experimentan° una constante interferencia y falta de independencia que para un norteamericano puede ser intolerable.

Identificación de la idea principal

Lea las siguientes oraciones y diga cuál expresa mejor la idea principal de la selección. Luego explique por qué ésta le parece mejor que las otras dos.

1. En tiempos pasados cuando alguien tenía un problema, toda la familia extensa le daba consejo y ayuda.
2. La familia hispana es más tradicional que la familia norteamericana, y todavía ayuda y controla mucho al individuo.
3. Ahora en Estados Unidos y Canadá la familia nuclear predomina, y muchos norteamericanos no mantienen contacto con sus parientes.

Preguntas

1. ¿Por qué eran muy grandes las casas antiguas?
2. ¿Qué ventajas (puntos buenos) tenía la familia extensa para los niños? ¿para los adultos?
3. ¿Cree usted que el «compadrazgo» existe también en la cultura norteamericana? Explique.
4. ¿Por qué hay pocos «hogares para ancianos» en los países hispanos?
5. ¿Prefiere usted la familia nuclear o la familia extensa? ¿Por qué?

 ## Entrevista

Trabaje con un(a) compañero(a), entrevistándose uno al otro con las siguientes preguntas. Después escriba un breve resumen de las respuestas para leerlo a la clase.

—Bautice solo a este bebé, padre.
—¿Por qué?
—El bebé de la izquierda es el "control."

1. ¿Cuántos hermanos tienes? ¿Eres tú el mayor o el menor, o estás en el medio? ¿O eres hijo único? ¿Que ventajas o desventajas tiene tu posición en la familia?
2. ¿Tienes tíos? ¿sobrinos? ¿primos? ¿Con qué parientes te llevas bien? ¿Con cuál o cuáles peleas? ¿Viven cerca o lejos de ti?
3. En tu opinión, ¿por qué hay mucho divorcio en nuestra sociedad?
4. Para ti, ¿cómo es la familia ideal?

Selección 1

Anticipación: Vamos a practicar una técnica importante para la lectura, la búsqueda rápida de detalles *(scanning for details)*. Luego, Ud. puede usarla con el cuento que sigue.

Antes de leer: Mire los dibujos 1 y 2 por un minuto y medio. Busque las siete diferencias entre los dibujos, y escríbalas aquí. (*One of the differences is listed as an example.*)

1. Un niño llora. _____	1. Una niña llora. _____
2. _____	2. _____
3. _____	3. _____
4. _____	4. _____
5. _____	5. _____
6. _____	6. _____
7. _____	7. _____

¿Halló Ud. todas las diferencias? Para hallar detalles en poco tiempo, es necesario mover los ojos rápidamente y no pensar en otras cosas.

Ahora, mire el cuento *La última despedida.* Este cuento es de una autora que nació en Nuevo México de una familia mexicana. Ella nos cuenta un momento importante de su niñez. Además de la narradora, hay tres personajes importantes. Use la técnica de búsqueda rápida para hallarlos en un minuto:

Los personajes importantes son:

1. la narradora _____	3. _____
2. _____	4. _____

Ahora que Ud. conoce a los personajes importantes, lea el cuento. Use las preguntas que interrumpen el texto para verificar su comprensión después de cada sección.

La última despedida°

Ana María Salazar

La muerte de mi tata° fue inesperada, ya que siempre fue un hombre recio°. La sufrida vida de vaquero° por lo menos eso le había dejado como pensión en su vejez: un cuerpo maltratado, pero sano°. Era hombre de pueblo, acostumbrado a la lucha. De pequeño sobrevivió la Revolución de 1910, de joven luchó contra los indios Yaquis y de viejo conquistó el desierto de Sonora, logrando° que las áridas tierras produjeran trigo° y mantuvieran ganado°. Aun con sus 76 años de edad, mi tata ensillaba° su caballo o iba a buscar ganado en el monte. Si se le hacía tarde, no dudaba en tirar su cobija° en la vil piedra para pasar la noche.

> **1. Comprensión:** ¿Cómo era el abuelo (el "tata") de la autora? ¿Qué edad tenía?

Es por eso que cuando llegaron las noticias de que mi tata se encontraba en el hospital, la familia no se consternó° mucho. Él sufría de un simple dolor en el pecho, causado probablemente por la falta de descanso. Tan seguros estaban mis tíos de su prognóstico, que no querían decirle a mi nana° que su esposo estaba internado°. No querían alarmarla.

Para mi pobre nana, la vida como esposa de vaquero y madre de siete hijos, no fue tan benévola. Al pasar los años, la preocupación y el reumatismo la fueron lentamente destruyendo. Solamente quedaba la sombra de aquella mujer que respaldó° a mi abuelo en sus victorias. Una sombra deformada por las reumas y sentenciada a pasar todo el día en una silla de ruedas°.

> **2. Comprensión:** ¿Por qué no le dijeron a la abuela («nana») que su esposo estaba internado? ¿Como era la abuela?

Mi madre pensó que era una injusticia no decirle a mi nana que su esposo estaba internado. Mi madre es una de aquellas personas con un sexto sentido° que le permite ver el futuro, pero sin la habilidad para cambiarlo. Sus instintos le advertían° de la segura muerte de mi tata. Sabía que mi nana tenía el derecho de ver a su esposo por última vez, pero nadie la escuchaba. La acusaban de "escandalosa," diciendo que sólo mortificaría° a mi nana. Al fin y al cabo,° en dos días se esperaba que mi tata saliera del hospital.

Pero mi madre, que es fuerte de carácter, no desistía, y de tanto insistir, mis tíos empezaron a dudar. Mi nana nunca los perdonaría si algo le pasase° a mi tata. Bajo esta amenaza° y las constantes insistencias de mi madre, mis tíos decidieron mentirle a mi nana. Le dijeron que su esposo estaba internado con un simple resfriado°. Al recibir las noticias, mi nana suplicó que la llevaran inmediatamente al hospital. Mis familiares, preocupados por su delicada salud, la llevaron de mala gana°.

Glosses (right margin):

taking leave, saying goodbye

nombre cariñoso por **abuelo** / fuerte / *cowboy* / lleno de vigor

obteniendo
wheat / cattle
ponía silla a
blanket (*Mex.*)

preocupó

nombre cariñoso por **abuela** / en el hospital

ayudó
silla... *wheel chair*

sexto... poder especial

anunciaban

preocuparía / Al... *After all*

si... *if something were to happen* / threat

head cold

de... sin querer

La visita al hospital fue uno de esos pequeños milagros que hace la vida tan maravillosa. Parecía un evento sin importancia, mi nana en su silla de ruedas y mi
35 tata acostado°. Entre las sábanas° de la cama estaban escondidas las marchitas° manos de ambos, sus dedos entrelazados°. Pasaban largos minutos sin que ninguno de los dos dijese algo°.

en la cama / sheets / secas / interlocked

sin... with neither of them saying anything

> **3. Comprensión:** ¿Por qué quería la madre decirle la verdad a la abuela? ¿Que hicieron los tíos finalmente?

Después de 53 años de casados, a lo mejor no tenían nada nuevo que decirse. O tal vez, después de tanto tiempo juntos, la voz dejaba de ser la forma más
40 efectiva de comunicación. Por media hora ambos° disfrutaron de su compañía y se veían verdaderamente felices.

los dos

Cuando llegó el momento de marchar, mi nana sonrojando° pidió a mis padres que la levantaran y la acercaran más° a mi tata. Quería darle un beso de despedida. Mis padres extrañados° acedieron, ya que mis abuelos nunca habían
45 demostrado afecto tan abiertamente ante sus hijos. Mis abuelos eran gente del desierto, donde la sequedad del suelo° se reflejaba en la aridez de los sentimientos. Pero este pequeño beso, puesto en el arrugado° cachete° de mi tata, iba cargado de muchos años de amor y devoción. A los dos les brillaban los ojos como si de nuevo fueran novios. Mi tata se ruborizó° y mi nana sonreía.

poniéndose roja

la... would bring her closer / sorprendidos

tierra

wrinkled / cheek (Mex.)

puso rojo

> **4. Comprensión:** ¿Qué se dijeron los dos abuelos? ¿Qué pasó entre ellos? ¿Por qué estaban sorprendidos los parientes?

50 Son pocos los que tienen la fortuna de tener la última despedida. La segunda vez que volvió mi nana a ese cuarto, mi tata ya estaba envuelto en las sábanas del hospital....

Vocabulario: Sinónimos más breves

Busque en la historia sinónimos más breves para reemplazar las palabras o frases en letra cursiva. (Están en orden de su ocurrencia en el cuento.)

1. *Cuando era niño*, sobrevivió la Revolución.
2. No querían decirle que su esposo estaba *en el hospital*.
3. Finalmente, la llevaron *sin grandes deseos de hacerlo*.
4. Abuela estaba en su silla de ruedas y abuelo estaba *en la cama*.
5. Por media hora *los dos* disfrutaron de su compañía.
6. Los padres *dijeron que sí* a las súplicas de la abuela.
7. Los dos ancianos *se pusieron rojos*.

Opiniones

Haga un comentario sobre...

1. La descripción de la madre como «fuerte de carácter»
2. El poder especial de la madre (su «sexto sentido»)

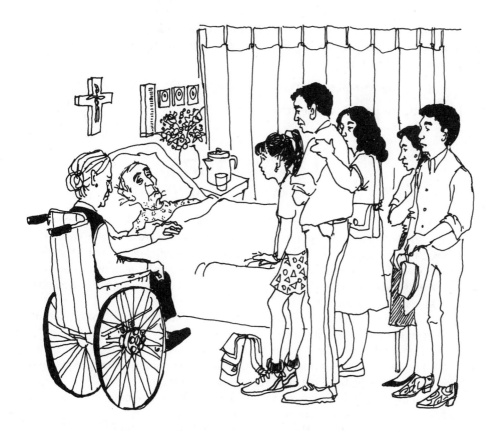

3   La mentira que los parientes dijeron a la abuela
4.   La relación entre la tierra de Nuevo México y el cáracter de los abuelos
5.   La importancia de una «ultima despedida»

En Breve

Escriba Ud. un breve resumen (*summary*) de este cuento. Compare su resumen con los de sus compañeros. ¿Quién ha podido mejor «expresar mucho en poco»?

Selección 2

Anticipación: Cuáles son los primeros recuerdos que Ud. tiene de su niñez? ¿Qué edad tenía Ud. en ese momento? Muchas veces nuestros recuerdos incluyen misterios que sólo podemos comprender más tarde cuando somos adultos. Así es con el siguiente cuento que relata un incidente verdadero que ocurrió en Cuba hace más de cincuenta años. La historia está contada desde el punto de vista de una niña pequeña. La autora es cubana-americana y lleva muchos años viviendo en Estados Unidos. *Antes de leer:* Mire el título, la ilustración, y las líneas 1–22. Luego, conteste esta pregunta:

Qué misterio hay, y por qué le interesa a la niña?

Lea el cuento para aprender más.

Las vecinas
Ana Alomá Velilla

Hacía varios días que Abuelo venía quejándose y diciendo que no se sentía bien. Eso me preocupaba porque yo lo quería mucho. Abuelo me llevaba al malecón° y me compraba globos° de colores y cucuruchos de maní tostado.° Otra cosa que me gustaba de él era que sabía las respuestas a todas mis preguntas. Bueno, a casi todas porque nunca me contestaba claro las que le hacía sobre la casa grande de la esquina.°

—¿Por qué cierran las ventanas? ¿Por qué tiene una ventanita chiquita abierta en la puerta de la ventana grande?

—Mm... tal vez no les guste el fresco.° Yo pensé que Abuelo se había sonreído. Pero ésa era una respuesta tonta porque con el calor que hacía en verano todo el mundo abría las ventanas de par en par° a la brisa.

Cuando tía Felicia y yo pasamos una vez por frente a la casa, le pregunté si conocía a la familia que vivía ahí.

—¿Yo? ¡Dios me libre! Ahí viven mujeres de la vida... de mal vivir.

—¿De mal vivir? Pero tía, la casa no parece peor que las otras.

—Deja eso, deja eso y apúrate°... Papá necesita la medicina.

El misterio de la situación empezó a fascinarme. Una vez alcancé a° ver en la ventanita un rostro° pintado y mi imaginación se llenó de princesas prisioneras y aventuras mágicas. Me dediqué a vigilar la famosa casa.

Un día, tía Asunción estaba bordando,° sentada en el balcón de la casa, y yo, en el suelo, jugaba a los naipes.

—Tía, ¿los hombres son más guapos° que las mujeres?

—No sé... no lo creo. Tal vez en algunas ocasiones. ¿Por qué me lo preguntas?—añadió distraídamente.

—Porque sólo entran hombres en la casa de la esquina.

—¡Susana!—exclamó tía, abriendo tamaños° ojos.

Pensando que no me creía, exclamé—Pero, si es verdad, tía. Yo los veo desde la azotea.°

Tía se levantó rápidamente y muy agitada la oí conversando con Mamá, Abuela y las otras tías... Yo oía cosas como: «es una vergüenza»... una niña pequeña... un vecindario° decente... » No sé exactamente qué pasaba. La situación se ponía más y más candente,° y sólo se enfrió cuando Abuelo llamó quejándose y la atención de todas se volcó en° él.

Glosses (left margin):

un parque al lado del mar / *balloons* / **cucuruchos...** *paper cones of toasted peanuts*

corner

aire frío

de... completamente

ven rápidamente

alcancé... pude

cara

embroidering

valientes (regionalismo)

wide

flat roof

barrio

apasionante

se... *turned toward*

Porque a pesar de todos los esfuerzos del médico y de la familia, Abuelo murió esa tarde. La familia se sumió° en el duelo° y en los preparativos para el velorio. Por la noche ya Abuelo descansaba en su caja° rodeado de velas° y de flores en la sala de la casa. El velorio iba a durar toda la noche y el entierro° estaba fijado para las diez de la mañana siguiente. Yo estaba sentada quieta y llorando bajito, un tanto asustada por todo el aparato que rodeaba a la muerte. Alguien llamó a la puerta: la primera visita de la noche. Tía Felicia se dirigió° a la puerta y la abrió. Desde el primer cuarto tía Asunción vio a los primeros visitantes.

—¡Dios mío! ¡Las mujeres malas de la esquina!

La curiosidad me hizo olvidar momentáneamente la pena y corrí a la puerta. Cinco mujeres, todas vestidas de oscuro° y sin maquillaje° alguno, se presentaban a tía:

—Somos las vecinas de la esquina. Venimos a acompañarles en su sentimiento y a ayudarles en todo lo posible.

Tía, pasmada,° o recobró a tiempo su buena educación, o se turbó demasiado para impedirles el paso porque, medio atontada,° las mandó a pasar.

—¡Qué desilusión! Las misteriosas mujeres de la esquina ni eran misteriosas ni se diferenciaban en nada al resto de la gente. Vestidas de oscuro y sin pintarse, hasta se parecían° a las tías. Toda la noche se la pasaron atendiendo a las visitas y ayudando en la casa. Le dieron tilo° a tía Felcia que no dejaba de llorar y le prepararon manzanilla° a Abuela que tenía un salto° en el estómago. A mí me arrullaron° en los brazos hasta

35   cayó / tristeza
intensa / *coffin* /
candles /
burial

40   **se...** fue

45   **de...** *in dark color* /
make-up

   muy sorprendida
   medio... *half-*
50   *stunned*

   se... eran similares
   linden tea /chamomile
   tea / indigestion /
   lulled to sleep

grief / crackers 55

stayed up

que el sueño venció al llanto.° Por la madrugada sirvieron galletas° con jamón y queso y un espumoso chocolate caliente a los amigos que velaron° durante la noche.

Las vecinas se quedaron con Abuela y las tías hasta que los hombres regresaron del entierro. Después dijeron que tenían que retirarse. Abuela y las tías las abrazaron y besaron llorando y dándoles las gracias. Pero a pesar de mis súplicas

súplicas... *pleas for* 60
them to return / **dul-**
ces... *caramel*
candies

por que volvieran° y de los famosos dulces de leche° de la abuela que ésta les mandaba regularmente, las vecinas no volvieron a visitarnos. Se encerraron de nuevo en su casa de la esquina, la que tiene una ventanita chiquita abierta en una puerta de la ventana grande.

Preguntas

1. ¿Por qué quería la niña a su abuelo?
2. ¿Cómo contestaron el abuelo y las tías sus preguntas sobre la casa misteriosa?
3. ¿Cómo reaccionó la Tía Felicia cuando las vecinas llegaron al velorio? ¿Por que?
4. ¿Qué hicieron las vecinas?
5. ¿Qué pasó en el momento de la despedida? ¿Y después?

Un diagrama de cambios emocionales

Los niños tienen altibajos (*ups and downs*) más bruscos y fuertes que los adultos. Haga un diagrama de los cambios emocionales de la narradora, marcando un punto en las líneas apropiadas. Luego, conecte los puntos. Explique su diagrama, y compárelo con los de sus compañeros. (Hay diferentes posibilidades de la interpretación.)

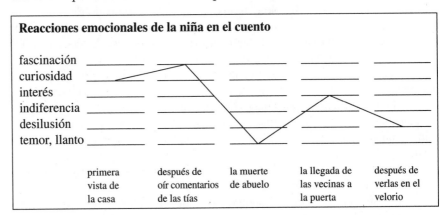

Identificación del tema

El *tema* de un cuento es el punto general o la conclusión sobre el mundo o la vida humana que el autor (o la autora) nos transmite. Es similar a la *idea principal* de un artículo. Según su opinión, ¿cuál de las siguientes frases expresa mejor el tema de «Las vecinas»? ¿Por que?

1. Muchas veces los niños comprenden el mundo mejor que los adultos.
2. Básicamente, todos somos iguales, a pesar de diferencias de clase o profesión.
3. La gente siente miedo o desconfianza de ciertas personas cuando no las conoce bien.

Opiniones

Trabaje Ud. con dos o tres compañeros para contestar estas preguntas.

1. ¿Por qué crees que muchas veces los niños se entienden mejor con sus abuelos que con sus padres?
2. En tu opinión, ¿debemos «proteger» a los ninos de ciertos aspectos de la vida? ¿O debemos siempre decirles toda la verdad? A qué edad crees que un niño debe escoger libros y películas con toda libertad? Explica.
3. ¿Qué piensas de las «mujeres de la vida»? ¿Es buena o mala la idea de legalizar la prostitución? ¿Por que?

Composición dirigida: historia de una vida

Mire los dibujos y escriba la historia que representan, inventando un nombre para el personaje principal. Use el tiempo pasado (el pretérito y el imperfecto) y palabras y frases del vocabulario de este capítulo.

Capítulo 3

LA PRESENCIA LATINA

Vocabulario preliminar

Estudie las palabras y expresiones en negrilla para usarlas en este capítulo.

Los inmigrantes y grupos minoritarios: Acciones

adaptarse modificarse a las circunstancias; **la adaptación,** modificación

asimilarse integrarse culturalmente al grupo dominante; **la asimilación** integración cultural

conseguir (i) obtener

fracasar no conseguir un buen resultado, frustrarse; **el fracaso,** falta de éxito, mal resultado

ganar adquirir una ganancia o salario: *ganar dinero, ganar bien* en su trabajo; salir bien en un juego o deporte: *El equipo ganó el partido.*

perder (ie) verse privado de una cosa que se poseía: *perder sus propiedades o identidad*

rechazar no aceptar, rehusar

regresar volver; **el regreso** vuelta

tener éxito triunfar, conseguir un buen resultado; **el éxito** triunfo, resultado positivo

vencer superar, conquistar: *vencer los obstáculos*

Los inmigrantes y grupos minoritarios: La identidad y las raíces (orígenes)

ser bilingüe ser capaz de hablar dos lenguas

el (la) ciudadano(a) natural (o persona naturalizada) de una nación con los derechos y obligaciones correspondientes

el choque cultural trauma o conflicto interior causado por el contacto con otra cultura

el (la) hispano(a) de ascendencia u origen español o latinoamericano

el (la) indocumentado(a) inmigrante ilegal que cruza la frontera sin documentos

la ley regla dictada por el congreso o parlamento

la mayoría más del 50 por ciento

la minoría menos del 50 por ciento

el poder autoridad, dominio: *Ese grupo tiene mucho poder en el gobierno*

el puesto empleo, trabajo: *Quiere conseguir un buen puesto.*

Antónimos

Dé antónimos, o palabras o expresiones contrarias, de las siguientes palabras y expresiones. (En algunos casos hay más de una posibilidad).

1. aceptar
2. salir
3. tener éxito
4. ganar
5. la salida
6. la minoría
7. el inmigrante legal
8. el fracaso
9. el desempleo
10. monolingüe

Sinónimos en contexto

Dé sinónimos, o palabras o expresiones similares a las palabras y expresiones en **negrilla.**

Muchos inmigrantes **de origen espanol o latinoamericano** llegan a Estados Unidos llenos de confianza y dispuestos a **modificarse a las circunstancias.** Pero luego ven que hay un gran número de obstáculos que tienen que **conquistar** primero. Necesitan **obtener** un apartamento y un **trabajo.** Generalmente no **hablan dos idiomas** y tienen dificultades con la comunicación. Tienen miedo porque no conocen las **reglas dictadas por el congreso** de su nuevo país. Empiezan a trabajar pero no **adquieren** un buen salario y a veces encuentran discriminación. Sus hijos van a la escuela pero son diferentes de **mas del 50 por ciento** de los estudiantes y por lo tanto empiezan a sentirse inferiores. Convencidos de su inferioridad, **no consiguen buenos resultados** en los estudios y deciden **no aceptar** las normas de la sociedad dominante. Así es como los inmigrantes experimentan un profundo **conflicto interior causado por el contacto con la nueva cultura.** Ven que muchas puertas están cerradas para ellos y empiezan a **verse privados de** la confianza que antes tenían. Piensan en **volver** a su lugar de origen. Sin embargo, con el tiempo algunos hacen contactos positivos con otros inmigrantes que han tenido **una experiencia positiva** en la nueva cultura. También ven que ahora hay hispanos que tienen **autoridad** en la política. Entonces comprenden que con mucha paciencia y un poco de suerte, es posible hacer una buena **modificación** en esta tierra de inmigrantes.

Enfoque del tema

Los hispanos en Estados Unidos

Los hispanos forman la segunda minoría de importancia en Estados Unidos (después de los negros). Los centros de muchas ciudades norteamericanas son efectivamente bilingües. Allí se encuentran letreros°, periódicos y canales de televisión en español, *signs*

5   música latina en la radio y otras indicaciones de la presencia
hispana. Hay dominicanos, nicaragüenses, salvadoreños, colom-
bianos, venezolanos, argentinos, uruguayos... Pero los tres grupos
principales son los mexicanos, los puertorriqueños y los cubanos.
Algunos anglos reaccionan con alarma: «¡Esta es una invasión!»
10   piensan.

Los hispanos de origen mexicano: El grupo más grande

En realidad, la presencia hispana en Estados Unidos es aún más
antigua que la anglosajona.° Los españoles fundaron° las primeras
ciudades—San Agustín en la Florida y Santa Fe en Nuevo México—muchas décadas antes de la llegada del Mayflower. Explo-
raron y poblaron° enormes regiones del sur y del oeste, dejando
como herencia una impresionante arquitectura colonial, una comida sabrosa,° y melodiosos nombres geográficos como San Francisco, Las Vegas, El Paso... Durante siglos ese territorio fue parte
de España y México.

Pero a mediados° del siglo pasado, todo cambió. Estados
Unidos le declararon la guerra° a México y le quitaron las tierras
que ahora componen Nuevo México, Arizona, California, Nevada,
Utah y Colorado. Como resultado, muchos mexicanos perdieron
sus propiedades. Para vivir, tuvieron que aceptar los trabajos más

Anglo-Saxon /
establecieron

settled   15

deliciosa

a... *in the middle*   20
combate armado

duros° y desagradables. En las escuelas les estaba prohibido ha- 25 *difíciles*
blar español. Empezaron a sentirse discriminados en las mismas
tierras colonizadas por sus antepasados.

En la década de los sesenta de este siglo, algunos mexicano-
americanos empezaron un movimiento de afirmación cultural.
Buscaron sus raíces no sólo en la tradición española, sino también 30
en su orígen indio. Comenzaron a llamarse *chicanos* y a luchar
por reformas y mejores oportunidades. Además, hubo un floreci-
miento° de las artes chicanas—pintura, murales, canciones, obras *flowering*
de teatro y poesía—que continúa hoy.

Los puertorriqueños: Entre dos culturas

Tradicionalmente la actitud de Estados Unidos hacia los inmi- 35
grantes ha sido la de favorecer la asimilación, el «crisol»,° pero a *melting pot*
los puertorriqueños, esto les ha resultado muy difícil debido a la
situación especial de Puerto Rico. En 1898, después de perder la
guerra con Estados Unidos, España le cedió el territorio de Puerto
Rico. En 1952, la isla pasó de territorio de Estados Unidos a ser *es-* 40
tado libre asociado,° su condición actual. Por lo tanto, los puerto- *estado...*
rriqueños son ciudadanos de Estados Unidos y pueden salir y entrar *Commonwealth*
sin visa. Sin embargo, esta misma facilidad de ir y venir les produce
a muchos un bloque psicológico con respecto a la asimilación.

Muchos puertorriqueños llegan a Nueva York, o a otras ciu- 45
dades, con la idea de ganar unos «chavos»° y regresar a la isla. El *dinero (slang)*

clima les parece insoportable. También encuentran discriminación y un idioma que no es el suyo. Pero en Puerto Rico hay poco trabajo, y por eso muchos puertorriqueños nunca regresan a la isla. Poetas como Tato Laviera captan la profunda nostalgia de estos «neorriqueños». (Véase el poema, página 140.)

En años recientes, ha habido un gran aumento en el número de *estatistas* (las personas que quieren que Puerto Rico se convierta en un estado de EEUU). Sin embargo, en las elecciones de 1993 la mayoría de los puertorriqueños rechazó el estatismo y votó por continuar como estado libre asociado.

Los cubanos y la adaptación

waves

Las dos olas° de refugiados cubanos ilustran cómo las circunstancias contribuyen al éxito o al fracaso del inmigrante. Con la subida al poder de Fidel Castro en 1959 y el establecimiento de un gobierno comunista, miles de cubanos llegaron como refugiados a Estados Unidos. Muchos se quedaron en Miami, y su comunidad ha prosperado.

La mayoría de los cubanos de esta primera ola se han adaptado rápidamente. Esto se debe a varios factores: 1) Como eran refugiados del comunismo, el gobierno norteamericano les ayudó con programas especiales. 2) Llegaron en un momento de prosperidad económica. 3) Muchos de ellos tenían un buen nivel de

En 1993 el presidente de México, Carlos Salinas de Gortari, Firmó el TLCAN (el Tratado de Libre Comercio de América del Norte) con Estados Unidos y Canada.

instrucción escolar. 4) No podían regresar a su isla, y por eso muchos de ellos comprendieron que estaban en Estados Unidos para siempre.　70

En 1980, salió de Cuba una segunda ola de refugiados que han encontrado mayores dificultades en su adaptación. Hoy Miami es una ciudad dividida por tensiones entre varios grupos y por los típicos problemas urbanos del crimen y de la violencia. Al mismo tiempo, gracias en parte a la inmigración cubana, Miami es un cen-　75 tro comercial importante y una puerta abierta a mercados latinos.

Los indocumentados: Beneficio y problema

¡A pie,° en autobuses, coches, bicicletas, camiones, o en barcos, y en avión con visa de turista... llegan! Nadie sabe exactamente cómo. Cada año entran a Estados Unidos miles de indocumentados de México, Centroamérica, Cuba y otras partes. Algunos tra-　80 bajan en el suroeste y muchos negocios de allá dependen de esa mano de obra barata.° En general, aceptan los trabajos desagradables que no quieren hacer los anglos y no piden ayuda al Bienestar Público.°

On foot

mano... *cheap labor*
Bienestar...
Welfare Service

La situación actual

Actualmente, la presencia hispana en Estados Unidos está cre-　85 ciendo y su poder político también. En los años setenta, había más o menos 1.300 puestos políticos ocupados por hispanos; en 1990, había 3.783. Hoy día hay nombres latinos que aparecen en las noticias: Henry Cisneros y Fernando Peña que han ocupado puestos importantes en el gabinete presidencial y Gloria Molina, una super-　90 visora del Condado de Los Angeles, para citar tres ejemplos.

En cuanto a los problemas económicos de los hispanos, la solución parece ser la instrucción escolar. Según estadísticas recientes, los hombres latinos ganan 93 por ciento del dinero ganado por los hombres no-latinos de la misma experiencia y preparación　95 escolar.

Explicación de términos

Explique qué importancia tienen estos incidentes con respecto a la historia de los hispanos en EEUU:

la fundación de San Agustín y de Santa Fe

la guerra entre Estados Unidos y México de 1845–1848

la guerra entre Estados Unidos y España de 1898

la subida al poder de Fidel Castro en 1959

las elecciones en 1993 en Puerto Rico

Preguntas

1. ¿Qué ciudades de Estados Unidos son casi bilingües en inglés y español?
2. ¿Qué grupos de hispanos hay en el lugar donde usted vive? ¿Por qué están allí?
3. ¿Dónde buscan sus raíces los chicanos? ¿Qué artes chicanas han tenido un resurgimiento?
4. ¿Por qué pueden los puertorriqueños entrar y salir sin visa a Estados Unidos y Puerto Rico? ¿Qué efecto psicológico tiene esta facilidad?
5. ¿Por qué se adaptaron bien los cubanos? ¿Cómo es Miami hoy?
6. ¿De dónde son los indocumentados? ¿Que hacen después de entrar a Estados Unidos?
7. ¿Tienen poder político ahora los latinos de Estados Unidos?
8. ¿Qué necesitan los hispanos para tener más éxito económico?

Debatamos

Diga *sí* o *no* a las siguientes ideas, según su opinión. Luego, explique por qué opina así.

1. El inglés debe ser el único idioma oficial de Estados Unidos.
2. Estados Unidos y Canadá deben aumentar el número de inmigrantes y refugiados que aceptan cada año.
3. Es racista ofrecer becas (*scholarships*) exclusivamente para los blancos pero no es racista ofrecer becas exclusivamente para las personas de un grupo minoritario.

Selección 1

Anticipación: Hoy día el término *chicano* es usado por muchos norteamericanos de origen mexicano. Lleva implícito un sentido de orgullo (*pride*) y de afirmación de la identidad bilingüe y bicultural. Una canción ranchera (una clase de canción típica de la región cerca de la frontera entre E.E.U.U. y México) de los años sesenta se presenta a continuación. En la canción hay varias referencias a Laredo, una ciudad de Texas que muestra la combinación de culturas característica del suroeste norteamericano. En Laredo está el puente internacional sobre el Río Bravo que comunica con la ciudad de Nuevo Laredo, México. Tradicionalmente, esa región es el territorio de los chicanos.

Antes de leer: Recuerde que estos versos son de una canción.

1. ¿Cree usted que es una canción alegre o triste? ¿Por qué?
2. En su opinión, ¿en qué tipo de ambiente se cantaba originalmente? Lea los versos en voz alta y trate de imaginar ese ambiente.

Carmen Lomas Garza «Tuna de Nopal/Pedacito de mi Corazón» 1986 Goache 2½ ″ x 20″

El Chicano*
Juan Villa

Ya me voy a trabajar al norte
   pa'ganarme yo mucho dinero.
Luego que yo quiera° divertirme,
   yo me vengo a pasear a Laredo.

En Laredo se encuentra de todo,   5
   ven aquí si te quieres pasear.
Hay cerveza, mariachis, canciones,
   y mujeres que saben amar.

En Laredo tengo una morena
   que la quiero por linda y por bella,   10
y si Dios me concede licencia,°
   yo regreso y me caso con ella.

Luego... *Later on when I want*

concede... da permíso

---

*Esta canción fue grabada por el conjunto Los Norteños de Nuevo Laredo, en Del Valle Records (650+), McAllen, Texas. Tino Villanueva la reproduce en el prólogo de su libro, *Chicanos*.

Me la llevo a vivir a mi lado,
    pa'quererla con toda pasión,
15 para darle todo mi cariño
    y entregarle° todo el corazón.

darle

Ya me voy, mis queridos amigos,
    vamos todos a darnos la mano;
aunque yo esté en Estados Unidos,
20   yo no niego que soy mexicano.

may be

Ahora sí ya me voy y me despido,°
    me despido con gusto y esmero,°
ya me voy a trabajar al norte
    pa'venirme a pasear a Laredo.

me... digo «adiós»
cuidado

Preguntas

1. ¿Para qué va el chicano del poema al norte?
2. ¿Para qué va a Laredo?
3. ¿Qué quiere hacer el chicano en el futuro?
4. ¿En qué país quiere vivir?
5. ¿Parece difícil o fácil cruzar la frontera según la canción?
6. ¿Cree usted que la situación es diferente hoy? ¿Por qué?
7. ¿Qué expresión de orgullo hay en la canción?

Opiniones

En su opinión, ¿qué representa Estados Unidos para el chicano de la canción? ¿Qué representa México? ¿Cree usted que la situación del chicano va a cambiar a causa del TLC (NAFTA)? Explique.

Selección 2

Anticipación: Estados Unidos es una nación famosa por sus ciudadanos muy trabajadores. Tiene una larga tradición como el país de la oportunidad, y muchos inmigrantes llegan con la idea de encontrar un puesto lucrativo y de gran prestigio. Muchas veces la realidad es diferente. En su opinión, ¿qué obstáculos encuentran los inmigrantes cuando buscan un puesto?

El siguiente cuento fue escrito por un cubano que llegó a Miami con la primera ola de refugiados en 1959. ¿Qué factores ayudaron a este grupo en la adaptación? (Si usted no lo sabe, vea la página 40.)

Antes de leer: Mire el título, la ilustración y el primer párrafo. En su opinión, ¿de qué trata el cuento? Describa el tema principal en una frase.

Y ahora, lea el cuento para saber si usted tiene razón.

Ay, papi, no seas coca-colero°

Luis Fernández Caubí

Coca-Cola man

En aquellos primeros días de exilio, un buen amigo de la infancia, Abelardo Fernández Angelino, me abrió las puertas de la producción en este mercado afluente y capitalista de Estados Unidos. Me llevó a una oficina donde no tardaron° dos minutos en darme mi Social Security y de allí fuimos a una embotelladora° de Coca-Cola situada en el Noroeste, donde me esperaba un trabajo de auxiliar° en un camión. *"Come on, Al,"* dijo el capataz,° *"This is an office man, he will never make it in the field."* Pero Abelardito, ahora convertido en Al, insistió: *"Don't worry, I'll help him out."* Y me dieron el puesto.

no... they did not delay / bottling plant asistant-loader / foreman

Y con el puesto me dieron un uniforme color tierra° con un anuncio de la Coca-Cola a la altura del corazón y me montaron en un camión lleno de unos cilindros metálicos duros y fríos. Para centenares° de personas significarían una pausa refrescante; a mí se me convirtieron en callos° en las manos, dolores en la espalda,° martirio en los pies y trece benditos° dólares en el bolsillo° vacío. Era 1961. Todo el mundo hablaba de los ingenios° y las riquezas que tuvieron en Cuba. Yo, por mi parte, tenía el puesto de auxiliar del camión conseguido por Abelardito, a regalo y honor dispensado por la vida.

color... earth-colored

cientos
calluses
back / blessed / pocket
lit. sugar mills

Sucede que yo no había tenido otro ingenio° en Cuba que el muy poco que quiso Dios ponerme el la cabeza. Pero, sí tenía una práctica profesional de abogado que me permitía y me obligaba a andar siempre vestido de cuello y corbata° y con trajes finos.

ingenio here means wit

cuello... collar and tie

En fin, volviendo al tema, que cuando llegué a mi casa, entrada la tarde, con mi traje color tierra, mis manos adoloridas, el lumbago a millón,° la satisfacción de haberle demostrado al capataz que *"I could do it"* y los trece dólares bailándome en el bolsillo, me recibió mi hija de cuatro años. En cuanto me vio, empezó a llorar como una desesperada al tiempo que me decía, «Ay, papi, papi, yo no quiero que tú seas° coca-colero».

a... going strong

que... that you be

Me estremeció.° Pensé que la había impresionado el contraste entre el traje fino y el uniforme color tierra y comencé a consolarla. Yo tenía que trabajar, estaba feliz con mi camión, los cilindros no eran tan pesados... trataba de convencerla mientras, desde el fondo del alma, le deseaba las siete plagas° a Kruschev, a Castro y a todos los jefes políticos que en el mundo han sido. Mis esfuerzos no tuvieron éxito. Mi tesorito° seguía llorando al tiempo que repetía: «Papi, papi, yo no quiero que tú seas coca-colero».

Me... it shook me

las... the seven Biblical plagues

little treasure, (i.e., sweetheart)

Pero, en la vida todo pasa, hasta el llanto.° Y cuando se recuperó de las lágrimas, con los ojitos brillosos y las mejillas mojadas,° me dijo:

llorar
mejillas... wet cheeks

«Ay, papi, yo no quiero que tú seas coca-colero; yo quiero que tú seas pepsi-colero».

no... *in spite of*
hearty laugh

Y, no obstante° el lumbago, los callos y la fatiga, por primera vez desde mi llegada a Miami pude disfrutar de una refrescante carcajada.°

de **Diario de las Américas,** *un periódico en español publicado en Miami*

Preguntas

1. En el cuento de Fernández Caubí, ¿por qué creía el capataz que el autor no podía hacer el trabajo?
2. ¿Cuál era su profesión cuando vivía en Cuba? ¿Por qué cree usted que él no podía hacer el mismo trabajo en este país?
3. ¿Cómo estaba el autor cuando llegó a su casa por la noche?
4. ¿Cuál fue la reacción de su hija?
5. ¿Cómo interpretó el autor esta reacción? ¿Qué le dijo a su hija para consolarla?
6. ¿Cómo supo el autor que su hija estaba adaptándose a su nueva sociedad?

Vocabulario: -ero

En la historia, la niña inventó la palabra **coca-colero** porque en español es común usar la terminación **-ero** para designar a los individuos que trabajan con ciertos productos o en ciertos oficios. Escriba la palabra apropiada después de cada numero y tradúzcala al inglés.

MODELO: El _____ remienda zapatos. **zapatero** *shoemaker*

1. El _____ trae la leche.
2. El _____ trabaja en la carpintería.
3. El _____ trabaja en la ingeniería.
4. El _____ conduce un camión.
5. El _____ nos trae cartas.
6. El _____ hace un viaje.
7. El _____ trabaja en la cocina.

Opiniones

1. ¿Que pasa ahora en Cuba? ¿Qué opina Ud. de las relaciones entre EEUU y Cuba?
2. ¿Cree usted que la mayoría de la gente está satisfecha con su profesión o trabajo, o no? ¿Por qué?
3. Y usted, ¿qué busca en un trabajo?

Usted es refugiado(a)

Trabajando con tres o cuatro compañeros(as) imaginen la siguiente situación y contesten las preguntas. Esté preparado(a) para leer sus respuestas a la clase.

Es un día típico y ustedes están en casa cuando escuchan un anuncio en la radio que les explica que esta mañana hubo un golpe de estado *(coup d'etat).* Ahora un grupo fascista está en el poder y tiene control de las fuerzas armadas de su país. Este grupo quiere exterminar a todas las personas de ascendencia X. Ustedes son de este origen y comprenden que tienen que salir del país inmediatamente o morir. El anuncio explica que hay algunos vuelos especiales que van a salir del aeropuerto en tres horas.

1. Ustedes no tienen coche y todos los taxis están ocupados. ¿Dónde está el aeropuerto en su ciudad? ¿Cómo van a llegar allí?
2. Cada persona puede llevar una sola maleta *(suitcase).* Además de ropa, ¿qué otras cosas van a llevar?
3. No pueden ir al banco porque hay policías que lo vigilan. ¿Cómo van a obtener el dinero para comprar el pasaje?
4. Luego, ustedes llegan a un nuevo país que es de una cultura muy diferente a la suya. ¿Qué ven? ¿Qué cosas son diferentes? ¿Cómo se sienten ustedes, cómodos o incómodos? ¿Por qué?
5. ¿Qué tienen que hacer primero en esta nueva cultura? ¿En qué piensan? ¿Creen ustedes que van a tener éxito aquí o no? ¿Por qué?

Don Gregorio

Capítulo 4

HOMBRES Y MUJERES

Vocabulario preliminar

Estudie las palabras y expresiones en negrilla para usarlas en este capítulo.

Palabras útiles

actual	presente, contemporáneo(a)
el(la) amante	persona que tiene relaciones amorosas con otra persona sin ser necesariamente su esposo o esposa
amar	sentir amor físico o espiritual por alguien o algo
la belleza	armonía física que inspira admiración, cualidad de ser bello(a)
la caricia	toque o gesto que demuestra cariño
compartir	distribuir las cosas con otros; participar igualmente con otros
cotidiano(a)	diario(a), de todos los días
el cuidado	responsabilidad o cargo; precaución, preocupación
desgraciado(a)	infortunado(a), infeliz, no favorecido(a) por la suerte
elegir	seleccionar, escoger
la exigencia	obligación, necesidad de hacer algo
exigir	mandar u obligar a que alguien haga o dé algo
la fealdad	aspecto visual desagradable o repugnante, cualidad de ser feo
la igualdad	cualidad de ser igual; circunstancias en que hay una justicia para todos y no hay favoritismos
la lágrima	gota de agua que sale de los ojos por efecto de emoción o sufrimiento

el matrimonio	unión legal o religiosa de casamiento; los dos esposos, *El matrimonio García ha llegado.*
la pareja	un par de personas, especialmente un hombre y una mujer
el quehacer	tarea, ocupación o trabajo particular
el rostro	la cara

Expresiones comunes

el ama de casa	madre de la familia con referencia a su función de dirigir el hogar
echar flores	dar elogios (*compliments*), elogiar
ganar el pan	obtener el dinero para las necesidades básicas de la familia
trabajar en la calle	hacer trabajo fuera del hogar (con referencia a las mujeres)

Antónimos

Dé antónimos de las listas para las siguientes palabras o expresiones.

1. afortunados
2. antiguo
3. insultar (a la gente)
4. desigualdad
5. fealdad
6. libertad
7. odiar
8. perdonar
9. ser ama de casa «tiempo completo»

Sinónimos

Dé sinónimos de las listas para las siguientes palabras o expresiones.

1. la pareja casada
2. mi querido(a)
3. la cara
4. la tarea
5. la hermosura
6. el gesto cariñoso
7. escojer
8. diario
9. mantener económicamente

Enfoque del tema:

Dos puntos de vista

¿Quiénes tienen más problemas en la sociedad actual, las mujeres o los hombres? ¿O existe ahora la igualdad? Sobre esta cuestión hay diversas opiniones. Aquí están dos.

1. Opina una mujer...

Es obvio que las mujeres tenemos actualmente mayores dificultades que los hombres. La estructura de la sociedad, a pesar de algunos cambios, es una estructura patriarcal que le concede la mayor parte del poder a los hombres. Esta estructura sigue como
5   fuerza importante en los negocios, en la iglesia, en la vida pública y hasta en la comunidad.

El trabajo y el hogar

Hoy día muchísimas mujeres trabajan «en la calle». Un gran número trabaja de tiempo completo°. Sin embargo, las mujeres, en promedio°, ganan mucho menos que los hombres. ¿No habrá
10   un poco de injusticia en esta diferencia?

A las mujeres generalmente les corresponden los quehaceres cotidianos para toda la familia, como es hacer las compras, llevar a los hijos al centro de cuidado infantil, preparar la comida, limpiar la casa.... Pocos maridos comparten estas responsabilidades.

La mayoría de las mujeres no tienen carrera°. Se ven obligadas a aceptar cualquier° trabajo con horas flexibles. Según un estudio reciente del Departamento de Trabajo de Estados Unidos, las mujeres trabajan más por razones financieras que por satisfacciones personales. También, en el caso del divorcio casi siempre resultan
20   ganadores los esposos, pues disfrutan después de más dinero y de un mejor modo de vida que el de sus esposas.

Las apariencias

Hay que ser bella. Es la regla número uno para la mujer en la vida pública o profesional. En la política, los negocios, los deportes—no importa el campo—cuando aparece una figura femenina, la
25   primera pregunta es: ¿Cómo es? ¿Es rubia o morena? ¿Gorda o flaca? ¿Alta o bajita? Si no tiene un rostro hermoso, la califican de «bruja°». Si su rostro es bello, dicen que parece frívola.

Los hombres pueden preparar sus maletas para un viaje de negocios en veinte minutos. ¿Por qué? Sólo tienen que llevar dos o
30   tres camisas y trajes. En cambio, la mujer, tiene que gastar mucho tiempo en preparar un sinúmero de combinaciones que varían

de... full time
en... on the average

career
any

witch

cada año según la moda. Necesita ropa, cosméticos, secadora de pelo°, joyería, etcétera. El énfasis en la apariencia femenina empieza muy temprano. Por eso, hay tantas niñas que sufren de anorexia y bulimia. Para ser aceptada, una mujer tiene que hacer 35 constantes sacrificios.

secadora... *hair dryer*

La libertad personal

Las estadísticas demuestran que la gran mayoría de los criminales son hombres, pero las mujeres sufrimos de los crímenes tanto como los hombres, o más.

También tenemos menos libertad de movimiento. En general 40 un hombre puede caminar por las calles de la ciudad de día o de noche. Muchas veces una mujer tiene que tomar precauciones como llevar una alarma o un pomo de gas lacrimógeno°.

gas... *tear gas*

También tenemos menos libertad de palabra y de expresión emotiva. Los hombres pueden maldecir° o contar chistes verdes°, 45 pero no se considera bien si una mujer lo hace. Además, las mujeres no debemos enojarnos ni insistir mucho en nuestras opiniones. En un hombre estas emociones muestran que él es fuerte y tenaz°, pero en una mujer indican que ella es irrazonable o desequilibrada. Por eso, no hay muchas mujeres en la política. Saben 50 que para ellas la vida pública es una situación difícil.

swear / sobre temas sexuales

persistente

2. Opina un hombre...

En el momento actual, la vida es dura para mujeres y hombres, pero de manera diferente. Creo que hay una crisis de la masculinidad. La antigua estructura patriarcal no tiene prestigio, pero

55   nadie sabe con qué reemplazarla. El papel de la mujer ya está claro, pero ¿como debe ser el «nuevo hombre»?

El trabajo y el hogar

Hoy muchas mujeres trabajan «en la calle,» y si ganan un poco, todos aplauden, diciendo, «¡Qué bien! Una mujer que gana algo. ¡Y además es buena madre y ama de casa!» Pero la expectativa con respecto al hombre es mucho más exigente. No es suficiente que

60   gane el pan; tiene que ganar *mucho.* Si no, no vale como hombre, como sustento° de su familia.

Al mismo tiempo, el marido necesita compartir los quehaceres cotidianos. Pero si él comparte el trabajo del hogar, pocos lo felici-

65   tan y algunos lo tratan con desdén. También, el padre es el que menos reconocimiento° recibe por parte de sus hijos. La figura de la madre es la dominante. ¿Y qué decir° de las películas y los programas de televisión donde el padre se representa como un gran idiota?

70   Cuando hay divorcio, ¿quién obtiene los derechos de cuidado a los hijos? Casi siempre la madre. Y después dicen todos que el divorcio sería culpa del marido, que tendría amante. Pues, las mujeres también tienen amantes.

En estos tiempos de desempleo, se les da preferencia a las mu-

75   jeres para muchos puestos. Hay becas° especiales para mujeres que quieren estudiar ingeniería o matemáticas. Luego en las com-

support

appreciation

qué... *what (can one) say*

scholarships

panías la mujer puede salir en licencia de maternidad°, pero no le
da un trato igual al padre.

licencia... *maternity
leave*

Las apariencias

En cuanto° a ropa, los hombres estamos fritos°. No podemos usar
colores vivos°, porque no es aceptable, por lo menos en el mundo 80
de los negocios. Tenemos que llevar el uniforme masculino: la
camisa blanca y el traje marrón, café, gris o azul oscuro. ¿Existirá
algo más incómodo que la corbata? Cuando hace calor, los hombres lo pasamos mal, mientras que las mujeres eligen su ropa de
cualquier color y de acuerdo con el clima. Ellas usan pantalón, 85
pero el hombre de nuestra cultura no puede usar falda sin quedar
en ridículo°.

En... con respecto /
fried (slang) / *bright*

quedar... parecer
absurdo

Otro problema que tenemos ahora es cómo reaccionar a la
apariencia de nuestras colegas. Antes era la costumbre echar flores
a las mujeres cuando se veían bien. Ahora es imposible porque 90
ante un elogio muchas piensan: *¿Qué querrá decir con eso? ¿Estará
insinuando algo deshonesto?* Por otra parte si un hombre no dice
nada, lo consideran insensible°.

lacking in sensitivity

La libertad personal

Hoy día un hombre debe tener cuidado en el trato cotidiano.
Siempre existe el peligro de una falsa acusación de acoso° sexual. 95
Pero una mujer puede contar chistes verdes o tocarle el brazo a un
hombre mientras habla, sin temor a falsas acusaciones. Por eso
digo que las mujeres tienen más libertad personal.

harrassment

El hombre actual está en una situación imposible. No importa
lo que haga. No puede ganar el juego. Pocos toman en cuenta° la 100
presión que implican las múltiples exigencias y el exceso de
crítica. La tasa° de suicidio masculino es mucho más alta que la
feminina. Y los hombres, en promedio, se mueren siete años antes
que las mujeres.

en... *into account*

rate

¿Mujeres o hombres?

Según el *Enfoque del tema,* diga si son las mujeres o los hombres que...

1. ganan menos dinero
2. no valen nada si no ganan mucho
3. quedan en ridículo si hacen los quehaceres del hogar
4. trabajan más por el dinero que por satisfacciones personales
5. obtienen los derechos de cuidado a los hijos en un divorcio
6. disfrutan de mejor modo de vida después de un divorcio
7. hacen sacrificios para las buenas apariencias

8. cometen la mayoría de los crímenes
9. no pueden caminar en muchos lugares
10. no pueden enojarse ni insistir mucho en sus opiniones

Preguntas

1. Para Ud., ¿qué es la estructura patriarcal? ¿Dónde existe?
2. ¿Por qué no hay más mujeres en la política?
3. ¿Por qué cree Ud. que los hombres mueren primero? ¿Por qué se suicidan más?
4. En general, ¿quiénes tienen más gastos, los hombres o las mujeres? Explique.
5. ¿Quiénes tienen más libertad? ¿Por qué?

 ## ¿Qué opinas tú?

Hable Ud. con un(a) o dos compañeros(as) sobre algunos de los siguientes temas. Decidan si Uds. están de acuerdo o no con las afirmaciones y por qué. Luego, compare sus opiniones con las de otros grupos.

1. Es justo darles preferencia en el trabajo a las mujeres.
2. Hombre o mujer, una persona puede vestirse como le dé la gana (*however he/she wants*).
3. La esposa (el esposo) del (de la) presidente o primer ministro no debe participar activamente en la política.
4. Una pareja de homosexuales o de lesbianas debe tener los mismos derechos como un matrimonio.
5. En la sociedad actual, los hombres son las verdaderas víctimas.
6. No está bien echar flores a una persona del sexo opuesto.

Selección 1

Anticipación: El siguiente cuento de amor es diferente. Para saber por qué, mire usted la primera frase. El autor del cuento es el renombrado escritor uruguayo, Mario Benedetti.

Antes de leer: Piense un momento en las ideas de la fealdad y de la belleza que existen en nuestra sociedad. Luego, mire el título y la ilustración y dé su opinión sobre esta pregunta:

¿Qué motivo tendría Mario Benedetti para escribir un cuento de amor con dos amantes feos? ¿Qué piensa usted de esto?

Lea el cuento para aprender más sobre una experiencia poco usual.

Expansión de vocabulario: El uso de «*palabras escondidas*» para adivinar el sentido*

Aprenda usted siete palabras importantes del siguiente cuento y una técnica para comprender nuevo vocabulario, con este ejercicio.

A veces hay palabras cortas «escondidas» en las palabras más largas. Estas palabras cortas (o partes de palabras) pueden servir como indicios (*clues*) para adivinar el sentido de las palabras largas. Escriba la palabra corta que está dentro de cada una de las siguientes palabras, y escoja la definición o el sinónimo correcto.

MODELO: Mi asquerosa marca junto a la boca viene de una **quemadura** feroz, ocurrida a comienzos de mi adolescencia. (palabra corta:) *quema(r) [to burn]*

Before this reading it is helpful to do a quick review of Spanish words for human anatomy, e.g., face, cheek, ear, hair, nape (of the neck), back, head, etc.

a. animal peligroso   b. *herida causada por*
 y salvaje   *el fuego*
c. lucha con varias personas d. dificultad legal

1. ...ya desde la primera **ojeada** *ojo*
 a. expresión emotiva   b. movimiento brusco
 c. carta mandada   d. mirada rápida

2. Ella no se **sonrojó.** _____
 a. saludó b. dijo adiós c. puso roja d. durmió

3. Mi **animadversión** la reservo para mi rostro, y a veces para Dios.
 _____
 a. entusiasmo   b. odio
 c. respeto   d indiferencia

4. ...estábamos hablando con una franqueza tan hiriente que amenazaba **traspasar** la sinceridad... _____
 a. cruzar el borde de b. dar importancia a
 c. causar problemas con d. hacer más fuerte

5. ...me miró preguntándome, **averiguando** sobre mí, tratando desesperadamente de llegar a un diagnóstico. _____
 a. contestando   b. admitiendo
 c. llorando   d. verificando

6. No quiso que la ayudara a **desvestirse.** _____
 a. entrar en el cuarto b. quitarse la ropa
 c. levantarse de la silla d. ascender la escalera

La noche de los feos

Mario Benedetti

Los dos / **pómulo...** *sunken cheekbone /* repulsiva

amables

esa... *those kinds of lights of compensation by which the ugly sometimes manage to come close to beauty /* los (ojos) / *hatred /* **su...** *our own*

haciendo... *standing in line*

notamos

Ambos° somos feos. Ella tiene un pómulo hundido°. Desde los ocho años, cuando le hicieron la operación. Mi asquerosa° marca junto a la boca viene de una quemadura feroz, ocurrida a comienzos de mi adolescencia.

  Tampoco puede decirse que tengamos ojos tiernos°, esa suerte de faros de
5 justificación por los que a veces los horribles consiguen arrimarse a la belleza°. No, de ningún modo. Tanto los° de ella como los míos son llenos de resentimiento, que sólo reflejan la poca o ninguna resignación con que enfrentamos nuestro infortunio. Quizá eso nos haya unido. Tal vez *unido* no sea la palabra más apropiada. Me refiero al odio° implacable que cada uno de
10 nosotros siente por su propio° rostro.

  Nos conocimos a la entrada del cine, haciendo cola° para ver en la pantalla a dos hermosos. Allí fue donde por primera vez nos examinamos sin simpatía pero con oscura solidaridad; allí fue donde registramos°, ya desde la

primera ojeada, nuestras respectivas soledades°. En la cola todos estaban de a
dos, pero además eran auténticas parejas: esposos, novios, amantes, abuelitos. 15
Todos — de la mano° o del brazo — tenían a alguien. Sólo ella y yo teníamos
las manos sueltas y crispadas°.

Nos miramos las respectivas fealdades con detenimiento°, con insolencia,
sin curiosidad. Recorrí la hendedura° de su pómulo con la garantía de des-
parpajo° que me otorgaba mi mejilla encogida°. Ella no se sonrojó. Me gustó 20
que fuera dura°, que devolviera mi inspección con una ojeada minuciosa a la
zona lisa°, brillante, sin barba°, de mi vieja quemadura.

Por fin entramos. Nos sentamos en filas° distintas, pero contiguas. Ella no
podía mirarme, pero yo, aun en la penumbra°, podía distinguir su nuca° de
pelos rubios, su oreja fresca, bien formada. Era la oreja de su lado normal. 25

Durante una hora y cuarenta minutos admiramos las respectivas bellezas
del rudo héroe y la suave heroína. Por lo menos yo he sido siempre capaz de
admirar lo lindo. Mi animadversión la reservo para mi rostro, y a veces para
Dios. También para el rostro de otros feos, de otros espantajos°. Quizá debería
sentir piedad, pero no puedo. La verdad es que son como espejos. 30

La esperé a la salida. Caminé unos metros junto a ella, y luego le hablé.
Cuando se detuvo° y me miró, tuve la impresión de que vacilaba. La invité a
que charláramos un rato en una confitería°. De pronto aceptó.

La confitería estaba llena, pero en ese momento se desocupó una mesa.
A medida que pasábamos entre la gente, quedaban a nuestras espaldas las 35
señas°, los gestos de asombro°. Mis antenas están particularmente adiestradas°
para captar la curiosidad enfermiza, ese inconsciente sadismo de los que
tienen un rostro corriente, simétrico. Pero esta vez ni siquiera° era necesaria
mi intuición, ya que mis oídos alcanzaban° para registrar murmullos°, tose-
citas°, falsas carrasperas°. Un rostro horrible y aislado tiene su interés; pero 40
dos fealdades juntas constituyen un espectáculo mayor; algo que se debe
mirar en compañía, junto a uno (o una) de esos bien parecidos° con quienes
merece compartirse el mundo.

Nos sentamos, pedimos dos helados, y ella tuvo coraje° (eso también me
gustó) para sacar del bolso su espejito y arreglarse el pelo. Su lindo pelo. 45

"¿Qué está pensando?", pregunté.

Ella guardó el espejo y sonrió. El pozo° de la mejilla cambió de forma.

"Un lugar común," dijo. "Tal para cual°."

Hablamos largamente. A la hora y media hubo que pedir dos cafés para
justificar la prolongada permanencia. De pronto me di cuenta de que tanto 50
ella como yo estábamos hablando con una franqueza° tan hiriente° que amenazaba traspasar la sinceridad y convertirse en un casi equivalente de la
hipocresía. Decidí tirarme a fondo°.

"Usted se siente excluída del mundo ¿verdad?"

"Sí," dijo, todavía mirándome. 55

"Usted admira a los hermosos, a los normales. Usted quisiera tener un rostro tan equilibrado como esa muchachita que está a su derecha, a pesar de que
usted es inteligente, y ella, a juzgar por su risa°, irremisiblemente estúpida."

Margin glosses:

respectivas... *mutual loneliness*

de... *holding hands*

cerradas

con... despacio parte abierta / insolencia / **mejilla...** *shrunken cheek*

cruel

smooth / **sin...** *without beard* / *rows* / oscuridad / *nape of the neck*

monstruos

dejó de caminar

café

indicios / *shock* / *tuned*

ni... *not even*

eran suficientes / *whispers* / *little coughs* / *throat-clearings*

bien... personas atractivas

valentía

parte abierta

Tal... *Like goes to Like*

sinceridad / *brutal*

tirarme... *to throw caution to the winds*

a... *judging by her laughter*

"Sí."

sostener... continuar a mirarme
60 Por primera vez no pudo sostener mi mirada°.

"Yo también quisiera eso. Pero hay una posibilidad ¿sabe? de que usted y yo lleguemos a algo".

"¿Algo como qué?"

llevarnos bien
"Como querernos, caramba. O simplemente congeniar°. Llámele como
65 quiera, pero hay una posibilidad."

frunció...*knitted her brows*
Ella frunció el ceño°. No quería concebir esperanzas.

"Prométame no tomarme por un chiflado."

"Prometo."

"La posibilidad es meternos en la noche. En la noche íntegra. En lo oscuro
lo... *complete darkness*
70 total°. ¿Me entiende?

"No."

"¡Tiene que entenderme! Lo oscuro total. Donde usted no me vea, donde yo no la vea. Su cuerpo es lindo, ¿no lo sabía?"

muy roja
Se sonrojó, y la hendedura de la mejilla se volvió súbitamente escarlata°.

75 Vivo solo, en un apartamento, y queda cerca." Levantó la cabeza y ahora sí me miró preguntándome, averiguando sobre mí, tratando desesperadamente de llegar a un diagnóstico.

"Vamos," dijo.

did I turn off / cerré
No sólo apagué° la luz sino que corrí° la doble cortina. A mi lado ella res-
difícil
80 piraba. Y no era una respiración afanosa°. No quiso que la ayudara a desvestirse.

Yo no veía nada, nada. Pero pude darme cuenta de que ahora estaba

inmóvil, a la espera. Estiré cautelosamente° una mano, hasta hallar su pecho. *con cuidado*
Mi tacto° me trasmitió una versión estimulante, poderosa. Así vi su vientre, su *sense of touch*
sexo. Sus manos también me vieron.

En ese instante comprendí que debía arrancarme° (y arrancarla) de aquella 85 *tear myself away*
mentira que yo mismo había fabricado. O intentado fabricar. Fue como un
relámpago°. No éramos eso. No éramos eso. *lightning bolt*

Tuve que recurrir a todas mis reservas de coraje, pero lo hice. Mi mano as-
cendió lentamente hasta su rostro, encontró el surco° de horror, y empezó una *groove*
lenta, convincente y convencida caricia. En realidad mis dedos (al principio 90
un poco temblorosos, luego progresivamente serenos) pasaron muchas veces
sobre sus lágrimas.

Entonces, cuando yo menos lo esperaba, su mano también llegó a mi cara,
y pasó y repasó el costurón° y el pellejo liso°, esa isla sin barba, de mi marca *sewn-up scar /*
siniestra. 95 **pellejo...** *shiny skin*

Lloramos hasta el alba. Desgraciados, felices. Luego me levanté y des-
corrí° la cortina doble. *abrí*

Los cinco pasos de la acción

Este cuento sigue la típica fórmula de una historia de amor: encuentro,
invitación, salida, conversación, relaciones amorosas. Conteste las preguntas sobre cada parte.

1. el encuentro
    ¿Dónde se conocieron el hombre y la mujer?
    ¿Cómo era el resto de la gente en la cola?
2. la invitación
    ¿Adónde invitó el hombre a la mujer?
    En su opinión, ¿por qué quería él salir con ella?
3. el salir juntos
    ¿Cómo reaccionó la gente a la llegada de la pareja «fea»?
    ¿Qué son las «antenas» mencionadas por el hombre?
    ¿Qué pidieron los dos en la confitería?
4. la conversación
    ¿De qué hablaron él y ella?
    ¿Adónde la invitó el narrador?
    ¿Qué quería decir con su idea de «meternos en la noche»?
5. el amor
    ¿Por qué decidió el hombre que las relaciones sexuales no eran
    suficientes?
    ¿Cómo se sintieron los dos amantes después de las caricias en
    la cara?

Explicación en grupo

Trabaje con varios compañeros(as) para explicar tres de los siguientes
temas:

1. La importancia de los espejos en el cuento
2. Las ideas de la belleza y de la fealdad presentadas en las películas de Hollywood.
3. Las emociones que sienten el hombre y la mujer del cuento
4. Una descripción psicológica de los dos personajes: ¿Te parecen serios o frívolos? ¿responsables o irresponsables? ¿Morales? ¿Falsos? etcétera.
5. Tu propia interpretación y comentario sobre el cuento

Composición: *Al día siguiente*

Escriba una pequeña continuación del cuento, contestando algunas de estas preguntas:

¿Qué pasó con los amantes después de la noche descrita en el cuento? ¿La desilusión? ¿Una puerta abierta hacia la felicidad? ¿Se hicieron novios? ¿Se casaron? ¿Se separaron para nunca verse más?

Selección 2

Anticipación: ¿Qué significan las bodas de plata? Actualmente, con la alta tasa de divorcio, muchos consideran el aniversario de veinte y cinco años de matrimonio como un éxito poco usual. A menudo se celebra la fecha con una gran fiesta. El siguiente cuento, de la autora costarricensé, Rima Vallbona, relata una celebración que empieza como una fiesta normal y termina con una gran sorpresa. El cuento está narrado desde el punto de vista de *Abelardo*, un joven de veinte y tantos años, hijo de la pareja que está celebrando su aniversario.

Antes de leer: Mire el título y la ilustración. Lea la primera parte (líneas 1–54) y escoja las respuestas correctas para las siguientes preguntas.

1. ¿Cómo se siente Abelardo a causa de los preparativos de la fiesta?
   a. emocionado   b. feliz   c. nervioso   d. triste
2. ¿Qué emonciones siente Abelardo cuando piensa en su madre, Penélope?
   a. respeto y admiración   b. odio y rencor
   c. una indiferencia absoluta   d. lástima y vergüenza
3. ¿Qué misterio hay con respecto al tejer (*knitting*) de Penélope?
   a. ¿Cómo puede tejer tan rápidamente?
   b. ¿Por qué canta melodías tan tristes mientras teje?
   c. ¿Donde están todas las prendas que ha tejido?
   d. ¿Cuándo va a terminar de tejer y hacer algo más útil?
4. Penélope es muy guapa pero siempre habla de cosas
   a. intelectuales   b. tristes   c. complicadas   d. cotidianas

Estudio de cognados

Tener un buen vocabulario en inglés es una gran ayuda para el estudio del español. Mire las siguientes palabras tomadas del cuento, y escriba el cognado inglés que corresponde a cada una. Luego, escoja el significado apropiado.

MODELO   1. **agitarse**   *agitate*   g. *moverse con fre-cuencia, turbarse*

Palabra	*Cognado*	*Definicion*
1. **agitarse**	_____	a. indiferente, imperturbable
2. **disponer (de)**	_____	b. muy triste
3. **doblado**	_____	c. fraude, falsedad
4. **impasible**	_____	d. resentimiento, odio
5. **impostura**	_____	e. inclinado
6. **lascivo**	_____	f. tener a la disposición; determinar
7. **melancólico**	_____	g. moverse con frecuencia; turbarse
8. **rencor**	_____	h. propenso a la inmoralidad

Ahora, lea el cuento para descubrir qué sorpresas pueden ocurrir durante una fiesta de celebración.

Penélope en sus bodas de plata

Rima Vallbona

Los preparativos de la fiesta han creado un ambiente de zozobra° entre los habitantes de la casa. A lo mejor° sucede algo que haga historia° en esta dormida ciudad. Yo mismo estoy inquieto, con las horas del día agitándose vanamente para acomodarse a mi ritmo cotidiano de trabajo, pero imposible. Todo se ha salido de su habitual rutina.

Una fiesta es una fiesta, viejo, aflojá*° los nervios.

intranquilidad

A... *Probablemente /* que... *that will cause a sensation*

5

aflojá... *calm down*

---

*Notice that in this story the **vos** forms of verbs are used when the characters are talking informally to each other. These forms are used in many parts of Latin America instead of the **tú** forms with members of the family or close friends. They are close to the forms you know and should not be difficult to understand. In this part the main character is talking to himself.

silla grande

needles / knitting

lleva... *she has spent
so much (time) / bed-
spreads / caps / scarves
/ pieces of clothing*

knitted things

wool

humming

sirvienta

spicy sausage / beans

booties

*cosas de poco valor
/ bouquets*

fuera... *were like
their world / a bed /
pelos grises /
pelo*

castaño... *auburn*

cuadro

cubrirse

pusieron malos

Podrán... *can there
possibly fit*

wings

ideas ridículas

gossip

laughter

tiempo / **con...** *with
the fear that mom
will begin to talk
about /* **Pero...** *But
don't let her talk*

...Mamá, ¡tan buena la pobre! Para ella, el sillón° junto a la ventana y las dos agujas° que no se cansan tejiendo°, tejiendo, tejiendo, siempre tejiendo. Espera algo. Yo sé que espera algo. Cada movimiento de su aguja, rápido, nervioso, dice que espera algo. ¡Pero lleva tanto° esperando! ¿Y qué ha tejido durante ese largo tiempo? Debe tener un cuarto lleno de colchas°, suéteres, gorros°, bufandas°. ¿Dónde mete todas esas prendas° que teje? Hoy, con el trajín y preparativos de la fiesta—¡maldita fiesta!—pienso en esos tejidos° de mamá con inquietud. ¡Raro!, ¿dónde los guardará si nunca la he visto usarlos, ni darlos a nadie? ¿Habrá un cuarto secreto en la casa? ¿Donde? Lana° blanca. Siempre lana blanca. Desde niño la vi tejiendo junto a la ventana y tarareando° una canción melancólica; después me llenaba de besos que temblaban de angustia. «¿Por qué tejés tanto, mamá?» Seguía tarareando y una lágrima rodaba cada vez que le hacía la pregunta. «Dónde está el suéter blanco que tejiste la semana pasada?» Ella se levantaba del sillón en silencio y se iba a ver si la criada° Jacinta tenía lista la comida o si había hecho las tortillas. Pronunciaba únicamente palabras cotidianas: chorizo°, picadillo, tamal, frijoles°, limpieza, tejer. «Tengo que tejer. Tengo que terminar estos escarpines°.»

Cuando escucha una canción de amor, se agita de pronto [o me parece que se agita]. Pero sigue después hablando de lo mismo, como si la vida fuera rutina y quehacer cotidiano. Papá acepta impasible su charla.

«Déjala en su mundo, Abelardo, que ella es feliz así, en su fácil mundo de mujer. Veinticinco años de casados y ni una queja, ni un reproche. Es feliz tejiendo. Es feliz entre los cachivaches° de la cocina, arreglando ramos° de flores, cambiando de lugar los muebles. Si nuestro mundo de hombres fuera como el de ellas°, todo sería lecho° de rosas. Mirá, mirá mis canas° de estar doblado frente al escritorio.

Mamá no tiene canas. Ni una cana. El cabello° limpio, reluciente, castaño rojizo°. Mientras no habla de todo eso cotidiano («trae la ensalada de papas, Jacinta»), se diría una figura imperial salida de un lienzo° de museo. Pero al ir pronunciando las cosas de cada día con su voz simple («el pozol salió sabroso»), dan ganas de taparse° los oídos para seguir viéndola imperial y bella. ¡Ay, mamá, mamá! ¡Cuántas vergüenzas he pasado cuando vienen mis amigos y ella que «los tomates se pudrieron°» delante de ellos!

La fiesta hoy, ¿para qué? ¿Por qué me inquieta así? Una fiesta más, como todas.

¿Podrán caberle° más tejidos al cuarto de los tejidos de mamá? ¿Pensará continuar ahí en la ventana, lana blanca, blanca, blanca? Lana blanca, cocina es su mundo, pequeño, ínfimo, del que nunca saldrá. Pobrecilla. Como abuelita y como todas las mujeres, sin alas° para volar a infinitos horizontes, sin sueños para vencer... ¡Bah! ¡Qué tonterías° se me ocurren!

Hora de la fiesta. Entran los invitados y poco a poco la impostura, la mentira, el chisme° se van solidificando entre los espacios libres que dejan sus cuerpos. Risas°, palabras, abrazos, besos, han perdido su esencia y realidad. Paso todo ese rato° con temor de que mamá comience a llenarse la boca de° plátano, picadillo, pozol, tamal. ¡Tan bella como está toda de negro que hace resaltar lo rojizo de su cabellera! Imperial como nunca. Pero que no hable°.

¿Que? ¿Qué dicen? ¿Que ella va a hacer un anuncio en público? Todos la miran. Papá está atónito°. Esto es una pesadilla°. Ella nunca habla así, en público. Entre esta gente—buitre°—comeentrañas°, ¿cómo se le ocurre quedar en ridículo?

    «¡Mamá, por Dios! ¿Por qué se tomó ese traguito°, si usted no puede tomar? Venga conmigo.»

    «No, yo quiero decir a todos mis amigos algo importante. Dejame, Abelardo, y decile a tu papá que no he tomado ni medio trago.»

    «Mamá, viejita, por lo que más quiera, cállese°.»

    Se subió a un taburete° y majestuosa, autoritaria, los hizo callar a todos. Tenía el más maravilloso gesto imperial.

    «Amigos muy queridos, los que nos han acompañado durante estos veinticinco años de matrimonio, hoy quiero sincerarme con ustedes por primera vez. ¿Cómo celebrar hoy nuestros veinticinco años de matrimonio, nuestras bodas de plata, sin que comparta con ustedes *mi* felicidad? (¿Dijo *mi* felicidad, así, subrayando el *mi*? ¿Y la de papá? Está borracha°. No está acostumbrada al champán.*) ¿Saben ustedes lo que han sido estos veinticinco años de mi vida al lado de un hombre egoísta, cruel, necio° y lascivo? (¡Loca, está loca, borracha, el champán, qué cosas dice!) ¿Saben ustedes las noches de insomnio y los días de agotador° trabajo que he vivido yo al lado suyo? (Sueño. Pesadilla. Esto no lo está diciendo ella, no sabe ni supo nunca expresar nada. Está borracha. Qué la saquen de ahí.) No, yo no voy a contar todas y cada una de las lágrimas de estos veinticinco años. ¿Qué murmuran° tanto ustedes ahí abajo? Sólo les voy a contar por qué estoy contenta y feliz hoy. ¿Por qué celebro estos veinticinco años? Ya mi hijo Abelardo está crecido y no me necesita. Y mi marido... tampoco. Hoy lo que celebro es mi libertad. ¿Han visto un reo° después de cumplir su condena° y recuperar la libertad? Ese reo soy yo. (No puedo más, se me desploma° la casa encima°...) Hoy quiero anunciarles que me declaro libre del yugo° del matrimonio, libre para disponer de mi tiempo como me dé la gana°. Voy a darme el gusto de viajar por todo el mundo. No más esos viajecillos a las Playas de Coco, ni a Limón, ni a Puntarenas°, donde él me llevaba luego de pasear con sus queridas° por Acapulco, Capri y Biarritz. (¡Loca, loca, loca...!) Lo mejor de hoy es poder romper para siempre un silencio de veinticinco años. Bebamos, amigos, por la libertad que hoy es mi dicha° y la de mi ex marido también... (¡Papá, pobre papá, qué vergüenza!) Porque, ¿verdad, querido, que es un alivio° que lo haya dicho yo y no vos? Así yo fui la del escándalo y vos quedás como siempre, muy bien ante todos. Como de costumbre. Brindemos° contentos, sin rencores ni odios, contentos como los buenos amigos que hemos sido siempre.»

    La sensación de atmósfera irreal que me había perseguido desde la mañana cobró° tal fuerza que yo me creía víctima de los muchos martinis que me había tomado. Volvía a tener la impresión extraña de que había distancias entre las cosas y yo.

Glosas (margen derecho):

- 54 muy sorprendido / sueño malo
- 55 *vulture-like* / *vicious* (slang)
- 56 bebida alcohólica
- 61 guarde silencio
- 62 plataforma pequeña
- 69 muy afectada por el alcohol
- 70 ignorante
- 72 cansador
- 75 dicen en tono bajo
- 78 prisionero
- condena tiempo en la prisión
- 80 cae / *on top of me*
- yugo *yoke*
- gana **como...** *as I wish*
- Puntarenas **Playas...** *nearby summer resorts* / amantes
- 85 fortuna
- 88 *relief*
- 90 *Let's toast*
- 93 adquirió

*These are Abelardo's thoughts, which are written in parentheses during his mother's speech.

Mamá estaba sobre el taburete, seguía hablando. Fue entonces cuando me di cuenta de que su bello traje negro tenía un escote° muy provocativo. Ríe, ríe, ríe con lujuria° con ese hombre canoso y atractivo; se miran hundiendo la mirada uno en otro°. Los martinis... estoy borracho. Ella, papá, veinticinco años, el aniversario, ese hombre: el Dr. Garcés, el que la atendió en su larga enfermedad. La salvó entonces de la muerte... Se hablan con los ojos... ¿Y papá? Los martinis tienen la culpa° de todo, ni sé quién soy.

Ella no puede—no debe—romper el rito monótono del picadillo, el tamal, la yuca... que siga tejiendo junto a la ventana.

«Aún me queda un resto de vida para gozarla, un resto de vida sólo para mí. ¿Por qué no ahora que todavía es tiempo? Ya pasaron los tiempos de la esclavitud.»

Todo fue más irreal cuando ella comenzó a sacar° las prendas que llevaba tejidas, lana blanca, blanca, blanca, y las fue repartiendo° entre los invitados. Sucedió lo imprevisto°: todos se dejaron llevar de° su embriaguez y se fueron vistiendo las prendas que les tocaron° hasta quedar locamente disfrazados° de lana blanca, blanca, blanca. Crecieron de tamaño entre tanta lana, y todos al brillo de las luces, se fundieron° en una masa blanca de múltiples brazos y piernas que chillaba° en loca algarabía° de libertad y lujuria.

Las citas que cuentan

Lea cada cita (*quote*) y diga: 1) quién la dice, 2) a quién y 3) qué importancia tiene en el cuento.

(marginal glosses)

low neckline
sensualidad
hundiendo... *looking deeply into each other's eyes*   100

responsabilidad

to take out
distribuyendo
lo... algo inesperado / **se...** *got carried away by* / **les...** recibián transformados
se... *fused together*
was screeching / confusión de sonidos

105

110

1. ¿Dónde está el suéter blanco que tejiste la semana pasada?»
2. «Dejala en su mundo, ... que ella es feliz así, en su fácil mundo de mujer.»
3. «Trae la ensalada de papas.»
4. «¿Por qué se tomó ese traguito, si Ud. no puede tomar?»
5. «Hoy lo que celebro es mi libertad.»

Preguntas

1. ¿Qué opinión tenía Abelardo de su madre?
2. ¿Qué opinaba Abelardo de los invitados a la fiesta?
3. Según Penélope, ¿cómo es su marido?
4. ¿Por qué ha decidido ella dejarlo ahora?
5. ¿Qué referencia clásica (e irónica) hay en el uso del nombre *Penélope*?
6. ¿Qué pasó al final de la fiesta? ¿Cree Ud. que esto podría pasar en la realidad? Explique.

Opiniones

1. ¿Qué piensa Ud. del discurso de Penélope? ¿Fue admirable o cruel? ¿Por qué?
2. ¿Es cierto que un divorcio no afecta mucho a los hijos cuando son adultos? ¿Por qué sí o no?
3. ¿Cómo explica Ud. el misterio de la lana blanca? ¿Por qué tejió tanto Penélope? ¿Por qué guardó todas las prendas?

Composición

Escriba Ud. una breve carta en la que describe la fiesta uno de los siguientes:

1. Penélope
2. su esposo
3. la sirvienta Jacinta
4. uno(a) de los invitados(as)

Capítulo 5

LA VIDA ESTUDIANTIL

Vocabulario preliminar

Lea los siguientes párrafos y trate de comprender las palabras y expresiones en negrilla.

La vida universitaria

Después del **liceo (la escuela secundaria)** muchos alumnos desean continuar sus estudios en la universidad. A veces es necesario que primero **hagan (sufran) un examen** especial. Si **sacan buenas notas** en este examen, pueden entrar a la universidad. Cuando entran, tienen que pagar **la matrícula.** Después, escogen una **facultad** (por ejemplo, **Arquitectura, Computación, Farmacia, Letras,** etcétera) y **siguen cursos** específicos. Las **materias** varían de acuerdo con la **especialización** deseada. Por ejemplo, los estudiantes que quieren ser abogados entran a la Facultad de **Derecho** y estudian leyes. Los que quieren ser **maestros de primaria** o **profesores del liceo** estudian metodología y **enseñanza.**

La vida estudiantil tiene sus **ventajas** y **desventajas.** Mucha gente recuerda sus años universitarios como la época más interesante y feliz de su vida. Los padres casi siempre les dicen a sus hijos, en el momento de salir el primer día para la universidad, «**¡Ojalá que** goces de esta maravillosa experiencia tanto como yo, a tu edad!» Por otra parte, hay algunas desventajas. Hay que asistir a las clases todas las semanas excepto durante las **huelgas** (interrupciones de clase organizadas por motivos políticos) que ya son poco frecuentes. Además, es necesario estudiar mucho, especialmente con los profesores **exigentes,** y por eso se necesita un ambiente tranquilo, sin **ruido.** Hay también las tensiones que vienen con la necesidad de **aprobar** (no **fracasar** en) los cursos. Sin embargo, finalmente, cuando los estudiantes aprueban todos los cursos de su programa, llega el día deseado: **se gradúan** y reciben su **título** universitario. Entonces, algunos deciden continuar para obtener un título postgraduado (el más alto es el **doctorado**), pero la mayoría sale de la universidad para empezar un nuevo capítulo de su vida.

---

*En algunas partes se usa también el término **Informática.**

Buscar las palabras claves

Dé las palabras y expresiones de «La vida universitaria» que corresponden a las siguientes definiciones.

MODELO la secondaria   **el liceo**

Definiciones

1. el estudio principal
2. puntos positivos
3. estricto, severo
4. el título más alto

5. Esperamos que...

6. hacer (un examen)

7. obtener (buenas notas)

8. persona que enseña a los niños
9. estudiar (cursos)
10. tema de estudio de un curso
11. interrupciones del trabajo o del estudio
12. división académica de la universidad
13. precio pagado por asistir a la universidad
14. estudio de las leyes y de la justicia

Antónimos

Dé antónimos, o palabras contrarias a las siguientes palabras. (En algunos casos hay más de una posibilidad).

1. aprobar
2. fácil
3. ventaja

4. silencio
5. matricularse

Palabras Engañosas

La palabra **competición** es un cognado engañoso porque no hay una correspondencia exacta con la palabra en inglés, *competition.* En español se usa la palabra **competiciones** (o contiendas) con referencia a los deportes, cuando los atletas se reúnen para competir unos contra otros en «competiciones deportivas». Pero la idea general de «rivalidad entre varias personas que persiguen el mismo objetivo» se traduce por **competencia.**

Otro cognado engañoso es **facultad.** Se usa para designar una de las divisiones de la universidad, por ejemplo, la Facultad de Medicina, la Facultad de Derecho, la Facultad de Negocios. Pero no se usa para referirse al conjunto de profesores que enseñan en un lugar. Así cuando se habla en inglés de *the faculty* de cierta institución, en español se traduce la idea como **el cuerpo docente** (o **el profesorado**).

Traducción: La universidad

Traduzca las siguientes frases al español:

1. I chose a large university because I like a lot of competition.
2. My sister will run in the university games (contests).
3. He's going to Law School because the faculty is very good.

Enfoque del tema

Dos estilos de vida estudiantil

Hay algunas diferencias notables entre la vida del estudiante hispano y la del estudiante de Estados Unidos o de Canadá. Las siguientes ideas son generalizaciones sobre estas diferencias, pero no valen para describir los sistemas educacionales de todos los países latinos.

5

El dinero

«Ser tan pobre como un estudiante» es una vieja expresión que todavía tiene validez en el mundo hispano. A los latinos les sorprende que muchos estudiantes norteamericanos tengan autos y tocadiscos o grabadoras° costosos. Aunque en sus países la matrícula es gratis° o cuesta poco en las universidades del estado, el costo de la vida es relativamente más alto y los salarios son más bajos. Además, es raro que un estudiante trabaje durante el verano o que pueda conseguir préstamos° como es costumbre en Estados Unidos o Canadá.

tape recorders
es... no cuesta nada   10

loans

La vivienda

La vivienda es otro aspecto diferente. En Estados Unidos y Canadá es costumbre que los estudiantes asistan a universidades que están lejos de sus familias y que vivan en residencias estudiantiles en el *campus* o recinto universitario—un lugar que no es común en muchos países hispanos. Allí los estudiantes acostumbran° a vivir en sus hogares,° con su familia o con otros parientes, y no es frecuente que vayan a otra ciudad a estudiar.

15

tienen la
costumbre / casas
familiares   20

La vida social y la política

Por lo tanto es evidente que los estudiantes norteamericanos tienen más independencia que los hispanos, pues pueden ir y venir con más libertad y disponen de más dinero. Muchas veces, su vida social se centra en clubes sociales, en juegos y competiciones deportivas, y en fiestas privadas organizadas con el fin de pasarlo bien y olvidarse de las tensiones escolares. Tienen, por lo general, poco interés en la política.

25

Los estudiantes latinos, por el contrario, están más integrados a la vida social de su ciudad y de su país. Tradicionalmente desempeñan° un papel esencial en la política. Esto se puede atribuir a varios factores. Por ejemplo, es común que convivan con sus parientes y amigos de la niñez. Además, saben que probablemente se quedarán a vivir en el mismo lugar después de graduarse, y por eso les interesa lo que pasa allí. Otro factor importante es que la mayoría de las universidades están situadas en plena° ciudad; no están aisladas° de los problemas urbanos como muchas de las universidades en Estados Unidos y Canadá. Todo esto permite que los estudiantes hispanos participen más en la vida de su comunidad. A menudo se reúnen en los cafés a discutir los problemas del día, organizando huelgas de protesta y manifestaciones para atraer la atención del público y exigir que el gobierno haga ciertos cambios.

representan

medio de la

apartadas

El sistema escolar

En España y Latinoamérica el plan de estudios° del liceo es más intenso y rígido que el norteamericano. Todos los estudiantes que eligen la misma especialización siguen los mismos cursos; no pueden escoger materias opcionales. En muchos países, al término de sus estudios secundarios, tienen que aprobar un examen muy difícil: el bachillerato. ¡Ojalá que no fracasen! Porque sólo los alumnos que aprueben este examen, podrán entrar a la universidad.

plan... *curriculum*

Luego, para seguir una carrera, no es necesario estudiar tres o cuatro años primero para conseguir un título de *B.A.* o de *B.S.* Los estudiantes que sacan buenas notas en el bachillerato, se matriculan directamente en una facultad específica (de Comercio, Derecho, Medicina, Ingeniería, Letras, etcétera). Ahí estudian de cinco a ocho años hasta recibir su título profesional. Esto quiere decir que en España e Hispanoamérica los estudiantes se especializan más temprano.

Los métodos de la enseñanza también son diferentes. En general, en las universidades hispanas las clases son más grandes, los profesores no pasan lista° y los estudiantes no tienen que entregar° tareas. Frecuentemente, la nota del curso depende exclusivamente de los exámenes finales y éstos, muchas veces, son orales, por lo menos, en parte.

pasar... *take roll / hand in*

Un cambio importante

Hoy día, hay una gran preferencia, entre los estudiantes hispanos de ambos° sexos, por las ciencias aplicadas como la medicina, la farmacia, la ingeniería, las ciencias de computación y también por

los dos

70 el comercio y la administración de empresas. Esta preferencia refleja un cambio importante, pues hace veinte años el derecho era uno de los campos más populares entre los hombres, y la mayoría de las mujeres se especializaban en educación, letras, lenguas o psicología.

Comprensión de la lectura: En palabras directas

Explique qué grupo usted asocia con las siguientes cosas, y qué importancia tienen.

1. los trabajos en el verano y los préstamos
2. las huelgas y manifestaciones
3. el bachillerato

Preguntas

1. ¿Dónde son más independientes los estudiantes, en España y Latinoamérica o en Estados Unidos y Canadá? ¿Por qué?
2. Según el ensayo, ¿cómo es la vida social del estudiante norteamericano? ¿Se parece a la situación de la universidad que usted conoce? Explique.
3. ¿Por qué cree usted que, tradicionalmente, los estudiantes latinos participan más en la política?
4. ¿Por qué es necesario que los estudiantes latinos se especialicen más temprano que los norteamericanos? ¿Le gustaría a usted poder hacer eso o no? ¿Por qué?
5. ¿Qué piensa usted de los métodos de enseñanza usados en las universidades hispanas? Explique.
6. ¿Cuáles son ahora los campos de estudios preferidos en Latinoamérica? ¿Cuáles eran los campos preferidos hace veinte años? ¿Es diferente en Estados Unidos y Canadá, o no? ¿Por qué es importante este cambio?

Opiniones

1. En su opinión, ¿qué ventajas y desventajas hay en el sistema hispanoamericano? ¿en el sistema norteamericano?
2. ¿Qué opina usted de la vida en una residencia estudiantil? ¿Prefiere que las residencias sean mixtas (para hombres y mujeres) o separadas? ¿Por qué?
3. ¿Por qué cree usted que pocos estudiantes norteamericanos escogen la enseñanza como carrera hoy en día?

Los estudios y la enseñanza

Trabajando con dos o tres compañeros(as) complete las siguientes frases con la palabra de su elección. Esté preparado(a) para dar a la clase una explicación de las opiniones de su grupo.

1. Se aprende (mejor/peor) en una atmósfera de dura competencia.
2. (Es común/Es muy poco común) que los estudiantes universitarios hagan trampas (*cheating*) en los exámenes.
3. En las universidades de hoy hay (demasiado / demasiado poco / suficiente) control sobre la libre expresión de los estudiantes.

Selección 1

Anticipación: Para poder entender nuestro propio ambiente, a veces es necesario que alguien de afuera nos haga un comentario.

En la siguiente entrevista, seis jóvenes latinoamericanos que han estudiado recientemente en la universidad norteamericana de Brandeis en Massachusetts, hablan sobre su vida y sus estudios. Siguieron cursos de primero, segundo y cuarto año en la facultad de letras. Llegaron a los Estados Unidos con una mezcla de dudas, temores y esperanzas y encontraron algunas sorpresas, pero se adaptaron y están contentos ahora. En la entrevista, los seis expresan sus opiniones sobre el sistema norteamericano en comparación con el latinoamericano, sobre sus compañeros de clase y sobre su propia adaptación. Estas opiniones son el resultado de experiencias muy personales y no representan una comparación definitiva entre los dos sistemas. Sin embargo, son seis puntos de vista diferentes y auténticos.

Antes de leer: Mire las preguntas de la entrevista.

1. ¿En cuáles se pide a los alumnos que hagan una evaluación o crítica?
2. Recuerde que, por cortesía, a veces los latinos expresan una crítica indirecta. ¿Qué adverbio incluido en una pregunta indica que hablen de manera más directa?

Lea las contestaciones para ver qué prefieren estos estudiantes.

Los estudiantes opinan...

Las preguntas de la entrevista

A. ¿Qué diferencias ves entre los dos sistemas académicos?

B. ¿Te gusta que aquí te den opciones, o prefieres que te den un programa completo como en el sistema latinoamericano?

C. ¿Qué echas de menos? (*What do you miss?*)

D. Francamente, ¿qué piensas de los estudiantes norteamericanos?

E. ¿Es probable que vuelvas a tu país?

Las repuestas

1. ARLENE SOIHET
   de Perú, especialización; economía.

A. —Una gran diferencia que encuentro es que existe comunicación entre alumno y profesor. Y esto es muy importante. En cambio, en el sistema latinoamericano es muy difícil encontrar esto. También, uno estudia para aprender y no sólo para aprobar el curso como es el caso del sistema latinoamericano.

B. —Prefiero que me den opciones, pues siento que eso le da más libertad a uno en elegir lo que quiere, es decir en materias que realmente le interesan a uno aprender.

competitive
pasa
se... es tan obvio

D. —Los estudiantes norteamericanos son muy diferentes por el simple hecho de que son competidores.° Compiten uno contra el otro. En cambio, si esto sucede° en Latinoamérica (que sería mínima la posibilidad), no se llega a notar tanto° como se ve en los Estados Unidos.

2. DAVID E. LEWIS
nacido en Trinidad, vive en Puerto Rico, especialización: ciencias políticas y estudios latinoamericanos.

a... en la tradición europea

Irish / Jewish

A. —En fin, en Latinoamérica el sistema es más a la europea,° elitista pero de alta calidad. También, el curso de un año entero que dan allí (en vez de un semestre) crea un mejor conocimiento sobre la materia. En Puerto Rico el sistema es totalmente americano, excepto el idioma.

C. —Echo de menos el vivir dentro de un sistema que no me pide que niegue mi identidad nacional y cultural.

D. —El problema principal del norteamericano es su nivel obtuso de pluralidad cultural. Todo lo que no sea anglosajón es «*alien*». De ahí que a pesar de estar en Estados Unidos desde el siglo XVII, el negro ha sido aceptado menos que el italiano, irlandés° y judío° que apenas llegaron ayer.

3. SYLVIA CASILLAS
de Puerto Rico, especialización: literatura inglesa y psicología.

B. —Me gusta que me den opciones ya que los intereses de cada persona son muy diferentes.

D. —Los norteamericanos parecen más informados y orientados hacia las oportunidades vocacionales.

prevails

E. —Pienso volver a Puerto Rico pues creo que mi país necesita gente preparada que pueda mejorar la situación económica y social que prevalece.°

4. NICOLÁS WEY
de Colombia, especialización: estudios latinoamericanos.

A. —En este sistema hay mucho más interacción entre profesor y alumno, lo que hace al aprendizaje más dinámico.

C. —Echo de menos «el olor de la guayaba°...», como dice García Márquez.* *guava*

D. —Hay obvias diferencias culturales, idiosincráticas. Se encuentra gente que está muy cerrada en su mundo y tiene la imagen estereotípica de Latinoamérica que dan las películas de Hollywood, y hay mucha gente también que está más consciente de Latinoamérica que muchos latinoamericanos. No se puede generalizar, pues se cae también en el estereotipo que muchos latinoamericanos tenemos de los norteamericanos.

E. —¡Claro que vuelvo! De eso se trata el hecho de estar estudiando aquí. Estudiar aquí me va a proporcionar° muchos instrumentos necesarios para ayudar en el cambio social de América Latina. *dar*

5. LUCY EVERSLEY
de Cuba, especialización: ciencias de computación y economía.

D. —Los latinoamericanos parecen ser más responsables y serios de carácter que los norteamericanos.

E. —Sí, es probable que vuelva. Quiero ver a mi familia.

6. DIANA KUBBANY
de Panamá, especialización: economía

A. —El sistema norteamericano es menos centrado en una carrera específica que el latinoamericano. Lo prefiero porque ofrece más libertad de elección.

C. —Echo de menos el clima, mi familia y mis amigos.

D. —A los estudiantes norteamericanos les importa mucho competir entre ellos. Creo que los latinoamericanos están más dispuestos° a ayudarse unos a otros. *willing*

Comprensión de la lectura: Leer con precisión

Busque los siguientes puntos en la lectura. Luego, diga si cada frase es verdadera o falsa, y corrija las frases falsas.

1. _____ Todos los alumnos latinoamericanos siguen cursos en la misma universidad norteamericana.

2. _____ Los seis estudiantes son de la misma región de Latinoamérica.

3. _____ Es probable que la mayoría de estos jóvenes no vuelva a su país después de graduarse.

4. _____ A los estudiantes latinoamericanos les gusta que el sistema de Estados Unidos les permita elegir algunas de sus materias.

---

*Un escritor colombiano muy popular que recibió el Premio Nobel en 1982. Una selección de su novela más conocida, *Cien años de soledad,* está incluida en el último capítulo de este libro.

Preguntas

1. ¿Qué diferencias ven los estudiantes entre el sistema académico de Estados Unidos y el latinoamericano?
2. ¿Cuál de los países de habla española tiene un sistema educativo parecido al norteamericano? ¿Sabe usted por qué?
3. ¿Qué diferencias ven los seis estudiantes entre los alumnos latinoamericanos y los norteamericanos? ¿Tienen todos la misma opinión o hay contradicciones?
4. Según el estudiante nacido en Trinidad, ¿cuál es el problema principal del norteamericano? ¿Qué piensa usted de esta crítica?
5. ¿Qué echan de menos estos estudiantes?

Opiniones

1. Según su opinión, ¿hay buena comunicación entre los profesores y los estudiantes en la universidad donde usted estudia? ¿Qué problemas hay?
2. ¿Qué opina usted de los cursos obligatorios? ¿De las opciones?
3. ¿Qué cambios le gustaría ver en las universidades? ¿Por qué?

Selección 2

Anticipación ¿Qué relación hay entre el éxito en la escuela y el éxito en la vida? ¿Es probable que los mejores estudiantes de la universidad también tengan mucho éxito después, en la gran «escuela del mundo»?

El siguiente cuento, escrito por uno de los autores clásicos de España, Leopoldo Alas (1852–1901), trata de la vida de un estudiante que siempre sacaba las mejores notas. Alas (mejor conocido por su seudónimo «Clarín») era famoso por sus cuentos y artículos en los que presentaba, con humor irónico, una fuerte crítica de la sociedad de sus tiempos. Su novela más renombrada es *La regenta*, una vívida representación de la hipocresía de la vida social en las provincias.

Antes de leer: Mire el título del cuento y la ilustración, y lea rápidamente (sin buscar palabras en el diccionario) las líneas 1–32. Luego, conteste estas preguntas:

1. ¿Cómo se llama el personaje principal?

2. ¿En qué líneas encuentra usted una crítica directa al sistema escolar de aquel tiempo? ¿Cuál es?

3. ¿Cree usted que el personaje principal va a tener éxito en la vida o no? ¿Por qué?

Ahora, lea el cuento para ver si usted tiene razón.

El número uno*

Leopoldo Alas (Clarín)

Como planta de estufa° críaron° a Primitivo Protocolo sus bondadosos padres. | **planta...** *hothouse plant* / educaron / de mala salud / flaco / oliva
Bien lo necesitaba el niño, que era enclenque,° siempre la primera víctima de
todas las epidemias. Era el niño delgado,° de color de aceituna,° y siempre estaba enfermo de algo.

Don Remigio, el padre, no podía concebir° el mundo sin la presencia de   5   imaginar
su hijo. Creía que este niño enclenque era parte necesaria del plan divino.

Es verdad que Primitivo tenía algo de extraordinario. A cada indigestión y
a cada bronquitis le crecía lo que llamaba su padre el talento: una agudísima°   muy penetrante
inteligencia para entender y retener toda materia discursiva. Pero don Remigio, en vez de asustarse° ante aquella alarmante precocidad, trataba de ali-   10   tener miedo
mentarla.° Rodeó° la cama de su hijo de libros técnicos, mapas y aparatos.   darle vigor / puso alrededor de

Así es que cuando Primitivo podía asistir a la escuela, primero, y a los estudios del liceo después, contaba sus viajes por triunfos y por catarros.°   *head colds*

En la escuela era el *Rey* y a cada rato° traía medallas y diplomas de honor.   **a...** muchas veces
Ni él ni su padre se cansaban de tanto galardón,° de tanto ostensible testimo-   15   **tanto...** *so many prizes* / *overwhelming*
nio de una abrumadora° superioridad sobre el resto de los mortales.

Por desgracia, en el sistema de enseñanza corriente° no faltaban° elemen-   de aquellos tiempos / **no...** *there were not lacking* / norma / cruel
tos para satisfacer esta vanidad. La regla° general era convertir el estudio en
una encarnizada° lucha por sacar las mejores notas. El colegio de Primitivo era
como un campo de batalla. Los que sabían más, eran capitanes, generales...   20
Primitivo era siempre el Napoleón de aquellas campañas, en que no había
balas° pero sí algo muy peligroso a la salud de aquellos muchachos: la necesi-   *bullets*
dad de trabajar quince y más horas diarias.

De allí salió el joven para comenzar los estudios más graves de la Academia,° donde quería ganar el título necesario para hacer su carrera.   25   universidad

Y Primitivo salía, también en la Academia, siempre el primero. En casa de
los Protocolo no se concebía mayor desgracia que la de salir el número dos.
¡Horror!

Primitivo tenía una fama de sabio° entre la juventud de la Academia   erudito
politécnica. Por supuesto que la sabiduría° de Primitivo se limitaba a los libros   30   *wisdom*
de texto y a las ciencias, pues el chico despreciaba° todo lo que no conocía.   miraba con desdén
Así, por ejemplo, tenía por° imbéciles e ignorantes a todos los estudiantes de   **tenía...** consideraba
letras y de derecho.

Por supuesto Primitivo salió de la Academia con el número uno de su
clase.   35

Pero ¡ay amigo! resultó que él creía que el mundo era otra clase de escuela. Su idea era que nadie le pondría el pie delante.°   **le...** *would put his foot in front of him (would get in his way)* / sorpresa

Empezó a notar, con gran asombro° y grandísimo disgusto, que la sociedad no lo admiraba mucho.

---

*Se presenta esta historia en forma abreviada, con el lenguaje ligeramente modernizado.

El jefe de la oficina lo trataba con una superioridad que lo mortificaba. La
segunda persona que lo trató con poca consideración fue una muchacha
rubia, muy guapa,° que lo rechazó° en un baile con el pretexto de que ya tenía
como novio a un oficial° que era más alto y de mejor aspecto que Primitivo.

A Primitivo, tan matemático, no se le ocurría jamás hacer un cálculo muy
sencillo:°

En su misma Academia había cada año un *número uno*. Además, había en
el país muchas Academias, cada una con sus *números unos*. Había muchas
otras carreras que también tenían sus *números unos* correspondientes. En la industria, en las profesiones libres, y en la escuela del mundo, había también
miles de actividades en que los más listos° eran también el *numero uno*.

Y además...no todo era en la vida la inteligencia. Había los *números unos*
infinitos de la fortuna, de la energía, de la audacia, de la gracia, de la malicia,
de la hermosura física,... ¡tantas cosas!

Pero este cálculo no lo hizo el chico. Quería que la vida, la ancha° vida,
la compleja,° la misteriosa vida, fuese° como una especie de carrera de
primeros lugares, como en la Academia. Y como no era así, Primitivo Protocolo se desilusionó completamente. En su espíritu no podía buscar consuelo
porque allí no había nada *vago, poético, misterioso, ideal, religioso*. Todo era
allí *positivo, ordenado, numerado*. Sólo había seguido cursos técnicos y tenía
la costumbre de despreciar todo lo que no estaba en sus libros.

Entonces Primitivo, comido por los desengaños,° empezó a descomponerse, a encogerse.°

Y así desapareció del mundo. Los periódicos dijeron que había muerto
tísico;° pero la verdad fue que una tarde de mucho calor él se evaporó. Como
su padre ya se había muerto antes, Primitivo se fue de este planeta y nadie le
lloró.°

Y le faltaba° lo peor. La otra vida.

Margin glosses: 40; atractiva / *rejected* / officer; *simple* 45; astutos 50; vasta / complicada / *should be (imp. subj.)* 55; 60; desilusiones / **a...** *to shrink*; de tuberculosis 65; **le...** *cried for him* / *there remained*

Cuando allá le pidieron sus títulos para la Gloria, supo que el puesto de *número uno* de su clase era sólo un papel mojado.°   *wet*

Y cuando Primitivo se impacientaba, le dijeron:—Vea usted los que tienen 70 que pasar delante de° usted.   **delante...** *ahead of*

Y fueron pasando delante a entrar a la gloria de Dios una infinidad de individuos. Fueron pasando los pobres, los humildes,° los santos, los sencillos. La mayor parte de aquellos no sabían leer. Y allí eran la aristocracia.   *modestos*

Después pasó la *clase media* de la virtud... Y pasaban, pasaban gentes 75 anónimas sin numeración... Y él, Primitivo Protocolo, estaba allí olvidado.

Y así está todavía, esperando... esperando... ¡Dios sabe cuándo llegará a entrar al cielo°... *el número uno*!   **al...** *in heaven*

Reconstrucción de la historia

Trabajando con un pequeño grupo o con toda la clase, haga un resumen de la historia, usando los siguientes puntos como guía:

1. Primitivo, como niño: sus problemas
2. su gran talento
3. su padre, don Remigio
4. sus experiencias en la escuela y en el liceo
5. sus experiencias en la Academia
6. después de graduarse, en la oficina
7. la muchacha rubia
8. los otros «números uno» que había
9. su muerte
10. la otra vida (después de la muerte)

Vocabulario y sinónimos

Reemplace las palabras o frases en bastardilla con un sinónimo del cuento.

1. Los *amables* padres de Primitivo lo tratan con mucho cuidado porque ven que el niño tiene algo de *excepcional.*
2. El niño cuenta sus viajes a la escuela por *éxitos* y por catarros.
3. Como regla general, el estudio era una encarnizada *batalla* por sacar las mejores notas.
4. Primitivo sufre muchas desilusiones en la vida, pero no puede buscar *alivio* en su *alma* porque allí no hay nada *indefinido*, poético, *enigmático,* ideal o religioso.

Opiniones

1. ¿Por qué fracasó Primitivo en la vida? ¿Cuál es la «moraleja» de este cuento?
2. Según su opinión, ¿qué cursos, además de los cursos técnicos, serían buenos para un chico como Primitivo? ¿Por qué?

3. ¿Por qué cree usted que el autor nombró «Primitivo Protocolo» a su personaje principal?
4. ¿Cree usted que realmente existen personas como Primitivo y sus padres ahora? ¿Es posible que el sistema de enseñanza sea responsable de sus problemas? Explique.

 Sacar inferencias de la crítica

En el cuento hay una crítica *directa* al sistema de enseñanza. También hay crítica *indirecta* o *implícita* cuando el autor describe las malas acciones y actitudes que contribuyen al fracaso de un muchacho inteligente. Trabajando con dos o tres compañeros de clase, busque las secciones que describen estas acciones y actitudes. Esté preparado para leer a la clase las opiniones de su grupo. Explique por qué son malas y qué tipo de acción o actitud sería mejor.

Crucigrama de la vida estudiantil

Resuelva el crucigrama, usando solamente palabras del vocabulario presentado en las páginas 70–71 (al comienzo del capítulo).

Verticales

1. interrupción de los estudios y del trabajo, organizada por los estudiantes para atraer la atención del público
2. el campo que eligen los alumnos que quieren programar las computadoras

3. difícil de contentar, severo
4. otra manera de decir: «Espero que...»
6. antónimo de *aprobar*
7. recibir un título universitario
8. inscripción en el registro de la universidad

Horizontales

5. punto bueno, superioridad de una persona o cosa sobre otra
6. carrera que eligen los alumnos que quieren trabajar con drogas y medicamentos
9. campo que eligen los estudiantes que quieren diseñar casas y edificios
10. título más alto concedido por las universidades
11. algo que molesta mucho a los alumnos cuando estudian para sus exámenes
12. colegio de segunda enseñanza, escuela secundaria
13. facultad que eligen los estudiantes que quieren ser maestros o maestras

Capítulo 6

DE VIAJE

Vocabulario preliminar

Estudie las palabras y expresiones en el dibujo para usarlas en este capítulo. Observe las ilustraciones y conteste las preguntas.

En la recepción del hotel Buena Vista

Preguntas

1. ¿Cuántos días piensan quedarse los señores Smith?
2. ¿Qué les da el recepcionista?
3. ¿Cuál es el número de su habitación? ¿En qué piso está?

Palabras útiles

barato(a)	que cuesta poco
bronceado(a)	tostado(a) del sol, de color de bronce
broncearse, tostarse	ponerse oscuro por la acción del sol
caro(a)	que cuesta mucho
el, la gerente	persona que dirige al personal que trabaja en un hotel
la gira	excursión, *tour*
el, la guía	persona que lleva un grupo turístico
el mar	océano
la playa	extensión de arena al lado del mar
la ropa	conjunto de prendas de vestir (como camisas, faldas, pantalones, etcétera)

---

4. ¿Cuántos pisos hay en el hotel?
5. ¿A quién llama Ud. en un hotel cuando necesita ayuda con la valija? ¿Qué le da después?
6. ¿Cómo se dice en español *guests? ¿elevator? ¿luxury hotel? ¿floors?*

Antónimos

Dé antónimos para las siguientes palabras.

1. caro(a)
2. empleado(a)
3. salir
4. pálido(a)

Sinónimos

Dé sinónimos para las siguientes palabras o expresiones.

1. la habitación
2. tostarse
3. las valijas
4. de lujo
5. el océano
6. costoso(a)
7. bronceado(a)
8. la excursión

Rimas

Llene los blancos con palabras que completan el sentido y la rima.

1. Queremos ver la pirámide maya, y después tostarnos en la _____.
2. Pronto hago un viaje a Europa, pero primero compro nueva _____.
3. En un hotel de lujo, la vida es suave, excepto que siempre pierdo mi _____.
4. En el hotel hay muchísima gente, pero la persona más importante es el (o la) _____.
5. Voy a comprar una mandarina y darle al vendedor una buena _____.

Enfoque del tema

Cuatro consejos para el viajero norteamericano

Madrid, el 7 de junio, a las seis de la tarde: los señores Smith llegan a un hotel, llenos de ilusiones.

—Buenas tardes, señor. Me llamo Smith. Tenemos dos cuartos reservados a mi nombre: el cuarto doble para mi
5 **señora y yo, y el cuarto sencillo para nuestro hijo.**
—Buenas tardes, señor Smith—le responde el gerente.—Lamento decirle que no tenemos reservaciones a su nombre y el hotel está completo.
—¡Pero no es posible! Hace dos meses que hicimos las
10 **reservaciones. Mire usted otra vez en su lista de huéspedes.**
Perdone **—Dispense.° ¿Es posible que ustedes sean los Smith que tenían dos cuartos reservados para el *primero* de junio?**

Se trataba de un malentendido, pues el número 7 se escribe a mano en España (y en otros países europeos e hispanoameri-
15 canos) con una pequeña línea horizontal. A los españoles, el *siete* norteamericano, que no tiene la línea, les había parecido el número *uno*. El gerente resolvió el problema enviando a los Smith a una pensión que estaba cerca.

Malentendidos como éste les pasan con frecuencia a los via-
20 jeros pues, al cruzar una frontera, se entra a otra cultura con costumbres, idiomas y modos de vivir diferentes. A continuación se presentan unos consejos para el viajero norteamericano sobre algunas diferencias que puede encontrar en España o en Hispanoamérica.

Tenga... *Be careful* **Consejo 1: Tenga cuidado° con los pisos, las fechas, las cantidades y las direcciones**

planta... *main floor* 25 En los hotels hispanos *no* se considera la planta baja° como el
stairs primer piso. Para ir al piso uno, hay que subir la escalera,° después

vienen el piso dos, tres, etcétera. Esto quiere decir que el piso que
se llama *cinco* en Estados Unidos y Canadá es el piso *cuatro* en España e Hispanoamérica (como también en Francia y muchos otros
países europeos).   30

    La fecha *August 7, 1996* es en español *7 de agosto de 1996* y, por
lo tanto,° se abrevia 7/8/96 (con el día en primer lugar) y no 8/7/96,   **por...** por esta razón
como en Estados Unidos. Para evitar un malentendido, escriba el
nombre del mes con letras en los cheques de viajero o en otros
documentos.   35

    Otra pequeña diferencia es que las direcciones se dan con la
calle o avenida primero y el número después, al revés del orden
norteamericano: *119 José Antonio Avenue* se escribe *Avenida José
Antonio 119.*

Consejo 2: Infórmese sobre el sistema métrico

Recuerde que en los países hispanos se usa el sistema métrico.   40
Así, si usted lee que en la Costa del Sol en verano la temperatura
varía entre 37 y 42 grados, no lleve su abrigo; un traje de baño
será más apropiado. La distancia se mide en kilómetros, la gasolina en litros y las frutas en gramos o kilos. Si piensa viajar en
auto, consiga primero unas tablas de conversión. (Naturalmente,   45
esto no es problema para los canadienses.)

Consejo 3: Estudie el reloj de veinticuatro horas

Reviva su habilidad matemática de restar,° pues en España y en al-   *subtracting (numbers)*
gunos países hispanoamericanos se usa el reloj de veinticuatro
horas. Por ejemplo, los billetes para un espectáculo de baile
pueden indicar que empieza a las 20:30. ¿Que hora será? Es fácil: 50
simplemente reste doce a la hora indicada y usted tiene . . . las
ocho y media.

Consejo 4: Aprenda los horarios° del país y sígalos

schedules

También, el ritmo general de la vida hispana es diferente al ritmo
de la vida norteamericana. En España e Hispanoamérica la comida principal es la del mediodía, que generalmente se sirve a la   55
una o a las dos de la tarde. La cena es más ligera° y se sirve entre las   *pequeña*
ocho y las nueve. (En Madrid, suele ser ¡a las diez!) El desayuno es
simple: unas tostadas° con café con leche o chocolate caliente.   *pieces of toast*

    Como la comida principal es al mediodía, es común que todos
los miembros de la familia se reúnan para tomarla juntos. Todo se   60
cierra a la una y media o a las dos: oficinas, comercios, tiendas, escuelas. En ese momento, padres, madres e hijos vuelven a casa a
comer «en familia» y a descansar. Esto crea cuatro horas de trán-   **horas...** *rush hours*
sito intenso° en vez de dos. Muchos establecimientos vuelven a

CONVERSIŌNES

MEDIDAS PARA COMBUSTIBLES

litros	=	U.S. gal.	litros	=	U.S. gal. »
5	=	1.3	30	=	7.8
10	=	2.6	35	=	9.1
15	=	3.9	40	=	10.4
20	=	5.2	45	=	11.7
25	=	6.5	50	=	13.0

» galón americano

PRESION DE NEUMATICOS

kg/cm²	lb/sq. in.	kg/cm²	lb/sq. in.
0.7	10	1.5	21
0.8	12	1.6	23
1.1	15	1.7	24
1.3	18	1.8	26
1.4	20	1.9	27

KILOMETROS EN MILLAS

1 kilómetro = 0.62 milla

km	10	20	30	40	50	60	70
millas	6	12	19	25	31	37	44

km	80	90	100	110	120	130
millas	50	56	62	68	75	81

MILLAS EN KILOMETROS

1 milla = 1.609 kilómetros

millas	10	20	30	40	50
km	16	32	48	64	80

millas	60	70	80	90	100
km	97	113	129	145	161

CONVERSION DE PESOS

El número en el medio corresponde a ambos kilos y libras, por ejemplo

1 kilo = 2.20 libras, y 1 libra = 0.45 kilos
1 kilo = 2.20 libras, y 1 libra = 0.45 kilos

Kilos		Libras
0.45	1	2.205
0.90	2	4.405
1.35	3	6.614
1.80	4	8.818
2.25	5	11.203
2.70	6	13.227
3.15	7	15.432
3.60	8	17.636
4.05	9	19.840
4.50	10	22.045
6.75	15	33.068
9.00	20	44.889
11.25	25	55.113
22.50	50	110.225
33.75	75	165.338
45.00	100	220.450

TEMPERATURA

Para convertir grados centigrados en Fareheit multiplíque los centigrados por 1.8 y sume 32.
Para convertir grados Farenheit en centigrados reste 32 de los Farenheit y divídalo por 1.8.

TABLAS DE CONVERSION

Para cambiar centimetros en pulgadas multiplique por .39
Para cambiar pulgadas en centímetros multiplique por 2.54
12 pulgadas (inches / in.) = 1 pie (foot/ft.)
3 pies = 1 yarda (yd.)

PULGADAS Y CENTIMETROS

	in	feet	yards
1 mm	0,039	0,003	0,001
1 cm	0,39	0,03	0,01
1 dm	3,94	0,32	0,10
1 m	39,40	3.28	1,09
	mm	cm	m
1 in.	25,4	2,54	0,025
1 ft.	304,8	30,48	0,304
1 yd.	914,4	91,44	0,914

32 metros = 35 yardas
12 inches (in.) (pulgadas) = 1 foot (Ft.) (pie)
3 feet = 1 yard (yd.) (yarda)
1 centimetro = 0,39 in.
1 metro = 39,37 in.
10 metros = 32,81 ft.
1 pulgada = 2,54 cm.
1 piè = 30,5 cm.
1 yarda = 0,91 m.

ESTA ES SU TALLA

SEÑORAS

Vestidos / Trajes

Americana	10	12	14	16	18	20
Europea	38	40	42	44	46	48

Medias

Americano	8	8½	9	9½	10	10½
Europea	0	1	2	3	4	5

Zapatos

Americano	6	7	8	9
Europea	36	38	38½	40

CABALLEROS

Trajes/Abrigos

Americana	36	38	40	42	44
Europea	46	48	50	52	54

Camisas

Americana	14	15	16	17	18
Europea	36	38	41	43	45

Zapatos

Americana	5	6	7	8	8½
Europea	38	39½	40½	42	42½
Americana	9	9½	10	11	
Europea	43	43½	44	45	

abrirse a las cuatro en el invierno, o a las cinco en el verano, y 65
están abiertos hasta las siete o las ocho de la noche.*

¿Qué puede hacer el norteamericano para adaptarse a un
ritmo de vida tan diferente al suyo? Su cerebro acepta las diferencias muy bien, ¿pero cómo explicárselas a su estómago? Hay un
antiguo refrán que dice «Cuando a Roma fueres, haz lo que 70
vieres°». Si le resulta difícil esperar hasta las nueve para cenar,
imite a los hispanos que tienen la costumbre de merendar°. Un
buen momento para hacerlo es la hora del paseo, las seis o siete de
la tarde. Siéntese en un café, tome una merienda, y observe a la
gente que va por la calle. 75

Los hispanos tienden° a dividir el día en dos partes: la mañana
para trabajar y hacer cosas urgentes; la tarde para hacer cosas de
menos importancia. Haga usted lo mismo. Si necesita ir al banco o
al correo, vaya por la mañana. Si quiere hacer algo al mediodía,
recuerde que los cafés, las tiendas de recuerdos y ciertos lugares 80
turísticos están abiertos. O, mejor, imite a los hispanos y eche una
siesta.

¿Quién sabe? Quizás le guste este ritmo diferente. Hay
norteamericanos que se han adaptado tan bien al estilo de vida
hispano que cuando regresan, sufren un pequeño «choque° cul- 85
tural». ¡Vivan las diferencias!

«Cuando... "when in Rome, do as the Romans do." / to snack

tienen la tendencia

shock

Explicación de términos

Explique usted el significado de los siguientes términos:

1. un malentendido
2. una pensión
3. una costumbre
4. la frontera
5. la dirección†
6. un choque cultural

Preguntas

1. ¿Qué sorpresa esperaba a los señores Smith en Madrid?
2. ¿Qué número tendría en España el piso *ocho* de un hotel norteamericano? ¿Por qué?
3. ¿Qué diferencia hay entre el español y el inglés en la manera de escribir una dirección?
4. En un banco en Venzuela, usted recibe un documento con la fecha
   12/1/93. ¿Cuál es la fecha?
5. Si usted lee que en julio en Buenos Aires la temperatura es 31°, ¿qué
   ropa incluiría en su equipaje para un viaje a Argentina? ¿Por qué?

---

*En algunas partes, ciertos negocios ya empiezan a usar un horario parecido al horario
norteamericano.

†¡Cuidado! Es un cognado engañoso.

Don Gregorico©

6. Si «14:30» aparace en los billetes que usted tiene para la corrida de toros en Lima, ¿a qué hora tiene usted que estar allí?
7. ¿Por qué es diferente el horario español o hispanoamericano del horario norteamericano?
8. ¿Qué puede hacer un norteamericano para adaptarse al ritmo hispano?

Opiniones

1. En su opinión, ¿Está bien o mal que un viajero saque fotos de los habitantes del país que visita? ¿Por qué?
2. ¿Qué opina usted del uso del sistema métrico? ¿Cree usted que se debería usar este sistema en Estados Unidos, o no? Explique.
3. ¿Le gusta a usted viajar o no? ¿Por qué? ¿Para usted, ¿cuál es el consejo más importante para un viajero?

Selección 1

Anticipación: ¿Qué busca usted en las vacaciones—un descanso o la oportunidad de practicar deportes? ¿precios baratos, o un ambiente de lujo? ¿un paisaje exótico o una buena selección de clubes nocturnos? En general, ¿le gusta viajar dentro o fuera de su país? Las respuestas a estas preguntas dependen de la persona y sus gustos individuales. En el siguiente artículo, tomado de una popular revista española, se describen seis destinos diferentes, algunos dentro y otros fuera de España.

Antes de leer: Mire el título, los subtítulos y las fotos por un minuto. Luego, conteste estas preguntas:

1. ¿Dónde están los seis destinos? (Búsquelos en los mapas al principio del libro.) ¿Cuáles no están dentro del territorio español? ¿Cuántos son islas?

2. ¿Cuál de los subtítulos usa un anglicismo (una palabra importada recientemente del inglés)? ¿Puede usted explicar esta palabra en español?
3. A primera vista, ¿cuál de las opciones le atrae más a usted? ¿Por qué?

Lea el artículo para ver si usted cambia de opinión.

Destinos para todos los gustos

Úrsula García Scheible

Para disfrutar de unas buenas vacaciones no siempre es necesario salir de España. He aquí° unas sugerencias para todo tipo de viajeros.

He... Aquí están

Barato
.
FUERTEVENTURA

Que no se preocupe el que ande con el presupuesto° justo, que no es el *camping* en Albacete su única oportunidad. Una opción muy seductora puede ser Fuerteventura, una de las siete islas tropicales que posee España. Su principal encanto estriba° en su paisaje desnudo de tierra árida, con multitud de volcanes extinguidos, y sus inmensas playas de arena

budget

se basa

coves blanca. Solitarias calas° en el sur, zonas rocosas apropiadas para la pesca submarina, y el Parque Natural de las Dunas en el norte. Un destino de

al... posible para 10 lujo al alcance de° cualquiera.

De calidad _____.
SAN SEBASTIAN

de la provincia de
Guipúzcoa

railing

15

pequeñas brochetas
de carne que se sir-
ven con las bebidas

*L*a capital guipuzcoana° podría definirse como el sinónimo de la elegancia, el destino que desde siempre ha enamorado a quienes buscan unas vacaciones de primera clase. Elegante es el paseo de La Concha, con su característica barandilla° blanca, lugar idóneo para señoriales paseos; elegante resulta la playa de Ondarreta y elegante es el aire que se respira por todas partes. Si se une a esto la excelente gastronomía, lo pintoresco de la parte vieja, donde se toman los mejores pinchos° de España y los magníficos hoteles, el resultado es el lugar perfecto para unas vacaciones de calidad.

Exótico
TIERRA DEL FUEGO

*C*uando en el hemisferio norte aprietan los calores estivales, el sur tirita. 20
Tierra del Fuego es el fin del mundo y para llegar hay que descender por
el cono sur hasta su vértice más austral. La capital de la isla es Ushuaia y
puede estar seguro, no encontrará ciudad situada más al sur en todo el
globo. La población se encuentra a orillas del canal de Beagle y a sus
espaldas° se hallan las últimas estribaciones de la cordillera de los Andes. 25   **a...** detrás
Y muy cerca, el valle de Tierra Mayor, un lugar ideal para practicar el
esquí de fondo.°

de... nórdico,
Cross-country

Marchoso _____.
IBIZA

swinging (slang)

la... _horizontal bar_
(manera irónica de
decir **beber**) / actividad
/ diversión sin
inhibiciones

_L_a verdad es que en España prácticamente cualquier lugar se puede
definir como marchoso,° seguramente debido a esa intensa afición de los
30 españoles por el deporte de la barra fija° y la movida° nocturna. Pero hay
uno que es el marchoso por excelencia.
_I_biza sigue siendo el santuario del culto al cuerpo, del desenfado° y del
hedonismo, donde nacen todas las modas veraniegas que luego imitan en
todo el resto de España, donde se duerme por la mañana, se toma el sol
35 después del mediodía y se sale a deslumbrar al personal por la noche.
Noche que dura más que en ningún otro lugar, con unos horarios de

restaurantes, bares y discotecas tan amplios como la sofisticación de quienes los frecuentan.

Tranquilo _____.

MIJAS

*P*ara turismo tranquilo, el último grito: las curas de talasoterapia. Quienes de verdad necesiten y quieran descansar, pueden encontrar en estos centros la solución para unos días de paz. Nada más relajante que pasar unas vacaciones en Mijas, por ejemplo en el hotel Byblos, de lujo, donde además de dos campos de golf de 18 hoyos, cinco pistas de tenis, gimnasio, y equitación° muy cerca, se ofrecen extensos programas de salud basados en la consabida° talasoterapia, tratamiento que utiliza las aguas y elementos marinos. 40

45

deporte de montar a caballo / bien conocida

Yuppie _____.

ISLA DE PASCUA

*U*n paraíso para ese ejecutivo joven y estresado, que busca un sitio tranquilo y diferente, con un toque de cultura. En tres palabras: Isla de Pascua. A 3.790 kilómetros de la costa chilena, justo al sur del trópico de

50 Capricornio, se encuentra esta pequeña isla adornada por un volcán extinguido en cada extremo. Hasta Rapa Nui, como le llamaban los aborí-
genes, han llegado estudiosos de todo el mundo para contemplar más de
600 *moai*. Se trata de enigmáticas cabezas de piedra de hasta 9 metros de

construida   altura. Una de ellas, erigida° en la playa de Anekena, ha sido restaurada y
55 una placa recuerda la visita de la expedición Kon Tiki, de Thor Heyer-

lugar de donde se   dahl, en 1955. Las piedras fueron talladas en la cantera° de Rano Raraku
extrae piedra   y transportadas sobre troncos.

de *Cambio 16,* una revista española

Vocabulario: La palabra precisa

Busque la palabra del artículo que comunica el sentido expresado en
cada frase escrita en letras cursivas.

> **MODELO:** una opción que *nos atrae mucho*
> una opción *seductora*

1. un paisaje *simple y sin adornos*
2. playas *de gran extensión* de arenas blancas
3. la excelente *costumbre de preparar bien la comida*
4. un viejo barrio *agradable y especial*
5. región más *al sur*
6. la diversión *de la noche*
7. las modas *populares en verano*
8. vestirse bien para *sorprender y provocar la admiración* a la gente
9. la gente llega para *mirar con atención* las enormes y *muy misteriosas* cabezas

¿Dónde está... ?

¿En cuál (o cuáles) de los lugares menionados en el artículo encontraría usted las siguientes atracciones? ¿Cuál (o cuáles) le interesarían más a usted?

1. bares, discotecas y clubes nocturnos abiertos hasta muy muy tarde
2. volcanes extinguidos
3. la talasoterapia
4. las últimas modas en la ropa
5. playas
6. las *moai*
7. elegantes paseos, magníficos hoteles, y los mejores «pinchos» de España
8. campos de golf y pistas de tenis
9. una buena oportunidad para ir de pesca submarina
10. el lugar ideal para practicar el esquí de fondo

Opiniones

1. Para usted, ¿cuánto costaría un viaje «barato»? ¿Adónde podría ir para pasar unas vacaciones agradables sin pagar mucho dinero?
2. Para los turistas que buscan turismo elegante, ¿cuál es «el último grito» ahora?
3. ¿Qué tipo de viaje le gusta a usted?, ¿el tranquilo? ¿el exótico? Sin pensar en el dinero, ¿cuál de estos destinos preferiría? ¿Por que?

El viaje ideal

Trabajando con dos compañeros(as), escoja uno de los destinos mencionados en el artículo. Imagine que usted y sus compañeros(as) van a hacer un viaje de cuatro días a ese lugar. Llene el horario de la página 100, explicando que harían 1) por la mañana, 2) por la tarde y 3) por la noche, cada día. Luego, una persona de cada grupo leerá su horario en voz alta a la clase.

Vocabulario suplementario

alquilar *(to rent)* **un auto, un bote, una moto**

caminar hacer una caminata *(to hike)*

dar un paseo

explorar

hacer buceo con tubo de respiración *(to go snorkling)*

hacer buceo con tanques *(to go scuba diving)*

hacer camping

ir de compras

llevar una merienda o picnic

subir *(to climb, to go up)*

Viaje de fin de semana a _____ Horario de actividades			
	por la mañana	por la tarde	por la noche
viernes			
sábado			
domingo			

Selección 2

Anticipación: Piense por un momento en la siguiente situación: usted es comerciante y llega a otro país para hacer algunos negocios. ¿Qué problemas va a tener? Esta es la situación presentada en el siguiente artículo escrito por uno de los grandes escritores clásicos de España, Mariano José de Larra. El «monsieur Sans-délai» *(Mr. Without-delay),* un hombre de negocios francés, llega a España y se encuentra con costumbres muy diferentes y una burocracia impenetrable.

Larra era un periodista muy popular del siglo XIX que escribió numerosos «artículos de costumbres». Tal como algunos periodistas norteamericanos de hoy—Dave Barry, Erma Bombeck o Russell Baker, por ejemplo—Larra usaba la ironía y la exageración para satirizar la sociedad de su tiempo. Naturalmente, aunque es de mal gusto que critiquemos a otro pueblo, criticar al nuestro es un verdadero deporte. Los españoles apreciaban mucho esas descripciones humorísticas que mostraban sus defectos de una forma muy exagerada.

Antes de leer: Mire el título y las ilustraciones y lea rápidamente las líneas 1–31 de la Parte I. Conteste estas preguntas:

1. ¿Cuáles eran los dos estereotipos (ideas rígidas) que tenían los extranjeros de los españoles? ¿Qué estereotipos tienen algunos extranjeros de los norteamericanos?
2. ¿Por qué empieza a reír el narrador en la línea 25?
3. Según su opinión, ¿qué defectos de la sociedad va a mostrar y criticar Larra en el resto del artículo?

Vuelva al principio y lea toda la selección con más atención.

Vuelva usted mañana

Mariano José de Larra

Parte I

Hace unos días se presentó en mi casa un extranjero de éstos que tienen siempre de nuestro país una idea exagerada; o creen que los hombres aquí son todavía los espléndidos caballeros° de hace dos siglos, o que son aún tribus nómadas.

knights (gentlemen)

Este extranjero que se presentó en mi casa estaba provisto de competentes 5 cartas de recomendación para mí. Asuntos° intrincados de familia, reclamaciones y proyectos vastos concebidos en París de invertir aquí una gran cantidad de dinero en alguna especulación industrial, eran los motivos que lo conducían a nuestra patria.

Cuestiones

Me aseguró° formalmente que pensaba permanecer aquí muy poco 10 tiempo. Me pareció el extranjero digno de alguna consideración y trabé° pronto amistad con él.

garantizó

empecé

—Mire—le dije—, monsieur Sans-délai—que así se llamaba—; usted viene decidido a pasar quince días, y a solventar° en ellos sus asuntos.

resolver

—Ciertamente—me contestó—. Quince días, y es mucho. Mañana por la 15 mañana buscamos un genealogista para mis asuntos de familia; por la tarde revuelve sus libros, busca mis ascendientes, y por la noche ya sé quién soy. En cuanto° a mis reclamaciones de propiedades, pasado mañana° las presentaré y al tercer día, se juzga el caso y soy dueño° de lo mío. En cuanto a mis especulaciones, en que pienso invertir mi capital, al cuarto día ya presentaré mis 20 proposiciones. Serán buenas o malas, y admitidas o rechazadas en el acto,° y son cinco días. En el sexto, séptimo y octavo, hago una gira por Madrid para ver los sitios importantes; descanso el noveno; el décimo tomo mi asiento en la diligencia,° y me vuelvo a mi casa; aún me sobran° de los quince, cinco días.

En... Con respecto / **pasado...** el día después de mañana / propietario

en... inmediatamente

stagecoach / quedan sin usar / risa violenta

Al llegar aquí monsieur Sans-délai, traté de reprimir una carcajada° que 25 me andaba retozando° en el cuerpo.

moviendo

—Permítame, monsieur Sans-délai—le dije con una suave sonrisa—, permítame que lo invite a comer para el día en que lleve quince meses de estancia en Madrid.

—¿Cómo?

30

—Dentro de quince meses usted estará aquí todavía.

Usted... *Are you*
making fun

cómica

whose

Salió el sol

confundido

dijo... *he said we*
should return

señor

corrida de toros

su forma final

tailor / chaqueta
formal

—¿Usted se burla° de mí?

—No, por cierto.

—¿No me podré marchar cuando quiera? ¡Cierto que la idea es graciosa!°

35   —Recuerde que usted no está en su país, activo y trabajador. Le aseguro
que en los quince días usted no podrá hablar a una sola de las personas cuya°
cooperación necesita.

—¡Hipérboles! Yo les comunicaré a todos mi actividad.

—Todos le comunicarán su inercia.

40   Supe que no estaba el señor de Sans-délai muy dispuesto a dejarse convencer sino por la experiencia, y callé.

Amaneció° el día siguiente, y salimos ambos a buscar un genealogista. Lo
encontramos por fin, y el buen señor, aturdido° de ver nuestra precipitación,
declaró francamente que necesitaba tomarse algún tiempo. Insistimos, y por
45   mucho favor nos dijo que nos diéramos una vuelta° por allí dentro de unos
días. Sonreí y nos marchamos. Pasaron tres días; fuimos.

—Vuelva usted mañana—nos respondió la criada—porque el señor no se
ha levantado todavía.

—Vuelva usted mañana—nos dijo al siguiente día—porque el amo°
50   acaba de salir.

—Vuelva usted mañana—nos respondió al otro—porque el amo está durmiendo la siesta.

—Vuelva usted mañana—nos respondió el lunes siguiente—porque hoy
ha ido a los toros.°

55   ¿Qué día, a qué hora se ve a un español? Lo vimos por fin, y vuelva usted
mañana—nos dijo—porque se me ha olvidado. Vuelva usted mañana, porque
no está en limpio.°

A los quince días ya estuvo; pero mi amigo le había pedido una noticia del
apellido *Diez,* y él había entendido *Díaz,* y la noticia no servía.

60   No paró aquí. Un sastre° tardó veinte días en hacerle un frac,° que le
había mandado llevarle en veinticuatro horas; el zapetero le obligó con su tar-

danza a comprar botas hechas;° y el sombrerero, a quien le había enviado su   *ready-made*
sombrero a variar el ala,° le tuvo dos días con la cabeza al aire y sin salir de   **a...** *to change*
casa.   *the brim*

    Sus conocidos y amigos no le asistían a una sola cita, ni avisaban cuando   65
faltaban ni respondían a sus esquelas.° ¡Qué formalidad y qué exactitud!   *cartas breves*

    —¿Qué le parece esta tierra, monsieur Sans-délai?—le dije.

    —Me parece que son hombres singulares...

    —Pues así son todos. No comerán por no llevar° la comida a la boca.   **por...** *in order not to*
                                                                                      have to lift

Comprensión de la lectura: Leer con precisión

Busque los siguientes puntos en la lectura. Luego, diga si cada frase es
verdadera o falsa y corrija las frases falsas.

1. _____ El extranjero que se presentó en la casa del autor venía
   por primera vez a España y tenía una idea muy exacta
   del país.
2. _____ El señor Sans-délai estaba en España para hacer investigaciones sobre sus antepasados, reclamar propiedades y quizás invertir su dinero.
3. _____ El señor Sans-délai estaba tan ocupado con sus asuntos
   que no pensaba hacer turismo.
4. _____ El sastre, el zapatero y el sombrerero eran competentes
   y puntuales.

Preguntas

1. ¿Para cuándo invita el autor al señor Sans-délai? ¿Qué piensa el
   francés de esta invitación?
2. ¿Qué le decía la criada del genealogista cada día cuando el señor
   Sans-délai trataba de verlo? ¿Qué cosas importantes hacía este
   hombre para no poder trabajar?
3. ¿Qué pasó después de quince días?
4. ¿Qué problemas ha tenido usted como viajero(a) en otros países?

Sinónimos

Reemplace las palabras en letras cursivas con sinónimos del cuento.

1. Algunos creen que los hombres aquí son todavía los *magníficos* ca-
   balleros de hace dos siglos.
2. Asuntos *complicados* de familia eran uno de los motivos que lo
   conducían a España.
3. Pensaba *quedarse* aquí muy poco tiempo.
4. Por la tarde, según el señor francés, el genealogista buscaría a sus
   antepasados.
5. Sus proposiciones serían admitidas o *repudiadas* en el acto.

Parte II

Después de muchos días, monsieur Sans-délai presentó una excelente proposición de mejoras para cierto negocio.

A los cuatro días volvimos a saber el éxito de nuestra proposición.

—Vuelva usted mañana—nos dijo el portero—. El oficial de la mesa° no
5 ha venido hoy.

—Grandes negocios habrán cargado sobre él°—dije yo.

Nos fuimos a dar un paseo, y nos encontramos ¡qué casualidad!° al oficial
de la mesa en el Retiro,° ocupadísimo en dar una vuelta con su señora al hermoso sol de los inviernos claros de Madrid. Martes era el día siguiente, y nos
10 dijo el portero:

—Vuelva usted mañana, porque el señor oficial de la mesa no da audiencia hoy.

Durante dos meses llenamos formularios y fuimos diariamente a la oficina
hasta que un día el secretario nos anunció que en realidad nuestra proposición
15 no correspondía a aquella sección. Era preciso rectificar este pequeño error.
Así tuvimos que empezar desde el principio otra vez, escribir una nueva
proposición y enviarla a otra oficina.

Por último, después de cerca de medio año de subir y bajar, y de *volver*
siempre mañana, la proposición salió con una notita al margen que decía: «A
20 pesar de° la justicia y utilidad del plan, negada».

—¡Ah, ah, monsieur Sans-délai!—exlamé, riéndome a carcajadas—. éste
es nuestro negocio.

Pero monsieur de Sans-délai se enojó.°—¿Para esto he hecho yo un viaje
tan largo? ¿Y vengo a darles dinero? ¿Y vengo con un plan para mejorar sus ne-
25 gocios? Preciso° es que la intriga más enredada° se haya inventado para oponerse a mi proyecto.

—¿Intriga, monsieur Sans-délai? No hay hombre capaz de seguir dos
horas una intriga. La pereza° es la verdadera intriga. Ésa es la gran causa
oculta: es más fácil negar las cosas que enterarse° de ellas.

30 —Me marcho, señor—me dijo—; en este país no hay tiempo para hacer
nada. Y monsieur Sans-délai volvió a su país.

oficial... *officer*
in charge

habrán... estarán
ocupándolo / **qué**...
what a coincidence /
gran parque de
Madrid

A... *In spite of*

irritó

Necesario / com-
plicada

estado de ser
perezoso / informarse

¿Tendrá razón, perezoso lector° (si es que has llegado ya a esto que estoy escribiendo), tendrá razón el buen monsieur Sans-délai si habla mal de nosotros y de nuestra pereza? Dejemos esta cuestión para mañana, porque ya estarás cansado de leer hoy. Si mañana u otra día no tienes, como sueles, pereza de volver a la librería, pereza de sacar tu bolsillo° y pereza de abrir los ojos para hojear° los folletos° que tengo que darte, te contaré cómo a mí mismo me ha sucedido muchas veces perder de pereza más de una conquista amorosa; abandonar más de una pretensión° empezada y las esperanzas de más de un empleo. Te confesaré que no hay negocio que pueda hacer hoy que no deje para mañana. Te diré que me levanto a las once, y duermo siesta; que paso haciendo el quinto pie° de una mesa de un café, hablando o roncando,° como buen idiota, las siete y las ocho horas seguidas. Te añadiré que cuando cierran el café, me arrastro° lentamente a mi tertulia diaria porque de pereza no tengo más de una); que muchas noches no ceno de pereza, y de pereza no me acuesto. En fin, lector de mi alma, concluyo por hoy confesándote que hace más de tres meses que tengo, como la primera entre mis apuntaciones, el título de este artículo que llamé: *Vuelva usted mañana;* que todas las noches y muchas tardes he querido durante este tiempo escribir algo en él, y todas las noches apagaba° mi luz diciéndome a mí mismo; «¡*Eh, mañana lo escribiré!*» Da gracias a que llegó por fin este mañana, que no es del todo malo; pero, ¡ay de aquel mañana que no ha de° llegar jamás!

reader

purse
mirar / panfletos

proyecto

haciendo... *"being the fifth wheel"* / snoring

me... *I drag myself*

I turned off

ha... va a

Comprensión de la lectura: Leer con precisión

Busque los siguientes puntos en la lectura. Luego, diga si cada frase es verdadera o falsa y corrija las frases falsas.

1. _____ El oficial de la mesa estaba tan ocupado con asuntos importantes que era difícil verlo.
2. _____ El señor Sans-délai tuvo que excribir una nueva proposición porque la primera estaba mal escrita.
3. _____ El autor le explicó al señor Sans-délai que la causa de sus problemas en España era una intriga.
4. _____ Finalmente, el señor Sans-délai volvió a Francia sin invertir su dinero.

Preguntas

1. Después de seis meses, ¿fue aceptada o rechazada la proposición del señor Sans-délai? ¿Que razones le dio la burocracia española para explicar su decisión? ¿Qué piensa usted de estas razones?
2. En la última parte del artículo, ¿cómo nos insulta Larra a nosotros los lectores? Según su opinión, ¿por qué hace esto?
3. ¿Qué ejemplos de su propia pereza describe el autor al final de su artículo? ¿Por qué cree usted que él lo termina así?
4. ¿Es usted perezoso(a) a veces? ¿Qué ejemplo puede dar de su propia pereza?

Vocabulario: Convertir adjetivos en sustantivos

Ciertos adjetivos que terminan en *1* pueden convertirse en sustantivos, agregándoles la terminación *-idad*. Convierta los siguientes adjetivos en sustantivos, según el modelo.

MODELO hostil   **hostilidad**

1. casual _____
2. fatal _____
3. útil _____

4. formal _____
5. fácil _____
6. normal _____

Opiniones

1. ¿Qué impresión nos da Larra de la burocracia española del siglo diecinueve? ¿Le parece a usted que su descripción corresponde sólo a ese país y a esa época? ¿O es típica de todas las burocracias del mundo? ¿Ha sentido usted alguna vez frustraciones con una burocracia? Explique.
2. En su opinión, ¿qué podríamos señalar hoy como el mayor defecto de la sociedad de Estados Unidos o de Canadá?

Capítulo 7

GUSTOS Y PREFERENCIAS

Vocabulario preliminar

Estudie las palabras y expresiones en negrilla para usarlas en este capítulo.

Los gustos, hábitos y vicios

el consumo uso, ingestión o gasto de un producto: *El consumo de agua siempre aumenta en verano.*

el (la) consumidor(a) persona que consume productos

la culpa responsabilidad por una acción mala   **tener la culpa** ser culpable, tener la responsbilidad

dañar causar malos efectos en (algo o alguien); perjudicar;   **el daño** detrimento, perjuicio   **dañino** que hace daño; nocivo, perjudicial

disfrutar (de) gozar (de), sentir placer (a causa de)

la droga cualquier sustancia, natural o sintética, de efecto estimulante, deprimente, o narcótico   **el (la) drogadicto(a)** persona atrapada por la necesidad de tomar drogas constantemente

enamorarse (de alguien o de algo) sentir amor (por alguien o algo)   **enamorado(a)** en la condicíon de sentir amor por otro/a

encantar gustar mucho

enviciar corromper con un vicio, *El consumo de ciertas drogas envició al joven.*

enviciarse acostumbrarse a un mal hábito

el enviciamiento corrupcíon por un vicio

la felicidad satisfacción, placer, contento

fumar aspirar y despedir humo de tabaco, de opio, etcétera

el (la) fumador(a) persona que tiene la costumbre de fumar

el gusto inclinación, afición, preferencia

la inquietud falta de tranquilidad del alma

molestar irritar, incomodar, causar irritación o molestia, *A su abuelo le molesta el ruido por la tarde.*

parecido(a) similar, semejante

el peligro riesgo o probabilidad inminente de que suceda algún mal;   **peligroso(a)** propenso o expuesto al peligro; *En la jungla hay animales peligrosos, en las ciudades también.*

prohibir impedir o no permitir

soportar tolerar, aguantar, aceptar con tolerancia, *Muchos vegetarianos no soportan el olor a carne frita.*

la tristeza melancolía, estado de ánimo negativo, condición de no estar contento o satisfecho

valer tener un precio determinado, *Este anillo vale mucho.*

Valer la pena Merecer el trabajo, tener mérito, *Vale la pena ver la nueva película de subiela.*

Antónimos

Dé antónimos, o palabras contrarias, a las siguientes palabras. (En algunos casos hay más de una posibilidad).

1. tristeza
2. inocencia
3. tranquilidad
4. seguridad
5. rechazar
6. molestar
7. permitir
8. sufrir de
9. beneficiar
10. aversíon
11. diferente
12. conservación
13. seguro
14. beneficioso

Palabras relacionadas

Llene los espacios en blanco con una palabra relacionada con la palabra en negrilla.

Juan se **enamoró** de Lola y estaba tan _____ que dejó de **fumar,** un logro realmente maravilloso para un hombre que durante quince años había sido un _____ empedernido. Se sentía **feliz** cuando estaba con ella y pensaba que esta _____ iba a durar para siempre. ¡Pero la vida le engañó! Poco a poco Juan se dio cuenta de un grave problema: Lola estaba **enviciada,** aunque su _____ no tenía nada que ver con alcohol ni cigarrillos. Ella no era **drogadicta** tampoco porque la única _____ que tomaba era el café. No, el vicio que podía **dañar** las relaciones entre los dos jóvenes era diferente: Lola tenía el hábito _____ de hacer compras todos los días. Para ella el **consumo** era una necesidad; Lola era la _____ por excelencia. «Es raro—pensaba Juan—que nadie hable nunca del **peligro** que representan los centros comerciales. Parece mentira, pero para Lola, entrar en un centro comercial es _____ . Después de gastar mucho dinero ella siempre se siente **culpable,** pero me pregunto sí realmente tiene la _____...»

Enfoque del tema

¿Por qué nos gusta lo que nos gusta?

Hay un refrán° cubano que dice: «Para los gustos hay los colores, para el jardín las flores». En otras palabras, la enorme variedad de preferencias individuales es característica de la condición humana. No obstante,° hay ciertos factores que podemos examinar para entender mejor nuestros gustos, costumbres y vicios.

proverbio

No... *Nevertheless*

5

La influencia de los genes

Separados desde su nacimiento, unos gemelos idénticos se encontraron nuevamente cuando ya tenían más de treinta años y

descubrieron que eran muy parecidos, no sólo en apariencia sino también en gustos. A los dos les encantaban los mismos composi-
10 tores de música y les molestaban los mismos hábitos en sus com-
pañeros. ¡Hasta usaban la misma marca°—una muy rara y difícil de obtener—de pasta dentífrica!

Es sorprendente que esos gemelos tengan gustos tan semejantes porque crecieron en ambientes muy distintos: uno con una
15 familia judía en una ciudad grande del noreste de Estados Unidos y el otro con una familia protestante en un pueblo pequeño del sur. Durante más de treinta años no tuvieron ningún contacto.

Esta historia verídica° forma parte de una investigación científica que mostraba resultados semejantes en muchos casos de
20 gemelos idénticos. La conclusión es obvia: es probable que la genética determine, en parte, nuestros gustos.

La influencia cultural: Costumbres y cambios

Naturalmente, la crianza° y la cultura también hacen papeles im-
portantes en el asunto. Los chilenos disfrutan comiendo erizos° y muchos madrileños celebran la Nochebuena con conejo° o cabrito,°
25 en vez de pavo. Al mismo tiempo, la costumbre norteamericana y canadiense de comer carne de vaca le repugna a mucha gente de la India, y las palomitas° con mantequilla (en vez de azúcar) o la manteca de cacahuete° les parecen horribles a los europeos.

Además de la comida, hay otros factores influenciados por la
30 cultura. Cada sociedad tiene actitudes y costumbres diferentes con respecto al matrimonio, al trabajo, a la muerte, a lo que constituye la felicidad, y a muchos otros aspectos de la vida.

Por ejemplo, ¿cómo se encuentra a un novio o a una novia? Por generaciones esa responsabilidad le correspondía principal-
35 mente a la familia, y todavía es así en muchas sociedades, inclu-
sive en ciertas regiones conservadoras del mundo hispano. A muchos norteamericanos, tal intervención en una cuestión tan ín-
tima como el matrimonio, les molestaría enormemente. Sin em-
bargo, los peligros de la vida urbana, junto con la dificultad de
40 encontrar a una persona que tenga todas las cualidades deseadas, hacen que algunos jóvenes de hoy acudan a un método alternativo: la búsqueda amorosa por medio de anuncios en periódicos, o de agencias especiales que a veces emplean el video y la computadora. Este método está ganando popularidad no sólo en Estados
45 Unidos, Canadá y Europa, sino también en sociedades tradicionales como la India, Japón e Hispanoamérica.

Cuando los gustos se convierten en vicios

Hay gustos peligrosos, pues el uso excesivo de varias sustancias, como los cigarrillos, las drogas o el alcohol, le gusta a mucha

Glosses (left margin):

nombre distintivo de un producto

verdadera

educación que se recibe de los padres / sea urchins rabbit/young goat

popcorn

manteca... peanut butter

—Lo siento, pero no estoy programado para amarte.

gente, pero al mismo tiempo le causa daño. A veces el consumo de
tales sustancias no sólo envenena° a la persona enviciada, sino
también contribuye al envenenamiento de otros y del medio ambiente. Tal es el caso de los cigarrillos que pueden dañar a la gente
que está cerca del fumador.

     Aunque la cocaína tiene una historia de más de mil años de
uso en ciertas regiones de Perú y Bolivia, ésta y otras drogas están
hoy en el centro de un grave problema que amenaza° el bienestar
de varias sociedades. En varias ciudades de Estado Unidos, a pesar

50 introduce una
      sustancia tóxica

55

  presenta peligro a

fatales

60

de la prohibición por ley, la venta de drogas ilegales es un negocio lucrativo con funestas° consecuencias, como el enviciamiento de niños y la multiplicación de robos y asaltos cometidos por consumidores que necesitan dinero para pagar su vicio.*

65

Otra sustancia que envicia es el alcohol. El uso del alcohol varía de una cultura a otra, según la influencia de la sociedad y la religión. Hay países árabes done está prohibido tomar una copa de cualquier bebida alcohólica a menos que se tenga un permiso especial. En cambio, hay otros países, como Japón donde se puede comprar el *whiskey* de máquinas que están en la calle.

70

En España la gente acostumbra a tomar vino diariamente con las comidas. No hay ninguna ley que prohiba a los jóvenes menores de edad comprar o tomar bebidas alcohólicas. Sin embargo, los españoles tienen, entre los adolescentes y adultos, un índice de alcoholismo mucho más bajo que el norteamericano. ¿Cómo explicamos esta diferencia? ¿Existe una predisposición genética hacia el alcohol? ¿O hay costumbres y actitudes culturales que favorecen la borrachera°?

condición alterada   75
causada por un
exceso de alcohol

El «no sé qué» individual

80

condimentada

una clase de chile
muy picante

85

A pesar de las muchas investigaciones sobre el tema, parece que no hay ninguna fórmula científica que pueda explicar del todo nuestros gustos, costumbres y vicios. En cada individuo queda siempre un no sé qué muy personal que determina algunas de sus preferencias. Aunque en general la comida mexicana es más picante° que la norteamericana, hay mexicanos que no soportan los chiles y hay norteamericanos que disfrutan jalapeños° enteros. En fin, la genética, la crianza y la cultura son importantes, pero el conjunto de estos factores es algo inexplicable: el gusto personal y único de cada ser humano.

Identificación de la idea principal

Escriba en una o dos oraciones la idea principal del ensayo.

_____

_____

Preguntas

1. ¿Por qué es sorprendente que los gemelos descritos en el ensayo tengan gustos muy parecidos? ¿Qué conclusión podemos sacar de casos como éste?

---

*El uso de la cocaína en Perú y Bolivia está discutido en el capítulo 9.

2. ¿Qué comida extraña para nosotros les encanta a los chilenos? ¿Qué comen muchos españoles para la cena de Nochebuena? ¿A usted le gustaría probar uno de estos platos..., o no?

3. ¿Qué comidas típicamente norteamericanas les repugnan a ciertas personas de otras culturas? ¿Qué comida hay que le guste a todo el mundo?

4. ¿Cree usted que la familia tiene la responsabilidad de ayudar a los jóvenes a encontrar novio o novia? ¿Qué piensa usted de la idea de usar una computadora para esta búsqueda?

5. ¿Qué sustancias envician a la gente? ¿Qué malas consecuencias trae el enviciamiento? ¿Es posible enviciarse de manera moderada?

6. ¿Está controlado el uso del alcohol en el lugar donde usted vive? ¿Cómo?

Opiniones

1. El siguiente anuncio, junto con el número de un apartado postal, aparece en el periódico de una ciudad grande.
   En su opinion, ¿qué pasará después? ¿Cree usted que este método es eficaz? ¿Es peligroso?

> Muchacha de 25 años, alta, atractiva, título universitario, trabaja como programadora de computación; aficionada al tenis y al cine; desea conocer un muchacho alto, serio, con título universitario, que trabaje en una profesión, 23–30 años, a quien le gusten los desportes. Toda carta seria será contestada.

2. ¿Por qué cree usted que hay menos alcoholismo en España que en Norteamérica?

3. Para usted en este momento, ¿qué sería la felicidad?

Breves debates

Trabjando con un(a) compañero(a), escoja una de las siguientes opiniones y escriba tres argumentos a favor o en contra de ella. Esté preparado(a) para leer sus argumentos y defenderlos después.

1. Los fumadores también tienen derechos, especialmente cuando están enfermos. Los hospitales deben tener una sala separada donde la gente pueda fumar sin necesidad de salir a la calle.

2. Sería bueno anular todas les restricciones con respecto a la edad para la compra del alcohol en Estados Unidos y Canadá porque la «fruta prohibida» es más atractiva.

3. Se debe imponer la pena capital conta los narcotraficantes que venden drogas a los niños.

Selección 1

Anticipación: No hay ningún aspecto de la vida humana donde se vea tan claramente la variedad de gustos y preferencias como en el amor. Algunos se enamoran inmediatamente y sin pensarlo. (Este fenómeno universal que en inglés es «amor a primera vista», en español se llama «el flechazo».*) Otros llevan por dentro una lista mental de las cualidades deseadas y sólo podrán amar a alguien que las tenga todas.

Muchas personas enamoradas mantienen un diario para contar la historia de sus amores. El siguiente cuento relata una historia de amor por medio de fragmentos de dos diarios, una de una muchacha y el otro de un muchacho, para que veamos los dos puntos de vista. El «amor» descrito en esta historia tiene la singularidad de estar basado casi completamente en un malentendido.

El autor paraguayo, Mario Halley Mora, no presenta aquí estereotipos latinos, sino figuras universales que pueden operar en cualquier sociedad del mundo.

Antes de leer: Busque rápidamente en los dos primeros fragmentos de cada diario la siguiente información:

1. el interés o deseo de Ana:_____
2. el interés o deseo de Hugo: _____
3. el *malentendido* que lleva a Ana a formarse una opinión errónea del carácter de Hugo: _____

Ahora, lea usted el cuento para ver cómo este malentendido lleva a otros malentendidos con consecuencias irónicas y humorísticas.

Los dos diarios
Mario Halley Mora

En el diario de Ana—10 de mayo

llegar al barrio
nombre del sirviente
/ que... to check his finger

Acaba de mudarse° un muchacho bastante pasable a la casa de enfrente. Le mandé a Pocholito° que le mirara el dedo° mientras ayudaba a bajar los muebles. No tiene anillos. Es soltero. Puede ser mi oportunidad. Necesito más datos para trazar mi estrategia.

En el diario de Hugo—10 de mayo

lejos

5 Acabo de mudarme a una casita independiente. No está mal. Es un barrio tranquilo y bastante alejado° de la pensión. Creo que a la vieja le resultará difícil

---

*Flechazo se refiere al golpe de la flecha *(arrow)* de Cupido.

encontrarme para reclamar el clavo° de seis meses que le dejé. Hoy estuve reflexionando. Ya no puedo vivir así, haciendo del vivo que vive del zonzo.° Me miré en el espejo. No estoy mal: 25 años, pelo negro, tipo amante latino. Un buen casamiento puede ser...   10

°el dinero que no pagué / **haciendo...** *playing the smart guy who lives off the fool*

En el diario de Ana—11 de mayo

Empiezo a conocerlo. Hoy se asomó° a la ventana, leyendo un libro. Usé la largavista que suele llevar papá al hipódromo, y pude leer el título del libro: *Azul,* de Amado Nervo,* es decir, el tipo es un relamido a la antigua,° de los que gustan de convertir a la mujer en vaporosas apariciones celestiales. Ya sé con cuánto azúcar toma el hombre este el café con leche de la vida.°   15

°apareció

relamido... tonto tradicionalista

Ya... *(fig.)* Ahora comprendo qué tipo de persona es.

En el diario de Hugo—11 de mayo

Hoy amanecí seco.° Lo que se dice sin un céntimo. Pensé llamar a Arsenio, el único que todavía no ataja mis penales financieros, pero me costó encontrar el número de teléfono. Menos mal que recordé haberlo anotado en un libro que hice volar° de la sala de espera del dentista. Lo robé por el título: *Azul,* pensando que era un manifiesto del Partido Liberal,° pero resultó ser de versos de   20 un tal Amado Nervo. Al final, encontré el número en una de sus páginas. Nota:

°sin dinero

no... no me interrumpe cuando le pide dinero / **hice...** robé

Partido... partido político representado por el color azul

---

* El famoso libro de poesía modernista, *Azul,* de Rubén Darío (1888), presenta una visión muy romántica de la mujer. Muchos otros escritores, como el mexicano Amado Nervo (1870–1919) han escrito poemas parecidos. La referencia aquí parece ser a una colección de estos poemas que utiliza el mismo título de Darío.

mujer (desconocida)

en la casa de enfrente vive una fulana° con cara de necesitada. Vieja no es. Además, la casa puede valer como dos millones. Y tiene antena de TV. Parece ser hija única, y el padre tiene un lindo Mercedes. Vale la pena investigar más.
25 Lo dicho, un buen casamiento puede terminar con mis angustias de eterno

persona que debe dinero

moroso.°

En el diario de Ana—15 de mayo

fracasar

Raúl... nombres de novios anteriores

mothballs

dar agua a

suelta... *loose tresses*

Hoy empecé el ataque. Esta vez no debo fallar.° Debo mostrar a Raúl, a Marcelo, a Antonio, José y Anastasio,° que no supieron valorarme en lo que soy y en lo que valgo. Como decía, empecé el ataque, como buena generala
30 del amor, atacando al adversario en su punto ébil: su romanticismo de naftalina.° Por la mañana temprano, me puse un juvenil vestido de percal, corto y acampanado, y salí a regar° el jardín «dejando que el sol mañanero jugueteara con mi suelta caballera° (ja, ja)». Se asomó y me miró desde su ventana.

En el diario de Hugo—15 de mayo

Verifiqué / de ellos

little dolls

corbata... *bow tie* / practicar / *moustache*

ida... loca

a... mucho

Averigüé.° La casa es propia° y ella es hija única de padre viudo. Y empiezo a
35 conocerla. La fulana es del tipo romántico, de las que gustan vestirse como muñequitas° de porcelana y salir a regar las flores del jardín por la mañana temprano, como en esas películas idiotas de antes. La conquista será fácil. Mañana empiezo. Necesito una corbata de lazo.° Y ensayar° ante el espejo una lánguida mirada de poeta. Creo que también me voy a dejar un bigote,° o
40 mejor, un bigotazo bien bohemio, come ése no sé cómo se llama de *Los tres mosqueteros,* la novela esa de Cervantes* que léi hace unos años. Nota: la fulana esa debe ser medio ida de la cabeza.° Yo no sé para qué regaba el jardín si anoche llovió a cántaros.° En fin...

En el diario de Ana—19 de mayo

sneeze

formado

soldado ruso

blushing

una revista para muchachas

Hoy estuve regando el jardín, procurando que la alegría que me dan las rosas
45 no me haga estornudar,° cuando él pasó por la acera de mi casa, con pinta de completo estúpido, tal como me imaginaba. En vez de corbata, un lazo mal atado.° Tiene un proyecto de bigote que cuando crezca le va a hacer parecer un cosaco° con hambre. ¡Y la mirada, Señor!, lánguida, romanticona. Me saludó y yo le contesté «ruborizada».° Claro que para ruborizarme tuve que
50 aguantar la respiración durante un minuto y medio, como recomienda Helene Curtiss en *Para ti.*°

En el diario de Hugo—19 de mayo

mostrando

varonil... figura masculina

Cayó la pájara. Debería dedicarme a actor. Pasé por su lado luciendo° la delicada y a la vez varonil estampa° del poeta enamorado. La saludé y me con-

---

*Hugo está confundido. El francés Dumas, y no Cervantes, es el autor de *Los tres mosqueteros.*

testó todo ruborosa. ¡Había que ver lo colorada que se puso! Llevarla al altar es pan comido.° Mujeres que se ruborizan así, aunque ya sean mayorcitas,° como ésta, no saben decir «no». Mañana, me quedo a charlar dos palabras.

55 **pan...** fácil / no muy jóvenes

En el diario de Ana—20 de diciembre

Ayer me casé con Hugo. Pero pasa algo raro.° ¡Qué cambiado está!

extraño

En el diario de Hugo—20 de diciembre

Ayer me casé con Ana. Pero pasa algo raro. ¡Qué cambiada está!

Comprensión de la lectura: El orden de los sucesos

Haga una recapitulación del cuento, escribiendo el número uno delante de la frase que describe el primer suceso, el dos delante del segundo, etcétera, hasta el siete. Luego, lea la recapitulación en el orden correcto.

_____ Hugo ve a Ana (y su casa) y siente deseos de conocerla.
_____ Ana sale a regar el jardín, vestida de manera romántica.
_____ Ana y Hugo se casan.
_____ Ana manda a su sirviente para que vea si Hugo lleva anillos.
_____ Ana ve que Hugo está leyendo el libro *Azul*.
_____ Hugo se muda a la casa de enfrente de la de Ana.
_____ Hugo se pone una corbata de lazo y saluda a Ana, dirigiéndole una mirada romántica.

Preguntas

1. ¿Por qué quiere casarse Ana?
2. ¿Por qué quiere casarse Hugo?
3. ¿Qué hace Ana para que Hugo se enamore de ella? ¿Qué opinión tiene ella de él?
4. ¿Qué hace Hugo para que Ana se enamore de él? ¿Qué piensa él de ella?
5. En el cuento, ¿quién conquista a quién?
6. ¿Qué sorpresa reciben Hugo y Ana después de casarse?
7. En su opinión, ¿van a ser felices Hugo y Ana después de casarse, o no? ¿Por qué?

Opiniones

1. ¿Cree usted que la mayoría de la gente se casa por razones prácticas (como en el caso de Ana y Hugo) or por razones románticas? En su opinión, ¿cuál de estas actitudes es mejor como una base para el matrimonio?
2. ¿Cree usted en «el flechazo»? ¿O, por el contrario, es preciso conocer a una persona bien para poder enamorarse de veras? ¿Es necesario estar enamorado para tener un buen matrimonio?

3. ¿Cree usted que el autor trata de mostrarnos en el cuento las diferencias o las semejanzas entre la psicología femenina y la masculina? Explique. En su opinión, ¿hay diferencias psicológicas entre mujeres y hombres? ¿Cuáles son?

4. Mire los refranes (proverbios) sobre el amor. ¿Cuál le parece más apropiado como epígrafe (pequeña introducción) para el cuento? ¿Por qué? ¿Cuál le parece el más verdadero?

Composición dirigida: Comentarios sobre un refrán

Escriba un párrafo sobre uno de los siguientes refranes. Explique por qué le parece verdadero, interesante o falso, o invente una historia o anécdota original para ilustrarlo.

Refranes sobre el amor

Cada cabeza es un mundo.

Las apariencias engañan.

Antes que te cases, mira lo que haces.

Cuando el hambre entra por la puerta, el amor sale por la ventana.

Contigo, pan y cebolla. (Significa que los enamorados pueden vivir felices, aun en la probeza.)

Seleción 2

Anticipación: Hay una notable diferencia entre la cultura norteamericana y la hispana en cuanto a las actitudes y costumbres relacionadas con la muerte. Los norteamericanos evitan cualquier cosa que tenga relación con los muertos, considerando el tema algo mórbido. No es así en los países hispanos.

El 2 de noviembre es el *Día de los muertos* (o de los *difuntos*) en España y en muchas partes de Hispanoamérica, cuando se acostumbra a visitar los cementerios. En muchas partes es casi imposible comprar billetes de avión o de tren para ese día, debido a las multitudes que viajan para reunirse con sus parientes vivos y muertos. Pero hay un país donde esta conmemoración se celebra de una manera exuberante y particular, donde existe un verdadero culto a la muerte. Ese país es México.

En México, el Día de los muertos es una alegre celebración con música y baile, con esqueletos de adorno, y canciones burlescas sobre la muerte. Se venden flores y panes dulces que tienen forma de calavera humana. En algunas regiones, la gente lleva comida y bebidas al cementerio y se sientan al lado de las tumbas a comer y beber con sus queridos muertos. Por la noche se prenden velas (candelas) y se dejan ofrendas de comida, tabaco y alcohol para los espíritus de los antepasados. El siguiente artículo, que apareció el mes de noviembre en una revista mexicana, nos da un ejemplo de la manera mexicana de tratar la muerte.

Antes de leer: Mire el título y las fotos, sacadas el 2 de noviembre.

1. En su opinión, ¿de qué hablan los mexicanos ese día? ¿Cómo se sienten? Por qué van al cementerio?
2. ¿Cómo es la actitud que expresan hacia la muerte? ¿Es seria y respetuosa? ¿O cómica y burlesca?
3. ¿Por qué cree usted que los mexicanos tienen esa actitud?

De vivos y muertos

Francisco Torreblanca

Hablar de muertos es cosa de vivos.* Los muertos no hablan. Por eso podemos decir que las llamadas «lenguas muertas» gozan de buena salud.

En México rendimos culto° a los muertos porque no le rendimos cuentas° a la vida. Es una costumbre. Una tradición. Que data de siglos. A la que seguiremos siendo fieles.° Hasta que la muerte nos separe. O vengan los 5 programas culturizantes a desculturizarnos.°

¿Quién no ha oído hablar del Día de los muertos? Todo hogar que se respete tiene por lo menos un difuntito que festejar. Eso es lo que yo llamo una sociedad igualitaria.°

Es el día en que los cementerios se visten de fiesta para conmemorar 10 su tristeza. Les decían camposantos° a los cementerios. Antes. Ahora los

rendimos... damos honor / importancia

faithful

take away our culture

democrática

blessed ground

---

* Muchas expresiones empleadas en el artículo tienen doble sentido y se usan para hacer juegos de palabras humorísticos. **Vivos** tiene dos sentidos: 1) *las personas que están vivas (y no muertas)* y 2) *las personas inteligentes y astutas.* **Lenguas muertas** quiere decir las *lenguas de los cadáveres,* pero también las *lenguas antiguas,* como el latín y el griego. **Animados,** en la linea 12, quiere decir *vivos* pero también *decorados.*

hoyos... punk pits

lie

llaman «hoyos punk»° de tan animados que se ven, no obstante los inanimados cuerpos que yacen° ahí.

La gente acostumbra a inscribir epitafios sobre las tumbas. Recuerdo el
15 de aquella viuda alegre dedicado a su marido: «Aquí yaces. Y haces bien. Tú descansas. Y yo también.»

En fin, en estos tiempos ya no sabe uno si en esta vida hay más muer-

se... play dead

tos que vivos porque todos se hacen los muertos° a la hora de cumplir con sus responsabilidades.

mujeres 20

gravedigger / A... By the way

Hay damas° que están que levantan muertos* aunque su oficio no sea el de enterrador.° A propósito,° el mundo siempre ha reverenciado a los muertos. Los egipcios los consideraban producto de exportación. Por eso los mandaban al otro barrio convertidos en momias.

challenge / hombres

me... me hacen sonreír / satisfechos 25

Jugar con la muerte es un reto.° Y el pasatiempo favorito de los machos° mexicanos. «A mí las calaveras me pelan los dientes°», dicen y se sienten campantes.°

de *Revista de revistas,* publicación semanal de *Excelsior*

---

* La expresión **Estás que levantas a un muerto** quiere decir *Estás tan atractiva que podrías resucitar a los muertos.*

Preguntas

En general, es difícil comprender chistes y juegos de palabras en otra lengua. ¿Comprendió usted los chistes del artículo? Conteste estas preguntas para saberlo.

1. Según el artículo, ¿por qué los mexicanos les rinden culto a los muertos?
2. ¿En qué sentido es «igualitaria» la sociedad?
3. ¿Cómo llaman hoy a los cementerios, en vez de usar la expresión antigua de «camposantos»?
4. ¿Qué referencias cómicas hay a los estudios académicos de lenguas antiguas? ¿a los programas culturales del gobierno?
5. ¿Qué referencia irónica hay a la tristeza de las viudas?
6. ¿Cuándo es que todos «se hacen los muertos»? ¿Por qué?
7. ¿Cómo se burla de las viejas tradiciones de Egipto?
8. Es obvio que se usa el Día de los muertes como pretexto para contar chistes sobre muchos temas que generalmente se consideran serios. ¿Qué piensa usted de esta práctica?

Opiniones

1. Imagine que usted va a visitar a una persona que acaba de perder a su esposo(a), su hijo(a) o su amigo(a). ¿Cree usted que es mejor hablar sobre la persona difunta o evitar el tema y hablar de otras cosas? Explique.

2. Alguna gente cree que hay ciertos temas «sagrados» y que no está bien hacer chistes sobre estos temas. ¿Está usted de acuerdo, o no? ¿Por qué? En su opinión, ¿hay chistes que son de mal gusto? ¿Hay cómicos *(comedians)* que hacen chistes demasiado rudos o insultantes? Explique.

3. Para usted, ¿qué quiere decir el popular refrán mexicano que dice: «La vida no vale nada»?

Capítulo 8

DIMENSIONES CULTURALES

Vocabulario preliminar

Estudie las palabras y expresiones en negrilla para usarlas en este capítulo.

El contacto corporal

un abrazo
Se abrazan.

un beso
Se besan.

un apretón de manos
Se dan la mano.

Los artesanos y la artesanía

un bordado
bordar

un tejido
tejer

la joyería

Algunas acciones

callar   guardar silencio, no decir nada   **callado(a)** silencioso(a)

despedirse (de) (i)   dar una muestra de cortesía o afecto en el momento de separarse, *Tengo que despedirme de mis tíos antes de que se vayan.*

engañar   hacer creer algo que es falso   **el engaño**   fraude

saludar   dar una muestra de cortesía o afecto a una persona con que se encuentra, *Ana saludó a su vecina con un beso.*

Verbos reflexivos que expresan estados emotivos y mentales

darse cuenta de   comprender

enfadarse, enojarse   irritarse, ponerse en estado de cólera, *María no es paciente; se enoja fácilmente.*

equivocarse   cometer un error, *Perdone, nos equivocamos.*

Pasar de un estado (o de una condición) a otro(a)

hacerse   convertirse en, *Se hizo mecánico* (antes no era mecánico).

llegar a ser   (implica un proceso) *Con el tiempo llegó a ser popular.*

ponerse   (implica algo que pasa sin el esfuerzo de uno) *Me puse feliz (deprimido, enfadado).*

Razas y culturas

desarrollarse   crecer, progresar, *El país se desarrolló económicamente.*

destacarse   dinstiguirse, sobresalir, *Esa niña se destaca por su habilidad musical.*

el desarrollo   crecimiento

el, la esclavo(a)   persona que es propiedad de otra   **la esclavitud**   condición de esclavo(a)

el, la indígena   originario(a) del lugar, *los indígenas de Bolivia.*

el, la indio(a)   nombre dado por Colón a los indígenas de las Américas

el, la mestizo(a)   nacido(a) de padres de razas diferentes, particularmente de indio(a) y blanco(a)

la mezcla   conbinación de cosas diferentes

el prejuicio   actitud negativa hacia personas de otra clase o de otra raza

Antónimos

Dé antónimos, o palabras o expresiones contrarias, a las siguientes palabras o expresiones. (En algunos casos hay más de una posibilidad).

1. saludar
2. mantenerse calmo y tranquilo
3. un negocio limpio y honrado
4. opinión justa, basada en la realidad

5. tener razón
6. hablador o habladora
7. la decadencia
8. la libertad

Palabras relacionades

Llene los espacios en blanco con una palabra relacionada con la palabra en negrilla.

1. La india **tejió** por cuatro horas y el resultado fue un lindo _____ de colores vívidos.
2. Los **esclavos** hicieron la mayor parte del trabajo de las plantaciones; por eso la _____ fue un factor importante en la economía de las regiones agrícolas.
3. Los candidatos _____ a los votantes con falsas promesas, pero después de varios **engaños** de ese tipo, la gente se volvió cínica.
4. Bajo el gobierno del buen rey, la nación **se desarrolló** económicamente y las artes también estuvieron en pleno _____.
5. El niño _____ con gran concentración y después le regaló su **bordado** a su abuela.
6. **Se besaron** largamente y ese _____ fue el comienzo de un gran amor.
7. Los soldados _____ de pueblo y esa **equivocación** les costó la vida.

En el mercado de artesanía

Invente una descripción o una historia para acompañar el dibujo de la página siguiente, usando el máximo número posible de las palabras y expresiones del Vocabulario preliminar.

Enfoque del tema

La cultura latinoamericana

suele... usualmente es

En algunas culturas la gente suele ser° habladora y en otras, más callada. Estas diferencias pueden engañarnos. Un niño inglés que viajaba en España con su padre le preguntó un día, «Papá, ¿por qué todo el mundo está enojado? ¿Por qué siempre gritan?» Su
5 padre se río y respondió que la gente no estaba enojada. Era simplemente que los españoles hablan mucho y con las manos, y dejan que los demás vean sus sentimientos.

Al tratar de las diferencias culturales, es importante que nos demos cuenta de la tendencia universal al *etnocentrismo,* es decir, la inclinación de una persona a creer que su propia cultura es su- 10 perior a todas las otras. En realidad, esta creencia es un prejuicio, y como todos los prejuicios, está basada en la ignorancia.

Nadie sabe exactamente por qué existen las diferencias cultu- rales, pero en parte se debe a la historia particular de cada cul- tura. A continuación se presenta un breve análisis de algunos grupos 15 étnicos que han influído en el desarrollo de la cultura hispano- americana.

De indios, españoles y mestizos

En el siglo XVI, el español llegó a las Américas con la espada,° la cruz y (sin saberlo) ¡el microbio! Éste último resultó ser el arma

arma larga y cortante

20

evidencia

estudio científico de
las epidemias

*common cold /
measles / sneeze*   30

los primeros habi-
tantes de España y
Portugal

35

más decisiva de todas. Las crónicas nos cuentan que los mismos soldados españoles se sorprendían de la facilidad de sus victorias y lo tomaban como prueba° de que Dios apoyaba su conquista. Un poco más tarde los ingleses usaron el alto número de muertes indígenas para justificar sus ataques contra el imperio español, manteniendo en su propaganda que los españoles mataban por crueldad y sin razón. Ahora, gracias a los avances de la epidemiología,° sabemos la verdad. Millones de indios se enfermaron y murieron simplemente porque les faltaba inmunidad a las enfermedades europeas, como el catarro° y el sarampión.° El estornudo° mataba más que la espada.

Según la historia, España se formó de la mezcla de muchas razas y culturas: iberos,° celtas, romanos, visigodos, judíos y árabes. Al llegar al nuevo mundo, los conquistadores se encontraron con las culturas indígenas y se originó un nuevo grupo importante: los mestizos. La unión entre el Capitán Smith y la india Pocahontas fue un caso excepcional en las colonias británicas, con su tradición de separación entre las razas. Pero en las colonias españoles, el mestizaje fue la norma.

grados   40

Cuando llegaron los españoles, había más de 400 grupos indígenas en diversos niveles° de desarrollo. Tres eran civilizaciones avanzadas. En la región de los Andes estaba el vasto imperio de los incas, que tenía una impresionante organización social y espléndidas fortalezas. En el valle de México se encontraba la civilización guerrera de los aztecas, con su magnífica capital de Tenochtitlán

donde los españoles se maravillaron al ver los enormes baños 45
públicos, las bibliotecas y escuelas, los hospitales* y los faroles° de   luces
aceite que alumbraban° las calles.   iluminaban

   Pero la civilización que se destacó más por sus conocimientos
abstractos fue la maya, que se había desarrollado en Centroamérica y en la península de Yucatán durante los siglos 50
300–900 d.c. y que en el siglo XVI ya estaba en decadencia. Los
mayas descubrieron el concepto del cero antes que los europeos,
usaban un calendario mucho más exacto y sabían más sobre la
astronomía.

   Por otra parte, tanto en el nuevo mundo como en el viejo, 55
había costumbres de enorme crueldad. El canibalismo y los sacrificios humanos de los aztecas horrorizaban a los españoles. Pero
la esclavitud y la guerra les parecían normales. Sin embargo, para
los indios, la guerra era casi una ceremonia. No luchaban durante
la noche y abandonaban la batalla al caer su jefe° o al llegar la 60   **al...** cuando su
estación de plantar el maíz. En fin, las sociedades de ambos mun-   jefe caía
dos eran una mezcla de civilización y barbarie.°   *barbarism*

   El indio ha contribuído a la cultura moderna en muchos campos: los tejidos y bordados, la joyería, la música, los medicamentos
y, más que nada, la comida. Los indios americanos descubrieron y 65
desarrollaron un gran número de cultivos que hoy son indispen-
sables: la papa, el maíz, la batata,° el tomate, el aguacate,° ciertas   *sweet potato /*
clases de chiles, frijoles y calabazas;° además de ciertos «vicios   *avocado / squash*
modernos»: el chocolate, el tabaco y el chicle.°   *chewing gum*

La presencia africana

   El negro ha estado presente en América desde la llegada de los 70
primeros europeos. Había negros con Balboa cuando descubrió el
Pacífico, con Cortés cuando conquistó el imperio azteca, con de
Soto en la Florida y con Pizarro en el Perú. La mayoría de estos
primeros negros eran esclavos.

   Como la esclavitud del negro ya existía en Europa en menor 75
escala,° los colonos de las Américas decidieron importar negros   **en...** con poca
de África para trabajar en los campos y las minas. Así nació una de   magnitud
las instituciones más crueles de la historia humana: la esclavitud
de las plantaciones. El comercio de esclavos llegó a ser un gran
negocio. 80

   En general, el esclavo tuvo mejor trato en las colonias españoles que en las inglesas. Primero, los países católicos promul-
garon leyes sobre el trato de los esclavos. Segundo, los sacerdotes°   ministros de
   la iglesia

---

*Para saber más sobre la contribución de los indígenas a la medicina universal, véase el
capítulo 9.

85

concubinas

les enseñaron a leer para convertirlos al catolicismo y se opusieron a la separación de las familias. Tercero, había la posibilidad de liberarse. Los colonos españoles y portugueses tomaban mancebas° negras, pero tenían la costumbre de liberar a los hijos nacidos de esta unión y también, a veces, a las madres. Así se formó la clase de negros y mulatos libres que, durante la época colonial y de la

90

independencia, llegaron a ocupar algunas posiciones de importancia en la sociedad.

prohibieron 95

Lo cierto es que en todas partes la esclavitud le producía al negro gran sufrimiento y humillación. Por fin, en las dos primeras décadas del siglo diecinueve, la mayoría de las colonias españolas, al obtener su independencia, abolieron° la esclavitud. Pero la esclavitud continuó hasta fines del siglo en las colonias que no se habían independizado de España—como Cuba y Puerto Rico.

100

El negro ha contribuido a la cultura moderna en muchos campos: las artes, el diseño, las modas, los deportes, la literatura y, sobre todo, en la música. En Latinoamérica, la música afroamericana ha producido el famoso ritmo latino, además de innumerables bailes y danzas. Internacionalmente, el *jazz*, los *blues*, los *Negro spirituals* y la salsa han tenido gran influencia.

La visión de una raza cósmica

105

Los españoles, indios, mestizos y negros constituyen sólo una parte de la poblacion latinoamericana, lo que el gran escritor mexicano José de Vasconcelos llamó, hace más de cincuenta años, la «raza cósmica». Basta saber que en la guía telefónica de Buenos Aires hay más apellidos italianos que españoles o que el héroe nacional de Chile se llama Bernardo O'Higgins. Sin duda alguna, la

complicada 110

realidad de estos países es compleja.° Hay latinoamericanos de origen alemán, inglés, chino, de la India, francés, árabe... Vasconcelos pensaba que los latinoamericanos, por su variedad y mezcla, podrían formar una nueva sociedad muy vital, sin prejuicios ni racismo. Aunque este ideal no se ha realizado todavía, los lati-

115

noamericanos tienen actualmente una de las sociedades más variadas y tolerantes a las diferencias raciales.

Preguntas

1. ¿Por qué se equivocó el niño inglés en España?
2. ¿En qué regiones o ciudades de Estados Unidos o de Canadá tiene la gente fama de ser muy callada? ¿muy habladora? ¿Qué otras diferencias hay entre las regiones?
3. ¿Qué es el etnocentrismo? ¿Existe esta actitud or creencia en la sociedad donde usted vive? Explique.
4. ¿Qué razas y culturas se han mezclado en España durante su larga historia?

5. ¿Qué nuevo grupo apareció muy pronto en las colonias españolas?
6. ¿Comó ha contribuido el indio americano a la cultura del mundo?
7. ¿Comó ha contribuido el negro a la cultura del mundo?
8. ¿Cuál fue la visión de José de Vasconcelos con respecto a Latinoamérica?

Desmentir los mitos y creencias falsas

Mucha gente tiene ideas falsas sobre los indios, negros y españoles, basadas en la ignorancia. Explique por qué los siguientes mitos son **falsos.**

1. En el siglo XVI, la cultura europea era mucho más desarrollada que las culturas indígenas de las Américas.
2. Los españoles eran más crueles que los ingleses, los holandeses y otros grupos durante la colonización, y la prueba de esto es el alto número de indígenas a quienes mataron.
3. Los indios americanos eran intelectualmente inferiores a los blancos y no tenían ninguna aptitud para las ciencias abstractas.
4. Durante la colonización los ingleses trataron mejor a los negros que los latinos, y los liberaron muchos antes de la esclavitud.
5. Los blancos tienen más derecho a llamarse americanos que los negros porque llegaron primero e hicieron el duro trabajo de la exploración.

De razas y culturas

Discuta usted dos de las siguientes cuestiones con dos o tres compañeros(as) y esté preparado(a) para dar a la clase un resumen de sus opiniones.

1. ¿Por qué podemos decir que en el siglo XVI, las sociedades de ambos mundos, Europa y América, eran una mezcla de «civilización y barbarie»? ¿Cree usted que nuestra sociedad también tiene esta mezcla? Explique.
2. ¿Existe todavía la esclavitud en el mundo actual? ¿Qué se necesita, realmente, para ser libre?
3. ¿Cree Ud. que los sordos (las personas que no pueden oír) y los ciegos tienen sus propias culturas distintas? Explique.

Selección 1

Anticipación: El idioma es un obstáculo que tiende a separar una cultura de la otra. Pero también hay diferencias en las costumbres y en el trato social que pueden causar malentendidos. En la siguiente selección, el escritor argentino Naldo Lombardi describe algunas de las diferencias culturales que ha observado al vivir en países hispanos y en Estados Unidos y Canadá.

Antes de leer: Mire rápidamente el título, la ilustración y las líneas 1–32, y conteste estas preguntas:

1. ¿Qué costumbres cree usted que el autor describe en su artículo?
2. ¿Con cuál de las dos culturas comienza? ¿En qué línea cambia, y empieza a hablar de la otra cultura?
3. ¿Qué quiere decir el título? (Quizás lo comprenda mejor después de leer la selección.)

Ahora, lea el artículo para saber más sobre las diferencias culturales entre las dos Américas.

—Adiós: "Goodbye, goodbye, goodbye"

Naldo Lombardi

Al... *"In the country where you go, do what you see,"*

que se puede medir

algo... *aproximadamente / meter*

como... *as if each one kept / skin*

a... por medio de

obstáculos

relaciones

tarda

breve

se... *step out of each other's way*

lejos

sensibilización... terapia en grupos / **a...** *to do it*

dificultad

hitting each other

muestras de cortesía / chistes

Cuando recuerdo aquello de que «Al país que fueres, haz lo que vieres°», pienso en las conductas que dan forma a los códigos de comportamiento de las diferentes sociedades. La distancia es uno de los parámetros que importan. Siempre existe una magnitud mensurable° entre *yo* y *el otro*.

5   En la América del Norte, por ejemplo, la separación entre dos personas debe reservar un territorio intermedio que será algo así como de° un metro.° Invadir esa frontera es convertirse en intruso.

    Porque está prohibido tocar, como si cada uno conservara° las manos y la piel° para sí mismo, o para momentos especiales y ése fuera todo su destino.
10 Lo demás se hace a fuerza de° palabras, de gestos y de sonrisas. Para el norteamericano, el contacto corporal sin trabas° pertenece al sexo y sus vecindades.° En el sexo se concentra toda la sensualidad, incluso la que podría escapar aquí y allá en un abrazo, en una mano que se demora° sobre el hombro, en un beso fugaz° y sin razones. Pero no es así. La gente se cede mutuamente
15 el paso° con reverencias en las que la cortesía y el horror al contacto cuentan por igual. En una sala de espera, el recién llegado tratará de sentarse discretamente aparte para que su vecino esté lo más alejado° posible. Si dos personas se abrazan, es porque no se han visto desde la Guerra de los Treinta Años.

    Cuando apenas habían empezado las experiencias de «sensibilización
20 grupal»,° fui a una conferencia en la que el psicólogo inglés Cooper enfatizó la necesidad de que las gentes se tocaran e invitó al público a que lo hiciera° allí mismo, sin demoras. Entonces no lo entendí del todo porque eso ocurría en Buenos Aires, una ciudad cuyos habitantes tienen poco reparo° en tocarse, saludarse con un beso, o pegarse.°
25   La despedida que tiene lugar luego de una reunión de amigos es un ejemplo claro al respecto. Un norteamericano va a decir mil veces adiós antes de irse: prolongará el momento con cumplidos,° lo condimentará con bromas;° se demorará. Nadie va a tocar a nadie, pero van a envolverse en una atmósfera

cordial. En el resto de América, una despedida es más breve. Un hombre estrecha la mano de los hombres, las mujeres besan a las mujeres; entre hombres 30 y mujeres suceden ambas cosas. El momento de la despedida es más preciso, el juego es «te toco y me voy.»

Tal vez para una persona de cultura estrictamente norteamericana, resulte novedoso saber que las normas de urbanidad° usadas por los pueblos latinos al llegar o partir incluyen cosas como éstas: 35

—los parientes se besan todos entre sí,° incluso los hombres (hermanos, tío-sobrino, los primos no tanto);

—los amigos varones° no se besan pero se abrazan o se palmotean; las amigas se besan siempre;

—entre amigos de diferente sexo, especialmente los jóvenes pertene- 40 cientes a las clases media y alta, se besan. Hacerlo se considera «mundano», elegante;

—a un niño se lo besa repetidamente. Hay diferentes maneras de besar, y ninguna de ellas incluye el beso boca a boca. En la América del Sur, se besa una sola vez; generalmente es el hombre quien lo hace y la mujer se limita a 45 ofrecer su mejilla.° En la Europa latina, especialmente en Francia, se besa dos veces, en ambas mejillas; los bretones° besan cuatro veces.

Pero no hay que equivocarse. La frialdad de los norteamericanos y la communicabilidad de los latinos son simplemente emergentes° de patrones sociales. En Norteamérica, *el otro* es alguien que puede enrolarse en el 50

normas... reglas de cortesía

entre... unos a otros

hombres

cheek

habitantes de Bretaña

manifestaciones

de otros

separación extrema

anonimato. En la exageración, se lo deja demasiado solo, demasiado *otro*. El respeto por la intimidad ajena° hace que cada uno viva dentro de un grupo muy reducido; los que no pertenecen al grupo gozan o sufren un aislamiento° que puede resultar excesivo. En el resto de América, el vecino es siempre ob-
55 jeto curioso, a veces interesante. Con diversas intensidades, se trata de pene-trar en su vida.

Ni... *"Neither so hairy, nor so bald"* / **término...** la moderación

por... *due to which he flattens himself /* hesitation

«Ni tan peludo, ni tan pelado»° aconseja el dicho que apunta al término medio.° Pero este término medio no va a ser posible mientras existan los temores al contacto, o sus abusos, en cada una de las culturas; mientras un
60 norteamericano vea con pánico que el ascensor se va llenando de gente y que alguien ¡ay! lo puede rozar (por lo que se aplasta° contra la pared); o mientras el latino no tenga reparos° en golpear a la puerta de su vecino, palmearlo sin motivo y preguntar, «¿Qué está cocinando?» Mientras eso ocurra, los unos seguirán peludos y los otros pelados.

Comprensión de la lectura: Leer con precisión

Escoja la mejor manera de terminar las siguientes frases.

1. Según el señor Lombardi, la distancia que un norteamericano mantiene constantemente entre sí mismo y otras personas es más o menos de (sesenta centímetros/un metro/dos metros).
2. En Estados Unidos está casi prohibido tocar a otra persona cuando no existen relaciones (de cortesía/amistosas/sexuales).
3. El autor no entendió la insistencia del psicólogo inglés en que las gentes se tocaran porque los argentinos (no tienen miedo al contacto corporal/no creen en la sensibilización grupal/no estudian psicología).
4. Una diferencia (sugerida en el título) entre la despedida norte-americana y la latina es que ésta (incluye más bromas/no consiste en besos y abrazos/es más breve).

Preguntas

1. Por medio de la pantomima, usando algunos «voluntarios» de la clase, muestre el «horror al contacto» del típico norteamericano en una sala de espera. ¿En qué otros lugares observa usted este fenó-meno?
2. ¿Qué hacen los hispanos al saludarse y despedirse? ¿Qué pasa en nuestra sociedad en las mismas circunstancias? Usando «volunta-rios» de la clase, muestre el contraste por medio de dos represen-taciones.
3. ¿Cómo consideran al *otro* (al vecino) en Norteamérica? ¿Qué con-secuencia negativa tiene esta actitud a veces?
4. ¿Cómo consideran al vecino (al *otro*) en el resto de América? ¿Qué consecuencia negativa puede tener esta actitud?
5. A juzgar por el refrán que se menciona al final, ¿cuál de las dos ac-titudes prefiere el autor? ¿Está usted de acuerdo o no? ¿Por qué?

Vocabulario: Verbos y sustantivos

Escriba el sustantivo apropiado, siguiendo cada modelo. Luego, invente una frase en español, usando la palabra de manera apropiada.

1. saludar   un saludo
   besar   _____   _____
2. abusar   un abuso
   abrazar   _____   _____
3. partir   una partida
   despedir   _____   _____
4. contar   un cuento
   encontrar   _____   _____

Opiniones

En su opinión, ¿cuándo son apropiados... ?

los besos
los abrazos
el dar la mano
el regateo *(bargaining)*
la conversación con gente desconocida
los gestos insultantes o las palabrotas (malas palabras)
la discusión de temas «sensitivas» como la religión, el sexo, o la política

Selección 2

Dos poemas afroamericanos

Anticipación: Los dos poemas que siguen son bellos ejemplos de la poesía afroamericana de habla española. El primer poema es del poeta cubano, Nicolás Guillén y el segundo del poeta puertorriqueño, Tato Laviera.

Antes de leer el poema 1: En el primer poema, el poeta mulato habla de sus dos abuelos, uno negro y el otro blanco, a quienes él ve como «sombras» de su imaginación. Mire el título, la ilustración y las líneas 1–24. Además de su color, hay varias diferencias entre las dos figuras que presenta el poeta. Describa a los dos abuelos, con respecto a los siguientes puntos:

	El abuelo negro	*El abuelo blanco*
1. apariencia	_____	_____
2. dónde estan	_____	_____
3. qué dicen	_____	_____

Recuerde Ud. que el lenguaje poético es muy conciso: evoca imágenes con pocas palabras. Por eso es necesario leer el poema *por lo menos dos veces* para realmente comprenderlo. Como la poesía afroamericana es muy musical y tiene un ritmo marcado, lea el poema en voz alta para apreciar su belleza sonora.

Ahora, lea el poema y verá usted qué pasa, en la imaginación del poeta, entre sus dos abuelos.

Balada de los dos abuelos

Nicolás Guillén

Sombras que sólo yo veo,
me escoltan° mis dos abuelos.
Lanza con punta de hueso,
tambor de cuero° y madera:
5 mi abuelo negro.
Gorguera° en el cuello ancho,
gris armadura guerrera:
mi abuelo blanco.

África de selvas° húmedas
10 y de gordos gongos sordos°...
—¡Me muero!
(Dice mi abuelo negro).
Aguaprieta° de caimanes,°
verdes mañanas de cocos°...

acompañan
piel de animal
Gorget (throat piece of suit of armor)
junglas
gordos... *fat (huge) muted gongs*
Agua oscura / *alligators / coconuts*

—¡Me canso!   15
(Dice mi abuelo blanco).
Oh velas° de amargo° viento,   *sails / bitter*
galeón ardiendo° en oro...   *burning*
—¡Me muero!
(Dice mi abuelo negro).   20
Oh costas de cuello virgen
engañadas de abalorios*...
—¡Me canso!
(Dice mi abuelo blanco).
¡Oh puro sol repujado,°   25 *embossed*
preso en el aro° del trópico;   **preso...** *caught in*
                                                         the ring
oh luna redonda y limpia
sobre el sueño de los monos!°   *monkeys*
¡Qué de° barcos, qué de barcos!   **¡Qué...!** *How many!*
¡Qué de negros, qué de negros!   30
¡Qué largo fulgor° de cañas!°   brillo / *sugar cane*
¡Qué látigo° el del negrero!°   whip / *slaver*
Piedra de llanto° y de sangre,   tristeza intensa
venas y ojos entreabiertos,
y madrugadas° vacías,   35 comienzos del día
y atardeceres de ingenio,°   **atardeceres...** *late*
                                                         afternoons at the
                                                         sugar mill /
y una gran voz, fuerte voz   rompiendo con
despedazando° el silencio   violencia
¡Qué de barcos, qué de barcos,
qué de negros!   40

Sombras que sólo yo veo,
me escoltan mis dos abuelos.
Don Federico me grita,
y Taita° Facundo calla;   «padre» o «abuelo»
los dos en la noche sueñan,   45 en africano
y andan, andan.
Yo los junto.°   combinao, mezclo
          —¡Federico!
—¡Facundo! Los dos se abrazan.
Los dos suspiran.° Los dos   50 *sigh*
las fuertes cabezas alzan;°   levantan
los dos del mismo tamaño,°   dimensión
bajo las estrellas altas;
los dos del mismo tamaño,
ansia° negra y ansia blanca,   55 intenso deseo

---

*The reference here is to the natives who often were deceived by Europeans giving them
  gifts of glass beads (**abalorios**) only to later enslave them.

los dos del mismo tamaño
gritan, sueñan, lloran, cantan.
Sueñan, lloran, cantan.
Lloran, cantan.
60 ¡Cantan!

Comprensión de la lectura: Leer con precisión

Busque los siguientes puntos en el poema. Luego, diga si cada frase es verdadero o falsa y corrija las frases falsas.

1. _____ Uno de los abuelos del poeta era un esclavo africano y el otro era un conquistador europeo.
2. _____ Su abuelo blanco llevó una vida muy fácil pero su abuelo negro sufrió mucho.
3. _____ El poeta recuerda que sus abuelos eran buenos amigos cuando estaban vivos y que una vez se abrazaron.

Preguntas

1. La *onomatopeya*,* una técnica usada por muchos poetas, es la imitación de un sonido en las mismas palabras que lo expresan. En la primera sección del poema, ¿puede usted encontrar una frase de tres palabras que demuestre esta técnica? ¿Qué efecto produce?
2. ¿Cómo interpreta usted el final del poema?
3. ¿Cuál de sus dos abuelos le importa más al poeta? Explique.
4. Según su opinión, ¿cuál es la idea principal del poema?

————

*The following verbs are some examples of onomatopoeia in English: *crackle, zoom, whine.*

Vocabulario: Identificar definiciones

Escriba la palabra apropiada para cada definición.

1. _____ fruto de un árbol de la familia de las palmas
2. _____ alba, principio del día
3. _____ cuerda que se usa para golpear o castigar a personas o animales
4. _____ pequeña cuenta de vidrio que se usaba para comprar objetos a los indios
5. _____ instrumento musical de percusión
6. _____ efusión de lágrimas y lamentos
7. _____ último período de la tarde
8. _____ reptil que vive en los ríos de América, parecido al cocodrilo
9. _____ animal que vive en los árboles y se distingue por su parecido con el ser humano

tambor
caimán
coco
abalorio
mono
látigo
llanto
madrugada
atardecer

Opiniones

1. ¿Le parece a usted importante que nos informemos sobre nuestros antepasados o no? ¿Por qué?
2. ¿Cree usted que hay ahora más o menos prejuicio y discriminación que en los tiempos de nuestros abuelos? ¿Por qué?

Composición

Escriba un poema (o una descripción poética) en español sobre sus propios abuelos (o abuelas).

Antes de leer el poema 2: El título del segundo poema es *Negrito,* un término cariñoso en español (como *darling* o *sweetie*) pero también una palabra que refiere al color oscuro de la piel. El poeta puertorriqueño describe a un joven que llega de Puerto Rico a Nueva York para visitar a su tía. Usando nombres diferentes, la tía le da tres veces el mismo consejo: que evite a la gente negra. Mire el poema y la ilustración, y describa cómo el joven le responde a su tía cada vez.

Respuesta del joven a su tía

1. primera vez _____
2. segunda vez _____
3. tercera vez _____

Lea el poema por lo menos dos veces y busque los contrastes que el poeta ve entre Nueva York y Puerto Rico.

Negrito

Tato Laviera

el negrito
vino a Nueva York

cosas incréibles   vio milagros°
en sus ojos

5 su tía le pidió
un abrazo y le dijo,
"no te juntes con

los... las personas   los prietos,° negrito."
oscuras   el negrito

se... scratched him-   10 se rascó los piojos°
self (slang)   y le dijo,
"pero titi, pero titi,
los prietos son negritos."

tomó   su tía le agarró°
15 la mano y le dijo,

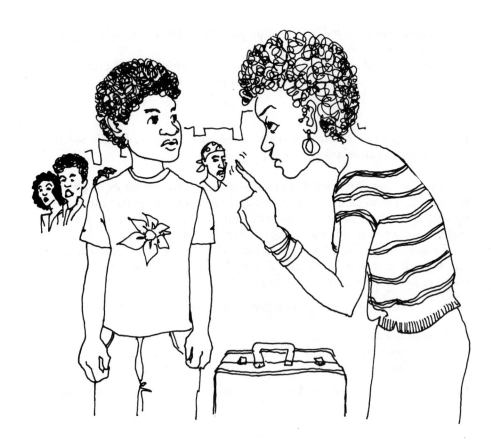

"no te juntes con
los molletos,° negrito."   *fuzzy-heads*
el negrito
se miró sus manos
y le dijo,   20
"pero titi, pero titi,
así no es puerto rico."
su tía le pidió
un besito y le dijo,
"si los cocolos° te molestan,   25   personas negras de
corres; si te agarran, baila.   las islas británicas
hazme caso, hazme caso,   del caribe
negrito."
el negrito
bajó la cabeza   30
nueva york lo saludó,
nueva york lo saludó,
y le dijo,
"confusión"
nueva york lo saludó,   35
y le dijo,
"confusión."

de **AmeRícan,** *Arte Público Press*

Preguntas

1. En su opinión, ¿qué eran los «milagros» que vio el negrito en Nueva York?
2. ¿Qué le pidió su tía?
3. ¿Qué consejo le dio ella?
4. ¿Qué sentía el negrito como consecuencia? ¿Por qué?
5. ¿Cómo explica Ud. la actitud de la tía?
6. ¿Qué opina Ud. de la falta de puntuación en el poema? ¿Es un ejemplo de la degeneración lingüística? ¿De la expresión artística? ¿O no te importa en absoluto?

¿Qué opinas tú?

Entreviste a un(a) compañero(a) con las siguientes preguntas. Compare respuestas con otros de la clase.

1. ¿Qué opinas de Nueva York? ¿Qué emociones asocia con esa ciudad? ¿Te gustaría vivir allí, o no? ¿Por qué?
2. En tu opinión, ¿por qué hay menos prejuicio y descriminación en algunos lugares que en otros?

3. ¿Es posible que una persona tenga prejuicios contra la gente de su misma raza o grupo?
4. ¿Qué piensas de los términos que son «políticamente correctos»? ¿Son necesarios, buenos o ridículos? Explique.

Percy (Chile)

—Pregunta si nos vamos a quedar mucho tiempo . . .

Capítulo 9

SALUD Y MEDICINA

Vocabulario preliminar

Estudie las palabras y expresiones en negrilla para usarlas en este capítulo.

La salud individual

curar   aplicar a un enfermo remedios para restituirle la salud   **la cura**   aplicación de remedios a un enfermo

el (la) curandero(a)   persona que cura sin ser médico

el dolor   sufrimiento, padecimiento físico o mental

doler (ue)   sufrir dolor (Funciona como el verbo «gustar»), *Me duele el estómago. Le duelen los pies.*

enfermar(se)   ponerse mal o enfermo: *Se enfermó ayer.*   **la enfermedad**   alteración negativa en la salud   **el (la) enfermero(a)**   persona que atiende a los enfermos

la medicina   ciencia que se ocupa de estudiar y curar las enfermedades

el medicamento   sustancia empleada para curar

el (la) médico(a)   persona que ejerce la profesión de la medicina

mejorarse   ponerse mejor, pasar a una condición superior

modo de vivir   estilo de vida, manera de vida

la píldora   medicamento sólido hecho en forma redonda, *Tomó dos píldoras para su dolor.*

saludable   bueno para la salud corporal, *un clima saludable*

sano(a)   en condición de buena salud física, *Los niños están sanos, gracias a Dios.*

el tratamiento   conjunto de medios empleados para curar una enfermedad

La ecología

la basura (los desperdicios)   materias o residuos que no se pueden usar

el bosque   terreno poblado de árboles

contaminar   alterar para el mal la pureza de algo   **la contaminación**   condición de estar contaminado

la hierba   planta que se usa para condimentar la comida

o para curar enfermedades

impedir (i)   dificultar, hacer difícil o imposible, *Tenemos que impedir que la capa de ozono siga deteriorándose.*

remediar   poner remedio a las malas condiciones

tomar medidas   emplear disposiciones o recursos para conseguir un objetivo, *Tomó las medidas necesarias.*

Antónimos

Dé antónimos, o palabras contrarias, a las siguientes palabras. (En algunos casos hay más de una posibilidad.)

1. purificado
2. placer
3. empeorarse
4. enfermo

5. ayudar
6. matar
7. veneno

Rimas

Para cada uno de los siguientes versos, escoja una palabra de la lista que complete el sentido y la rima.

> **MODELO**   Receta para vivir bien: Estar con gente amable en un clima *saludable*.

1. Donde hay amor hay siempre _____.
2. Si el mejorar es lento, toma otro _____.
3. Una cosa muy segura: El mal olor de la _____.

4. Acuéstate temprano, y vivirás más _____.
5. Si la enfermedad dura, búscate una _____.
6. Busca la _____ para que se impida.

Enfoque del tema

Salud del individuo, salud del planeta

¿Qué es eso? ¿desodorantes *ecológicos*? ¿muebles° *bionaturales*? En tiempos pasados se buscaba un desodorante que tuviera un buen olor y muebles que fueran bonitos y cómodos. Eso era antes. Ahora se busca un desodorante que «preserve el ambiente» y muebles fabricados «sin la intervención de productos derivados del petróleo» o de animales. Es la invasión de los productos *verdes* en el mercado y representa una nueva mentalidad para el consumidor promedio.° En España la editorial° Espasa-Calpe afirma que en un solo año la venta de libros sobre la ecología ha subido en un 60 por ciento.

bienes que se usan
en la casa, como
sillas, mesas,
etcétera

5

típico / compañía
que publica libros

10

Una nueva mentalidad

Esta nueva mentalidad no se limita a España. Mundialmente, la década de los noventa se caracteriza por un intenso interés en la salud, pero al mismo tiempo hay una creciente conciencia de la necesidad de preocuparse por la salud del planeta.

Hoy mucha gente modifica su dieta para reducir el nivel del colesterol, consumiendo más vegetales y granos y menos carne y

15

grasa. Se reconoce la importancia de hacer ejercicio regularmente, de dejar de fumar cigarrillos y de buscar métodos para bajar el estrés. Además muchas personas toman hierbas naturales en vez de

20 píldoras. En el pasado era raro que los médicos hicieran recomendaciones para cambiar el modo de vivir de sus pacientes. Ahora es

énfasis común. Se hace mucho hincapié° en la prevención de las enfermedades. En general, los resultados han sido positivos. Por ejemplo, durante los últimos veinte años, la tasa° de ataques cardíacos

porcentaje

25 serios en Estados Unidos ha bajado y, en el tercer mundo, el

promedio... número promedio de vida° ha subido.
de años que vive la
persona típica

Amenazas contra la naturaleza

A pesar de estas buenas estadísticas, hay una seria preocupación. Existen señales de un grave deterioro ecológico: la destrucción cada año de los bosques tropicales, la progresiva desertificación de

30 la tierra, los peligros de la modificación atmosférica. Todos estos procesos tienen una relación directa con la salud individual. Según investigaciones recientes, sólo por vivir en una ciudad que tiene el aire muy contaminado, como el Cairo o México, D.F., una persona sufre los mismos daños como si fumara a diario dos ca-

packs 35 jetillas° de cigarrillos.

En busca de soluciones

Con la nueva conciencia de la ecología, muchos municipios están tomando medidas para combatir la contaminación. Tanto la Ciudad de México como Santiago de Chile han hecho leyes que impiden el uso de algunos autos en el centro comercial cada día.

40 Inclusive, en Santiago, ciertas industrias se ven obligadas a cerrar ciertos días cuando el aire está muy contaminado. Pero, queda todavía mucho por hacer, pues la contaminación en éstas, y en muchas otras ciudades, es horrorosa.

Todo el mundo se da cuenta de la necesidad de hallar solu-

a... long-range 45 ciones más globales y a largo plazo.° En muchas partes se está experimentando con la idea de reemplazar la gasolina con otras formas de energía, como la electricidad o el gas natural, sobre todo para los autobuses y los tranvías.

Una idea interesante es la del establecimiento de reservas na-

50 turales para el «ecoturismo». Un ejemplo es la reserva Tambo Pata-Candamo, situada en un remoto valle amazónico de Perú. Esta área de 1,5 millones de hectáreas contiene muchos de los pájaros más raros y exóticos del mundo. Recientemente clasificada

da como parque por el gobierno, la reserva ahora le rinde° anual-

55 mente a Perú más de dos millones de dólares americanos. Es de esperar que reservas como ésta pueden detener un poco la progresiva desaparición de especies de animales y plantas.

La interdependencia entre el norte y el sur

Como Latinoamérica es el repositorio de muchos recursos naturales y, al mismo tiempo, un lugar que sufre un alto grado de contaminación, es fácil que los norteamericanos y canadienses piensen 60
en el deterioro ecológico como «problema de ellos». Pero esto no
es cierto. El ciudadano de un país avanzado consume cada año algo
así como 17 veces más en recursos naturales que un ciudadano de
un país en desarrollo, y genera muchísima más basura como resultado. Si los pueblos avanzados pudieran reducir su consumo a 65
la mitad,° muchos de los malos efectos de la contaminación desa-
parecerían.

    Habitamos un pequeño planeta y el problema de su equilibrio
y sobrevivencia es el problema de todos. No tenemos derecho a
molestarnos ante el talar de los bosques, acusando a los brasileños 70
de destruir «los pulmones° del planeta», si al mismo tiempo
nosotros seguimos consumiendo los productos de la madera que
se tala. La tierra está enferma y el único medicamento que puede
salvarla parece ser un esfuerzo cooperativo entre todos las regiones del mundo, un nueva mentalidad y un firme compromiso° 75
de cambiar nuestro modo de vivir.

la... 50 por ciento

órganos de la
respiración

obligación aceptada
con toda voluntad

Preguntas

1. ¿Qué hace hoy la gente que muestra preocupación por su salud?
2. ¿Cuándo toma usted píldoras? ¿Qué hace cuando está muy estresado(a)?
3. ¿Qué indicaciones hay ahora de un deterioro de la naturaleza?
4. ¿Qué soluciones hay?
5. ¿Quiénes consumen la mayor parte de los recursos?
6. ¿Cree usted que los brasileños son irresponsables cuando permiten la destrucción de sus inmensos bosques? ¿Por qué sí o no? ¿Somos irresponsables nosotros también?

Cuestión de ecología

Lea el anuncio y explique en palabras sencillas su mensaje. ¿Está Ud. de acuerdo con este mensaje, o no? ¿Por qué?

USTED PODRIA TENER EN SUS MANOS PARTE DE LOS 5 MILLONES DE TONELADAS DE PAPEL DE PERIODICO QUE SE RECICLO EL AÑO PASADO EN E.U.

Gracias a los sistemas públicos y privados de reciclado, más de un tercio del papel de periódico utilizado en E.U. el año pasado fue reciclado y transformado en cajas de cartón, envases para huevos, material aislante o transformado nuevamente en papel de periódico.

El papel reciclado preserva los recursos naturales y representa ahorros en energía y dinero de impuestos a los contribuyentes. Los periódicos de los E.U. apoyan los programas de reciclado.

Y ésta es una buena noticia.

Lea y recicle

Anuncio de Servicio Público La Opinión

Opiniones

Cuba fue el único país en el mundo que estableció un lugar obligatorio para todas las personas que sufrían del SIDA (Síndrome de inmunodeficiencia adquirida). Era un asilo agradable situado en el campo, y los pacientes disponían de medicamentos y apartamentos gratuitos, con televisión a color con video (un lujo raro en Cuba). Sin embargo, los pacientes no tenían libertad y no podían salir del asilo (*el sidatorio*) sin guardia. Cuba tiene ahora una situación tan grave que el sidatorio ya no funciona como antes. ¿Que piensa Ud. de este método de tratar el SIDA? En su opinión, ¿qué podemos hacer en nuestra sociedad para ayudar los enfermos con SIDA y para evitar el contagio de esta enfermedad?

Tráigalo—muéstrelo

Traiga a la clase un objeto que Ud. considera bueno o malo para la salud. Muéstrelo a la clase y explique por qué es bueno o malo. Esté preparado(a) para contestar preguntas sobre el objeto.

Selección 1

Anticipación: En las naciones pobres, la mayoría de los desperdicios humanos se tiran directamente en las aguas más cercanas. Como consecuencia, unas veinte y cinco mil personas mueren diariamente en los países en desarrollo a causa del agua contaminada. Cuatro de cada cinco enfermedades allí tienen la misma causa. Se puede preguntar por qué los gobiernos de estas naciones no hacen nada para remediar esta trágica situación.

El siguiente cuento nos presenta una respuesta a esta pregunta, de manera vívida. El autor es Gregorio López y Fuentes (1895–1966), un popular escritor mexicano que escribió sobre la ecología mucho antes de que el tema se pusiera de moda. Notable como periodista y novelista, López y Fuentes es muy conocido por sus narraciones de ambiente rural.

Antes de leer: Mire el título, las ilustraciones y las líneas 1–19 del cuento, y conteste estas preguntas:

1. ¿Cómo era el aire del pueblo? ¿Por qué?
2. ¿Cual era el «noble» objetivo de la comisión del gobierno que venía de la capital?
3. ¿Por qué creían los miembros de la comisión que su «misión» era especialmente urgente en ese pueblo?

Lea usted el cuento para descubrir qué tiene que pasar para que un gobierno comprenda las verdaderas necesidades de un pueblo.

Noble campaña

Gregorio López y Fuentes

vistió... puso la ropa más elegante / De... Si pudieran haberlo hecho

tenía mal olor

El pueblo se vistió de domingo° en honor de la comisión venida de la capital de la República: manta morena, banderas, flores, música. De haberse podido,° hasta se hubiera purificado el aire, pero eso no estaba en las manos del Presidente Municipal. El aire olía° así porque a los ojos de la población pasa el río, un poco

clarificado ya: es el caudal° que sale de la ciudad, los detritos de la urbe, las lla- 5   río
madas aguas negras...

Desde que llegó la comisión, más aún, desde que se anunció su visita, se supo
del noble objeto de ella: combatir el alcoholismo, el vino que, según los impresos
repartidos° profusamenta entonces, constituye la ruina del individuo, la miseria de   **impresos...** pan-
la familia y el atraso° de la patria.   10   fletos distribuidos / falta de progreso

Otros muchos lugares habían sido visitados ya por la misma comisión y en
todos ellos se había hecho un completo convencimiento. Pero en aquel pueblo el
cometido° resultaba mucho más urgente, pues la región, gran productora de   la misión de la comisión / bebida
pulque,° arrojaba, según decían los oradores, un mayor coeficiente de viciosos.   alcohólica hecha de un cacto

Dos bandas de música de viento recorrieron las calles, convocando a un festi- 15   fuegos artificiales
val en la plaza. El alcalde iba y venía dando órdenes. Un regidor lanzaba cohetes°
a la altura, para que se enteraran° del llamado hasta en los ranchos distantes. Los   informaran
vecinos acudían en gran número y de prisa, para ganar un sitio cerca de la
plataforma destinada a las visitas y a las autoridades.

El programa abrió con una canción de moda. Siguió el discurso de jefe de la 20
comisión antialcohólica, quien, conceptuosamente, dijo de los propósitos del Gobierno: acabar° con el alcoholismo. Agregó° que el progreso es posible única-   terminar / dijo también
mente entre los pueblos amigos del agua, y expuso el plan de estudio, plan
basado naturalmente en la Economía, que es el pedestal de todos los problemas
sociales: industrializar el maguey° para dar distinto uso a las extensas tierras desti- 25   cacto que se usa para hacer el pulque
nadas al pulque.

Fue muy aplaudido. En todas las caras se leía el convencimiento.

Después fue a la tribuna° una señorita declamadora, quien recitó un bellí-   plataforma
simo poema, cantando la virtud del agua en sus diversos estados físicos...

¡Oh, el hogar donde no se conoce el vino! ¡Si hay que embriagarse,° pues, a 30   emborracharse
embriagarse, pero con ideales!

Los aplausos se prolongaron por varios minutos. El Presidente Municipal—
broche de oro°—agradeció a los comisionados su visita y, como prueba de adhe-   *the best for last (lit. "gold medal")*
sión a la campaña antialcohólica—dijo enfáticamente—no había ni un solo
borracho, ni una pulquería° abierta, en todo el pueblo...   35   taverna

A la hora de los abrazos, con motivo de tan palpable resultado, el funcionario°   oficial
dijo a los ilustres visitantes que les tenía preparado un humilde ágape.° Fue el   banquete
mismo Presidente Municipal quien guió a la comitiva° hacia el sitio del banquete,   grupo
una huerta de su propiedad situada a la orilla° del río. A tiempo que llegaban, él   borde
daba la explicación de la fertilidad de sus campos: el paso de las aguas tan ricas en 40
limo, en abono° maravilloso y propicio a la verdura.   fertilizante

No pocos de los visitantes, en cuanto se acercaban al sitio del banquete,
hacían notar que el mal olor sospechado desde antes en todo el pueblo, iba acen-
tuándose en forma casi insoportable...

—Es del río—explicaban algunos vecinos—. Son las mismas aguas que 45
vienen desde la ciudad, son las aguas negras, sólo que por aquí ya van un poco
clarificadas.

—¿Y qué agua toman aquí?

—Pues, quien la toma, la toma del río, señor...No hay otra.

Un gesto de asco° se ahondó en las caras de los invitados.   50   repugnancia

—¿No se muere la gente a causa de alguna infección?

—Algunos... Algunos...

—¿Habrá aquí mucha tifoidea?

A... Probablemente —A lo mejor:° sólo que tal vez la conocen con otro nombre, señor...

línea / yerba 55 Las mesas, en hilera,° estaban instaladas sobre el pasto,° bajo los árboles, cerca del río.

grandes botellas —¿Y esa agua de los botellones° puestos en el centro de las mesas, es del río?

—No hay de otra, señor... Como ustedes, los de la campaña antialco-
60 hólica, sólo toman agua... Pero también hemos traído pulque... Perdón, y no lo
todo lo que tomen como una ofensa, después de cuanto° hemos dicho contra la bebida...
Aquí no hay otra cosa...

toasts A pesar de todo, se comió con mucho apetito. A la hora de los brindis,° el
valioso... excelente jefe de la comisión expresó su valioso hallazgo:°
idea 65 —¡Nuestra campaña antialcohólica necesita algo más efectivo que las
manifestaciones y que los discursos: necesitamos introducir el agua potable a
todos los pueblos que no la tienen...!

El pulque viene de la planta Agave, (Maguey)

Todos felicitaron al autor de tan brillante idea, y al terminar la comida, los botellones del agua permanecían intactos, y vacíos° los de pulque...   *empty*

Preguntas

1. ¿Qué hizo la gente del pueblo para recibir a la comisión?
2. ¿Qué dijo el jefe de la comisión en su discurso?
3. ¿Cuál era el tema del poema recitado por la señorita?
4. ¿Adónde llevó el Presidente Municipal a los visitantes después del programa? ¿Por qué?
5. ¿Por qué había un mal olor en ese sitio?
6. ¿Qué supieron los representantes del gobierno sobre la causa de ese olor?
7. ¿Qué tomaron durante el banquete los miembros de la comisión antialcohólica? ¿Por qué?
8. ¿Qué anunció el jefe de la comisión a la hora de los brindis?

Identificación de la idea principal

Escriba en una o dos oraciones la idea principal del cuento.

_____

_____

_____

Vocabulario: Sinónimos en contexto

Reemplace las palabras o frases en bastardilla con un sinónimo tomado del cuento.

1. Las aguas del río que salía de la ciudad y pasaba cerca del pueblo estaban sólo un poco *purificadas*.
2. Todo el mundo sabía que el noble *propósito* de la Comisión era *luchar contra* el alcoholismo que constituye la *destrucción* del individuo.
3. Un regidor *arrojaba* cohetes a la altura para que se *informaran* del llamado hasta en los ranchos *lejanos*.
4. Una señorita recitó un poema: «¡O, *la casa familiar* donde no se conoce el vino! Si hay que *emborracharse*, pues a *emborracharse*, pero con *objetivos sublimes*»!
5. El Presidente Municipal *dio las gracias* a los miembros de la comisión y dijo que, como *evidencia* de adhesión a la campaña antialcohólica, no había ni una *tienda donde se vende el pulque* que estuviera abierta en todo el pueblo.

Opiniones

1. En su opinión, ¿es cómico el cuento? ¿Qué características típicas de las comisiones oficiales ve usted en él? ¿Cree usted que la «brillante idea» del jefe sorprendió a la gente del pueblo?
2. ¿Qué problemas urgentes hay en el lugar donde usted vive que no reciben atención por parte del gobierno? ¿Por qué cree usted que no se hace nada para remediarlos? ¿Si usted tuviera poder, qué haría para solucionar estos problemas?

Refranes tradicionales

—Quien quisiera vivir sano, coma poco y cene temprano.
—Dios cura y cobra el médico.
—De médico, poeta y loco, todos tenemos un poco.
—Tres cosas hay en la vida: ¡salud, amor y pesetas! (La segunda parte se usa mucho para los brindis: «¡y el tiempo para gozarlas!»)

Selección 2

Anticipación: ¿Qué relación hay entre la salud mental y la salud física? Parece que a veces es necesario que un médico se haga detective para descubrir el mal oculto en la mente de su paciente. Este es el tema del siguiente cuento de Glora Stolk, la eminente periodista, embajadora y escritora venezolana.

El cuento es largo, pero valioso. Para facilitar su lectura, está dividido en cuatro partes con preguntas sobre la acción de cada parte. Tome Ud. su tiempo y lea el cuento dos veces, la primera vez para contestar las preguntas y hacer la predicción, y la segunda para disfrutarlo.

Antes de leer la primera parte: Mire el título, la ilustración y los cuatro primeros párrafos, y conteste las siguientes preguntas.

1. ¿Qué tipo de enfermedad va a ser importante en el cuento?
2. ¿Por qué vive Enriquillo en una pequeña aldea en la montaña?
3. ¿En qué sentido es Enriquillo un médico «diferente»?

Predicción: Los médicos locales van a estar (contentos / descontentos) de la presencia de Enriquillo.

Grillos y mariposas

Gloria Stolk

Parte 1: Un médico diferente

Porque tenía alma de navegante,° Enriquillo resultaba un médico genial. Más allá de° la materia dolorida descubría el espíritu acorralado y enfermo. Enriquillo desmascaraba° el mal oculto, a fuerza de inteligencia y de sonriente bondad° y el paciente sentía sus síntomas disminuir.

No era psiquíatra. Le bastaba con ser un hombre con una insaciable curiosidad humana, un descubridor alegre y callado de esas islas que son los hombres. Jugaba a hacer el bien° como otros juegan al golf, por puro deporte. 5

Así, dejando la bella ciudad farisea,° llegó un día a aquella aldea° en la montaña. Vino por mar. Lo trajo el mar sobre su lomo° de un azul profundo. Vino a una de esas cosas científicas—congreso o conferencia—y sorprendiendo a todos, aun a sí mismo, decidió quedarse. Arriba, en la montaña, donde confluyen el Jaque y el Jimonea,° entre bosques de pinos inesperados, plantó el médico su tienda° solitaria. 10

Quería escribir, quería reflexionar.° Pronto fue interrumpido en la absorta contemplación de su paisaje interior. Su fama había llegado con él y le abordaban, tímidamente, los enfermos. Pero día tras día le llegaban, humildes, criaturas de 15

explorer
Más... *beyond*
descubría / *kindness*

a... *at doing good*
engañadora / pequeño pueblo / superficie

Jaque... Jimonea
dos ríos / *tent*

pensar

ayudadas	Dios que pedían ser aliviadas.° Enfermos de hambre a quienes les faltaba más el

Dios que pedían ser aliviadas.° Enfermos de hambre a quienes les faltaba más el cariño que el pan, niños sin padre o peor aún, con falsos padres, mujeres de la tierra que parecían hechas de tierra, amasadas con sudor° de desesperación an-
sweat
lanzaban / enojos 20 cestral, hombres que volcaban° en ciegas cóleras° su profunda impotencia ante la vida, borrachos de miseria y drogados del terror de estar vivos... Era una larga
pilgrimage / sin fin romería,° una fila inacabable,° que desaparecía con la noche para volver a for-
pocas marse cuando salía el sol. El a todos atendía y con cortas° medicinas y largas pláti-cas los iba ayudando a vivir, que era tanto como ayudarlos a sanar.

expertos de farmacia 25 Los boticarios° de los pueblos vecinos machacaban en sus morteros toda la indignación del mundo. Salvo tres o cuatro remedios simples el médico no re-
no... *was not pre-scribing anything /* cetaba nada.° Los médicos de la región cercana también subieron, sin decir
pretending to be / quiénes eran, haciéndose° los enfermos, y el diagnóstico de su nuevo rival los
muy sorprendidos dejó pasmados.°
exceso 30 —Colega, usted no tiene nada, le dijo a uno que describía con lujo° de de-talles, supuestos síntomas.

A otro que vino en el mismo predicamento, para observar a hurtadillas° al
a... en secreto nuevo médico, le advirtió:

—Su problema es que usted se encuentra preocupado por mi presencia aquí
35 y eso le causa ciertos malestares. No se preocupe que yo no vengo a competir con nadie.

—¿Y cómo sabe usted que yo soy médico?

expresión de —Se lo conocí en la mirada.° Tiene el ojo clínico—contestó Enriquillo
los ojos riendo.
curandero / cueva 40 El brujo° "Chilapa" que vivía en una covacha° no vino a verle, pero le hizo
perparación mágicas toda clase de ensalmos° y demás yerbas, para que se fuera. Paquetitos cuida-dosamente atados aparecían con frecuencia en la puerta del médico. Este los abría cuidadosamente y decía en voz alta:

—Llévenlos al laboratorio del señor Chilapa para que los analice. Con lo cual
45 Chilapa se mantuvo quieto.

Preguntas: 1. ¿Cómo eran los clientes de Enriquillo? 2. ¿Cuál era la reacción de los boticarios y de los médicos locales? ¿Y del brujo Chi-lapa? 3. ¿Cómo ganó Enriquillo el respeto de todos?

Predicción: (Unos nuevos pacientes / Unos antiguos amigos) van a lle-gar a la consulta de Enriquillo.

Parte 2: Dos niños con problemas muy extraños

lugar Enriquillo vivía contento en aquel hermoso paraje,° leía y meditaba por las
práctica de la noches y en el día seguía haciendo su consulta.° A veces pensaba en irse más
medicina lejos, a un lugar verdaderamente solitario, arriba, cuando una mañana so-
de sol leada° vio venir a una mujer joven, seguida de dos niños. El mayor, un muchacho
cara / fuerte 50 de unos diez años, de rostro° oscuro y atormentado, la niña, pequeña, regordeta,° de ojos ausentes. La mujer le dijo simplemente:

—Aquí se los traigo, doctor. él, Juan de la Cruz, tiene grillos° en la cabeza, y   *crickets*
ella, Lucinda, tiene mariposas.¡Usted sabe!

—¿Grillos? ¿Mariposas? ¿querrá usted decir que tienen manías, ideas raras,
cosas así?   55

—No, señor. Grillos, grillos. Grillos de esos que hacen chirrrii, chirrrii. Los ha
tenido desde que regresó de allá abajo. Las mariposas de ella se le han alboro-
tado° desde que él vino a vivir a la casa. Antes ella no las nombraba, ahora sí.   *causado problem*

El doctor se mordío suavemente los labios.

—¿Son hijos suyos?   60

Rió ella, coqueta.°   *in a flirtatious
manner*

—¿Esos, tan grandotes? No, son hijos de la difunta Lucrecia. Yo los recogí y le
dije a mi hombre: «Nuestra madre nos crió° con amorosidad y puesto que Lucrecia   *raised*
mi hermana se ahogó° cuando la creciente,° a mí me toca criarle sus hijos...» La   *murió en el agua
/ flood*
amorosidad es lo principal de las familias, decía siempre Minán, mi difunta madre.   65
Porque, usted ve, doctor, nosotras somos hijas de buenos padres aunque pobres.
¿Quién ha dicho que los pobres no tenemos modales° ni amorosidad? ¡Oh, no!   *buenos hábitos*

La joven era verbosa pero simpática.

—Cuénteme usted brevemente la historia de los niños antes de entrar yo a
examinarlos...   70

—Cuando se murió la difunta Lucrecia, el padre perdió del mismo golpe
las tierritas.° Resolvió irse a buscar trabajo a la capital y se llevó a los niños.   **las...** *the land he
had owned* / escapó
Por allá se juntó con otra mujer, y el Juan de la Cruz, un día se huyó° de la
casa. El padre lo buscó pero no dio con él. Tampoco lo buscaría mucho, digo
yo, porque la mujer ya estaba embarazada° y no quería tener más niños que   75   *en estado de
maternidad*
los de ella. Yo lo supe y fui a buscar a la niña y me la traje. La encontré gordita,
eso sí, pero medio atontada.° Yo creo que ya le empezaban las mariposas. Me   *en estado de
confusión*
la traje, doctor, porque esa mujer no tenía amorosidad para la hija de mi hermana la difunta. Lástima que la niña sea embromona° con eso de las mari-   *engañado*
posas, al principio no se le veían, doctor.   80

—¿Cómo es eso?

—Pues que cuando él siente los grillos ella seguido° siente las mariposas que   *inmediatamente*
le revolotean° dentro de la cabeza... Yo me acerco y siento° el ruido que hacen   *van en círculos /
oigo / en tono
bajo*
las alas, suavecito°...

—¿Usted cree eso?   85

—Sí las oigo, pues, suavecito, dándole vueltas° a la pobre dentro de la   **dándole...** *movién-
dose en círculos*
cabeza... Y la niña pasa días callada, mirando para arriba, no duerme para nada y
come sin ver. Oigalas, doctor...

El médico inclinó su rostro sobre el de la niña y observó que de su boca en-
treabierta° se escacapaba un levísimo, casi inaudible silbido.°   90   *parcialmente
abierta / whistle*

—¿Cómo haces tú eso?

—Le preguntó a la niña de repente, con brusca bondad.

—Yo... yo no hago nada... —se defendió ella.—Son las mariposas. Aquí,
doctor.—Y se ponía las manos sobre las sienes,° con gesto trágico.   *temples*

—Ya veo—dijo, serio, el doctor.—¿Y tú, jovencito?   95

—Yo, nada... Son los grillos... pero hoy no. Hoy están tranquilos—dijo el
niño, bajando el rostro.

Continuaba la joven mujer explicando:

—El niño sí que es un caso bien triste, doctor. él a mí nunca me ha dicho
nada de lo que le pasó desde que se fue huido° de la casa del padre.

A él no se le puede hablar de eso, porque se pone como loco con los grillos.

—¡Aaayyy! ¡Los grillos! Chirrrriii, chirrrriii... —gritó de pronto el niño, como si
un dolor agudo lo atenazara.° Cayó al suelo en una especie de ataque, mitad real,
mitad fingido,° que el doctor reconoció enseguida como un recurso histérico para
desviar° la atención.

Lo sacudieron, le echaron agua en la cara y pronto volvió en sí.°

—Juan de la Cruz, vete al patio y ayudas al jardinero a regar° las lechugas.
Anda, vete ya. Con suave autoridad el doctor lo hizo marchar al huerto y siguió
preguntando:

—¿Cómo lo encontró usted?

escapado 100

atormentara
mitad... *half-pretend*
distraer 105
en... a estar con-
ciente / dar agua a

110

Preguntas: 1 ¿Qué problemas tienen Juan de la Cruz y Lucinda?
2. ¿Quién fue la difunta Lucrecia, y qué pasó después de su
muerte? 3. ¿Qué opinión tiene Enriquillo de los síntomas de los
niños?

Predicción: El médico va a usar (drogas / una operación / disciplina /
bondad) para curar a Juan de la Cruz.

Parte 3: La historia y tratamiento de Juan de la Cruz

—Y no lo encontré. No tenía ni idea de dónde buscarlo. Lo trajeron unos señores en un automóvil grande. Ellos lo habían visto mucho a la puerta de los tres cines, en la capital. Un día el señor se puso a hablar con él y resolvieron llevárselo a su casa, porque era más pequeño que los otros y tenía cara de no estar corrompido.° La señora le tenía lástima. Pensaron mandarlo al colegio y que ayudara en la casa. él se fue feliz con ellos, pero luego empezó con lo de los grillos y se volvió una calamidad. El señor para no abandonarlo en la calle, resolvió traérmelo aquí. Buena gente, ¿no le parece?, que hicieron ese viaje tan largo para traerlo. El niño se acordaba del nombre del pueblo, y del mío y todo. Tenía unos seis años cuando murió la difunta y el padre se lo llevó a la capital. ¡En mala hora! Allá se le metieron en la cabeza esos grillos, ¿o fue que le nacieron° dentro, eh, doctor?

115 °afectado por la corrupción

120 **le...** estaban allí desde su nacimiento / sería bueno

—Vamos a ver, señora. Para averiguar eso y otras cosas más convendría° que el niño se quede hoy a pasar el día. Vamos a proponérselo.

Juan de la Cruz dijo primero que no, pero acabó aceptando. El también 125 quería y no quería, librarse de los grillos que lo hacían sufrir horriblemente.

La tía y Lucinda se volvieron al pueblo y Enriquillo cerró esa mañana su consulta para pasar el resto de la jornada° trabajando en el jardín y charlando, con Juan de la Cruz.

°día de trabajo

El niño era amable, respetuoso, pero lacónico°.

130 °silencioso

—Estuve por ahí, con unos.—Decía, cuando Enriquillo lo interrogaba respecto al tiempo que pasó fuera de su casa. Su rostro se crispaba,° sin embargo, cuando le nombraban los grillos.

°distorsionaba

—¡No los puedo ver, son asquerosos° y los tengo metidos dentro! ¡Qué asco°!

°repugnantes
135 °repugnancia

El médico lo dejó estar. Plantaron rosales en el jardín y comieron sancocho° de siete carnes, antes de que Juan de la Cruz se fuera.

°un plato especial de carne y verduras

—Vuelve cuando quieras—le dijo el doctor, por encima del hombro

—¿Podría ser el domingo, señor? Su sancocho es muy bueno y... me gusta hablar con usted.

140

Se estableció una amistad entre ambos° en la cual era el médico quien charlaba y contaba cosas de su infancia, de sus estudios, de otros países. El niño le escuchaba marvillado.°

°los dos

°con admiración

A mí también me gustaría estudiar—dijo una vez—pero ¿con qué? Tengo que trabajar para ayudar a mis tíos...

145

—Si te curas, si echas fuera° los... bichos,° puede ser que alguien te quiera pagar los estudios.

°away / °insectos

—¿Usted cree, doctor?—Malicioso, soltó la risa.° Por primera vez en años, una risa clara, infantil. Había captado la promesa velada.°

soltó... *he laughed*
°insinuada

—Sí, creo—dijo Enriquillo mirándole a la cara, seriamente, insistentemente, 150 y la criatura,° casi en trance de hipnosis, echándose a llorar, hipó:°

la... el niño / *sobbed*

—No puedo más con° estos grillos, doctor, se lo voy a contar todo, ya todo, todo.

No... *I can't stand anymore*

Mas le dió el ataque. Lo más de él° se rebelaba a confiar su secreto, y aquel día, después que volvió en sí, el médico le mandó a casa.

Lo... su espíritu interior
155

*de... once
again aloof*

—Todavía no, Juan de la Cruz. Otro día me contarás. Y el muchacho, de nuevo arisco:°

—No, nunca jamás. Es demasiado horrible.

—Entonces no me cuentas. Ven por aquí, nada más, cuando estés libre.

160 —¡Yo no soy libre, señor, no voy a estarlo nunca, con estos grillos! —Y sus-

sighing pirando,° se marchó.

Preguntas: 1. ¿Quiénes habían encontrado a Juan de la Cruz en la ciudad y por qué lo llevaron donde su tía? 2. ¿Cómo logró interesar el médico al niño? 3. ¿Por qué tuvo un ataque Juan?

Predicción: Enriquillo (va a hacer preguntas / no va a mencionar ni preguntar nada / va a preparar una sospresa) al niño.

Parte 4: La revelación y la cura

cage
*trocitos... little
branches of the
Junco tree*

Cuando volvió días después, el doctor había preparado una jaulita,° pequeñita, hecho de trocitos de junco.°

—Es para los grillos—le dijo.

165 Y el muchacho rió, antes de acordarse de su angustia.

—Si usted cree que no son nada—dijo resentido.

—Yo *sé* que no son nada. Son un pretexto que te das tú mismo, para aturdirte,° para castigarte, también, y no pensar en otra cosa peor.

causar pena

Al oirle, el muchacho empezó a temblar, con la boca torcida y espumosa:°

*torcido... twisted
and frothing* 170 —Le cortó las manitas, las dos, una primera y la otra después. ¡Ayyy! ¡Y no dije nada! Me quedé callado. Le tenía mucho miedo. Me daba golpes fuertes° por

*Me... He gave me
harsh blows* la cabeza y entonces fue que me entraron los grillos. ¡Ayyy! Chirrriii, chirrriii ...

movía
darle un soporífico

Se revolcaba° en el suelo. Gemía. Sudaba a mares. Parecía próximo a morir. Hubo que sedarlo.°

175 Cuando volvió en sí, Enriquillo, sonriendo, le dijo:

—Juan de la Cruz, estás curado.

horrible —¿Cómo, señor, si me siento desbaratado,° por dentro y con la cabeza vacía ...?

—Eso es por que se fueron los grillos. Se fueron uno por uno. Yo los ví salir.

180 Se fueron para siempre. ¿Ves cómo ahora no te molesta oírlos nombrar?

sorprendido —Verdad—dijo el niño, vagamente asombrado,° y cerró los ojos. Al poco rato, despertó, tranquilo.

guilt —Escúchame, Juan de la Cruz. Tú no tienes ninguna culpa.° Ninguna ¿me entiendes? Los de la banda que te llevaron eran mucho más fuertes que tú. Tú te

beggar / thief 185 hiciste mendigo° para ellos, no para ti, ladrón° tal vez, pero para ellos. No por tu gusto; y la cosa horrible que pasó con el otro niño, tú no podías evitarlo.

—Era una niñita pequeña, como Lucinda, pero más pequeña, todavía; le encontraron andando sola por el campo y se la llevaron a la cueva. Uno de los muchachos la llamaba, burlándose,° la mariposa, porque andaba con un vestidito así, como de alitas,° cuando la encontraron.

Nos tenían a todos en una cueva oscura, casi por debajo del mar, en la costa, usted sabe, casi sin comida, y por las tardes nos soltaban° en la ciudad para que fuéramos a pedir.° Nos habían amenazado que si hablábamos con los policías o con alguien, nos mataban a todos. Eran muy capaces. El viejo gordo era muy malo. Hablaba raro.° No era de por aquí. Ese era el que nos daba los golpes, por todo, por nada. Detrás de las orejas, mire.

—Sí, yo había notado esas cicatrices.°

—Pero lo peor fue el día que llevaron la niñita y después dijeron que nadie le daba limosna° porque era gordita y sanita. Uno de los grandes la sacaba en brazos° y no conseguía casi nada. Esperaron unos días, viendo los periódicos. Como nadie la reclamaba° resolvieron hacerle eso... de la manitas... La emborracharon primero para que no llorara. De todos modos gritó mucho. El ruido del mar tapaba° los gritos. Sobre la piedra... con el machete... Yo lo vi, lo vi todo y no fui a decirlo a la policía. Me puse malo. Entonces el viejo me insultó, me amenazó, estaba como loco y me dio con un hierro° por la oreja. Caí privado,° pero antes oí los grillos y vi con los ojos para adentro cómo se me estaban metiendo en la cabeza. Negros asquerosos. A lo mejor era una idea mía, como usted dice, pero yo los sentía. A los tres días volví a salir para la calle. Me estaba muriendo de hambre, y me puse a pedir.

—Bastantes cheles° llevé esa noche a la cueva. Y comida también me dieron. Tenía cara de muerto, creo yo. Esa noche, volví a oír los grillos. Al principio me dieron horror. Pero me fui más o menos acostumbrando... ¿y ahora usted dice que se fueron, doctor?

—¿No lo crees tú, Juan de la Cruz? Mira qué tranquilo me has hablado de todo eso.

—Si yo también lo creo. Ya no los siento. Ah... doctor, mire, oiga. Debo decirle otra cosa. Mis grillos eran de verdad, pero las mariposas de Lucinda, ésas se las metí yo en la cabeza, para que ella tuviera que contarle algo a la tía. Lucinda me recordaba a la muchachita aquella, entonces yo le hablaba de la mariposa, sin decirle por qué, por supuesto, y ella empezó a sentirlas. Ahora a ella se le van a ir también, ¿verdad, doctor?

—Sí, se le irán fácilmente, porque nunca han existido. Así como tus grillos. Ya no los necesitas para atormentarte, por eso se fueron.

—Sí, señor, ya no les tengo miedo. Ya me quité ese peso de encima. ¡Ah... doctor, perdone. Tengo mucho sueño.

Bostezó° y se quedó rendido° en un sueño largo y plácido de niño inocente.

Preguntas: 1. ¿Qué construyó el médico para Juan de la Cruz? 2. ¿Con quiénes había vivido en la cueva Juan, y por qué? 3. ¿Cuál era el horrible secreto?

---

para ser cómico

190 **como...** *that looked as though it had wings* / dejaban

para... *so we would beg (for money)*

195 de manera diferente

scars

money for begging

200 **la...** *carried her in his arms* / *claimed*

cubría

205 *piece of iron* / inconsciente

210 monedas

215

220

225

He yawned / completamente dormido

Interpretaciones

Diga sí o no a las siguientes interpretaciones de la historia, y defienda su opinón.

1. Los grillos eran la invención de un niño para engañar al médico.
2. Las mariposas de la niña eran simplemente una manera de atraer la atención de los adultos.
3. La tía de los niños «oía» los insectos dentro de las cabezas de los niños.
4. El verdadero problema de Juan de la Cruz fue que era culpable de la muerte de una niña.
5. Enriquillo hizo bien en prometer ayuda económica al niño, aun si no cumple después con la promesa.
6. El cuento es un poco exagerado porque en realidad no hay bandas tan crueles como la de la cueva.

¿Quién habla ahora?

Imagine que Ud. es uno de los personajes del cuento y escriba una pequeña descripción del doctor Enriquillo desde el punto de vista de ese personaje. Luego, lea su descripción a la clase a ver si sus compañeros pueden adivinar quién es Ud.

Opiniones

1. ¿Cree Ud. que los médicos funcionan a veces como psiquíatras? ¿Cuándo? ¿Es bueno que funcionen así?
2. ¿Qué opina Ud. del curandero Chilapa? ¿Ayudan a la gente los curanderos o son peligrosos?
3. ¿Qué podemos hacer para ayudar a los niños del mundo?
4. Para Ud., ¿cuál es la mejor terapia?

Capítulo 10

LA IMAGEN Y LOS NEGOCIOS

Vocabulario preliminar

Estudie las palabras y expresiones en negrilla para usarlas en este capítulo.

el anuncio comercial   aviso de la publicidad
bajar   descender, disminuir
el (la) consumidor(a)   persona que compra o consume productos
discreto(a)   reservado(a), moderado(a) en sus palabras y acciones
el (la) dueño(a)   propietario, persona que posee algo
la ganancia   lo que se gana, provecho
la imagen   representación de una persona o cosa
la marca   nombre de la companía que fabrica o distribuye un producto
la meta   objetivo de una acción, propósito
los modales   manera de portarse en la sociedad (siempre usada en plural)
el (la) negociante   comerciante, el hombre (la mujer) de negocios
los negocios   transacción o actividad comercial (generalmente usada en plural)
la plata   dinero (en Latinoamérica)
la propaganda (comercial)   publicidad empleada para vender un producto
reconocer   darse cuenta de quien es una persona o cosa precisamente, identificar
subir   ascender, aumentar
el sueldo   salario
triunfar   tener éxito, ser victorioso
el triunfo   éxito, victoria

Expresiones útiles

la buena educación   conocimiento y práctica de las normas de cortesía
el don de gente   habilidad de tratar a la gente, atracción personal
los países en desarrollo   países que no tienen suficiente capital
la tarjeta de negocio   pequeño documento de cartón con el nombre, dirección y actividad de alguien

Sinónimos

Dé sinónimos de la lista a las siguientes palabras o expresiones.

1. el salario	5. el dinero	9. el aviso comercial
2. prudente	6. aumentar	10. la publicidad
3. el objetivo	7. el provecho	11. la conducta social
4. el propietario	8. tener éxito	12. disminuir

Rimas

Llene los siguientes blancos con palabras de la lista que completen el sentido y la rima.

> **MODELO:**   No conviene la extravagancia
> si quieres sacar una _ganancia_.

1. No debes ser rudo ni insultante si quieres ser _____.
2. Cuando tú entras, cuando tú sales, siempre muestra tus buenas _____.
3. La persona que quiere ganar una meta tiene que ser sabia y _____.
4. Si compras una cosa muy barata, a largo plazo pierdes _____.
5. De tu ventana o de tu veranda puedes ver la _____.

Enfoque del tema:

Entre la imagen y la realidad

La imagen es importante en muchas esferas°: en la política, en las artes, hasta en la vida social. Pero, indudablemente,° la imagen importa muchísimo en los negocios. Conviene analizar algunos de los usos y abusos de las imágenes para no confundirlas con la realidad que generalmente es mucho más amplia y compleja.   5

campos
sin duda

La manipulación de las imágenes en la propaganda

El ejemplo más obvio y directo de la presentación de imágenes es la propaganda comercial. Hoy día en los países avanzados (y en los centros urbanos de muchos países en desarrollo), el público no es ingenuo.° La gente se da cuenta de los varios trucos° que se emplean comunmente en los anuncios. Reconoce que hay una ma- 10 nipulación de imágenes para hacer aparecer ciertas cosas más grandes, relucientes,° jugosas o bellas de lo que son en realidad. Por ejemplo, la barra de chocolate que sale en la propaganda de la tele,° no suele ser la misma que se vende en la tienda de la esquina. Pero esa barra televisada° se ve tan rica, tan sabrosa...   15
También, la gente sabe que son falsas muchas de las asociaciones implícitas en la combinación de imágenes. Es muy probable que los hombres musculosos y las mujeres voluptuosas, que se

inocente / engaños

resplandecientes

televisión
representada en la televisión

máquinas... *weight* 20
machines

llegan a

ven montados en las bicicletas estacionarias o en las máquinas de pesas,° tengan sus cuerpos perfectos por razones que no tienen nada que ver con los productos mostrados en el anuncio. Sin embargo, las manipulaciones y falsas asociaciones de la propaganda alcanzan° las metas por las que se inventaron: venden productos. Son eficaces.

25

¿Por que será que el público se deje engañar? ¿Es posible que no le importe la realidad, que la ilusión sea lo que realmente desea? O quizás los consumidores de hoy simplemente se han vuelto sofisticados, inclusive un poco cínicos, y saben valorizar los productos *a pesar de* la propaganda. La propaganda para ellos

30

puede ser simplemente una forma de diversión.

placement

La colocación° de productos

Una práctica más reciente es la colocación de productos en películas, programas de la tele, libros, etcétera. Aquí también sale la imagen, la vinculación entre la imagen y algo o alguien. A veces el producto se introduce de manera obvia y directa (como se ve en el

chiste... *cartoon /* 35
indirecto

chiste dibujado°), otras veces de manera más sutil.°

Estás en el cine mirando una película de acción. En la pan- *screen*
talla° se ve una escena de gran emoción: los malvados están per- muy masculino
siguiendo al guapo y varonil° héroe que los está evitando con
maravillosa astucia. De repente la cámara se enfoca en las zapati-
llas° del héroe y muestran la marca. ¿Cuál es la asociación que es- 40 zapatos para
tablece en este breve instante? Pues, *los hombres activos, guapos y* el deporte
varoniles llevan tal marca de zapatillas. Está insinuado que si el es-
pectador se compra la misma marca, él también será un hombre
guapo, varonil y activo. Naturalmente, esta idea no es lógica. Pero
la imagen positiva y el nombre de la marca quedan grabados° jun- 45 registrados
tos en la mente del público. Los investigadores de mercado saben
muy bien el beneficio de este tipo de asociación.

¿Qué debemos pensar de la colocación de los productos? Algunos dicen que es un abuso del consumidor. El público paga por
entrar en el cine y ver la película y no por mirar la propaganda 50
comercial. Otros dicen que es simplemente otro modo de financiar
la película y que el consumidor no sufre mucho. Al fin y al cabo,
estamos ya acostumbrados a ver los anuncios en todas partes.

La imágen del «buen» negociante en Latinoamérica

El uso de las imágenes no se limita a la propaganda y a la colocación de productos. En los negocios la regla número uno es que 55
tú te vendas a ti mismo, de ahí la importancia de la imagen personal. ¿Cómo es la imagen del perfecto negociante (o de la perfecta negociante, para no expresarnos en lenguaje machista)?
Bueno, eso depende de las circunstancias y también de la cultura
porque hay matices° distintos en varias partes del mundo. 60 variedades

En Latinoamérica, por ejemplo, el perfecto negociante es, ante
todo, una persona sociable, de aspecto cuidadoso° y modales in- bien presentado
tachables.° Tiene don de gente y sabe el arte de la conversación. impecables
Además, es una persona bien educada, y para los latinoamericanos, el concepto de *la buena educación* no se limita a la instruc- 65
ción escolar: se refiere a la apariencia, las modales, y todas las
acciones de alguien.

En general, los negociantes latinos son más formales y menos
directos que los norteamericanos y canadienses, tanto en la ropa
como en la etiqueta. Hay que llevar el traje civil, de corte y color 70
discreto aún cuando hace calor. Los pequeños detalles, como el
cuidado de las uñas,° la presentación de una elegante tarjeta de *fingernails*
negocios, o el uso de una buena marca de zapatos italianos, no pasan imipercibidos.° No está muy bien visto° empezar en seguida Sin observación /
hablando del dinero y de las ganancias, y por lo usual es prudente 75 considerado
evitar temas controvertidos° como el de la política. Es mucho mejor polémicos
comenzar con temas livianos, tales como los deportes, la historia
del país, o la belleza de los jardines o monumentos de la región.

El buen negociante se ha preparado con anticipación, informándose de las costumbres locales. Lleva pequeños obsequios,° como flores o perfume para las mujeres, licores o juegos para los hombres. Al mismo tiempo, sabe que en México no se regalan flores amarillas ni en Brasil flores moradas porque allá simbolizan la muerte. Cada pueblo está orgulloso de sus tradiciones particulares. El negociante extranjero bien informado comprende que sería un grandísimo error considerar a todos los latinoamericanos como si fueran cortados de la misma tela.° Como regla global, por ejemplo, la hora latina es un poco elástica y la gente suele llegar a sus citas con veinte o treinte minutos de demoro,° pero en Chile, en cambio, se observa una estricta puntualidad, tanto para comenzar como para *terminar* las citas.

No obstante estas diferencias culturales, en general, los latinos son cálidos y tolerantes. No exigen la perfección. Al fin de cuentas, el ingrediente más importante de la imagen latinoamericana del buen negociante es *la simpatía*, esa mágica cualidad por la que no existe en inglés ninguna traducción exacta, pero que más o menos equivale a una combinación del don de gente, del interés en los demás, y del calor humano. A la persona simpática, ¡se le perdona todo!

Margin glosses:

regalos 80

cortados... exactamente lo mismo

tardanza

85

90

95

Explicación de términos

Explique Ud. el significado de los siguientes términos.

1. la colocación de productos
2. la buena educación
3. la simpatía

Preguntas

1. ¿Cuáles son algunos de los trucos que se emplean en la propaganda comercial?
2. ¿Qué falsas asociaciones están insinuadas en los anuncios?
3. ¿Ha visto Ud. la colocación de algunos productos? ¿Dónde? ¿Qué piensa Ud. de esta práctica?
4. ¿Cómo es el perfecto (o la perfecta) negociante en Latinoamérica?
5. En su opinión, ¿cómo sería la imagen del perfecto negociante en Estados Unidos y Canadá?
6. ¿Por qué sería un grandísimo error tratar a todos los latinoamericanos de la misma manera?

Opiniones

1. ¿Qué anuncios le gustan a Ud.? ¿Cuáles no le gustan? ¿Por qué?
2. Es imposible ser una persona sincera y un buen negociante. ¿Verdad o mentira? ¿Por qué?

Traiga y explique

Busque un anuncio en español y tráigalo a la clase. (Se puede encontrarlo en revistas o periódicos hispanos en la biblioteca. Si no es posible, traiga un anuncio en inglés.) Muéstrelo a la clase y explique en español que métodos están empleados para vender el producto.

Selección 1

Anticipación: La imagen importa en muchos negocios, pero sobre todo en el negocio del cine. El ambiente más notorio, pues, para los que desean crear y vender una imagen es *Hollywood*, donde tiene lugar el siguiente cuento. El cuento, del escritor chicano, Fausto Avendaño, relata la historia de Henrique, un joven ambicioso que desea ante todo triunfar como actor de cine.

Antes de leer: Mire el título, la ilustración y las líneas 1–23, y conteste estas preguntas:

1. ¿Qué sabemos de los padres de Henrique?
2. ¿Cómo es Henrique? ¿Cómo es la imagen que trata de vender?
3. ¿Por qué se preocupa ahora?

Modismos en contexto

Escoja la palabra o frase que mejor explica cada modismo. Si es necesario, mírelo en contexto, siguiendo el indicio entre paréntesis.

1. **abrirse camino** (línea 11)
   a. construir   b. viajar   c. progresar   d. permanecer
2. **La fortuna te sonríe** (línea 48)
   a. ganas dinero   b. tienes suerte
   c. sientes el amor   d. miras una sonrisa
3. **pasar por alto** (línea 57)
   a. omitir   b. incluir   c. comprender   d. parar
4. **darse por vencido** (línea 102)
   a. considerarse afortunada   b. tenerse por diferente
   c. desear el cambio   d. abandonar la esperanza
5. **hecho y derecho** (línea 171)
   a. falso   b. verdadero   c. enfermo   d. saludable
6. **en un santiamén** (línea 184)
   a. con emoción religiosa   b. sin movimiento
   c. fantásticamente   d. rápidamente

Ahora, lea el cuento para aprender algo sobre la lucha de un hombre por vender su imagen en Hollywood.

Los buenos indicios

Fausto Avendaño

Tu nombre completo... Henrique Estrada Díaz, si omites los apellidos inútiles. Eres hijo natural° de un empresario de teatro y de una actriz, antigua
intérprete de la canción española mexicana. Según cuentan, fue una mujer
bella y difícil, pero de indudable talento. Aún te acuerdas de sus triunfantes
5 "jiras"° por España y las Américas...

Lástima que muriera en flor de la juventud, en un accidente automovilís-
tico—¡qué banal! Tú tenías diez años en aquel entonces; si hubiera vivido...°

Pero tú has sabido abrirte camino... sin ninguna ayuda. Te forjaste,° te
moldeaste y te hiciste un hombre de bien. Eso nadie te lo puede quitar. Eres
10 periodista y actor; sobre todo actor... Y de los buenos, aunque este miserable
Hollywood no te lo reconozca. La verdad es que aún no se te ha presentado
la oportunidad que esperas, pero ésta llegará tarde o temprano. ¡Tiene que
llegar!

Todavía luces° joven, todo el mundo te lo dice—cumpliste los treinta y
15 dos el mes pasado—, pero no eres tonto°... Comprendes que no hay tiempo
que perder. Sabes muy bien que es ahora o nunca, antes que aparezcan las
canas,° las arrugas°... o peor, ¡la temida calvicie°! Si vas a llegar a la cúspide,
¡hay que comenzar ahora mismo!

Eres un hombre casado, claro. La vida no se pasa sin compañera... Ella
20 también es actriz, hija de un cantante famoso allá en México. Carmen se llama

Margin glosses:
nacido de padres no casados
viajes profesionales
si... if she had lived
inventaste
pareces
idiota
pelos grises / wrinkles / ausencia de pelo

y es un ejemplo magnífico de nuestra belleza femenina. ¡Qué cutis° aperlado   piel
y suave! ¡Qué ojos castaños! Y el cuerpo: el de una bailarina andaluza! Pero,
vamos, deja de pensar en esas cosas. Tienes el asunto de siempre. Hay que ir
al café de rigor,° el indispensable... donde todo el mundo te conoce y te   **de...** obligatorio
saluda. El lugar donde se reunen los actores... los consagrados° y los que, 25   establecidos
como tú, buscan esa huidiza° oportunidad.   efímera

Al llegar pedirás, como de costumbre, tu agua Perrier y una ensalada de
camarón; después cambiarás la copa reglamentaria de Porto. Tras una ligera
charla en español con el cantinero°—un muchacho de Guadalajara—volverás   *bartender*
a tu coche para emprender° el largo viaje a casa.   30   hacer

Ya se te ha ocurrido que esta rutina es una fatiga... Tal vez lo sea, pero
¿qué remedio? Hay que seguirla. No hay que desviarse del camino... Cuando se
quiere triunfar, cuando se anhela° llegar a lo más alto, no hay sacrificio im-   desea mucho
posible. Hay que estar siempre disponible°... porque la suerte llega sin ningún   libre para las
anuncio. Así les ha pasado a otros... La oferta de empleo les ha caído de re-   35   oportunidades
pente, ¡cuando menos la esperaban!

Ah... si la fortuna te sonriera... Si te diera la oportunidad, como se les dio
a los latinos que han triunfado en el cine, tú serías de los mejores. Sabes que es

posible. Allí están los ejemplos de Raquel Welch, de Eric Estrada (tu tocayo°), de Rita Hayworth, de Fernando Lamas, de Dolores del Río, de Ricardo Mon-
40 talbán, y de sabrá Dios cuántos otros. Con los *stage names* ya no se sabe quiénes son de origen hispano.

persona con el mismo nombre

Hasta ahora no has tenido suerte... Reconócelo. ¿Para qué te vas a engañar? Por una u otra razón te han pasado por alto y escogido a otros. Tienes que ver las cosas tal como son: el papel más grande que desempeñaste° fue el
45 de oficial español en una película de Zorro. Pero, vamos, tampoco no te desalientes.° La suerte tiene que cambiar. Es caprichosa, pero a todos les toca tarde o temprano.

hiciste

pierdas esperanza

Al bajar del automóvil atisbas° un billete... Sí, ¡es un billete! Está entre otros papeles arrollados por el viento contra el poste de un farol°. Te acercas y
50 lo recoges. ¡Es una nota de cien dólares! Está clara la estampa de Benjamín Franklin. Vaya que suerte. Ya te tocaba. No es uno de mil, pero de todos modos no cae mal.

ves

lámpara de la calle

Entras en el restaurante con una sonrisa en los labios y el dueño te saluda de mano con toda cordialidad. Esto de ninguna manera te extraña.° El lo hace
55 siempre. ¿Y por qué no? Eres un tipo agradable, indiscutiblemente guapo y de intachables modales. Claro que te ha de tratar bien. Al fin y al cabo, eres uno de los elementos que contribuye al ambiente del sitio. Tienes el porte° interesante del actor. No es por nada que los turistas te han confundido con Jason Douglas y Frank Cappola.

parece extraño

apariencia

60 Saludas a varios concurrentes,° entre ellos actores y actrices de renombre. Tú no los quieres mal porque ellos por lo menos te respetan. "Henry, ¿cómo estás?" te dicen y te aprietan° la mano. "¿Qué hay de nuevo en tu vida?" Tú ya estás acostumbrado a este trato. Es natural que te estimen y admiren... No hay por qué ser modesto. Sabes muy bien que tienes el don de gente, sobre todo,
65 cuando se trata de mujeres. ¡Qué va! Ya has dejado de contar las aspirantes a actriz° que se mueren por ti. Pero tú has sabido zafarte°... y no tan sólo por serle fiel a tu mujer,° sino porque no estás dispuesto a perder el tiempo. El que anhela el triunfo no se mete con novatas.° Eso no conduce a ningún sitio. Ahora si se interesara por ti una actriz verdadera, claro está que no titu-
70 bearías,° por más que quieres a tu mujer. Hay que reconocer que de esas relaciones salen hechos estrellas luminosos desconocidos hasta sin talento. Ah, si hubiese quién te protegiera°... ¡Qué no harías por conseguir la fama! Claro que no dejarías a tu mujer—seguirías queriéndola como siempre. Tendrías, como bien dicen, un sencillo y discreto *affair*; nada más.

personas que están presentes

estrechan

aspirantes... *would-be actresses* / escaparte / **no...** *not only to be faithful to your wife* / principiantes

vacilarías

si... *if only there were someone to protect you*

75 Te sientas a la mesa habitual y pides tu almuerzo. Mientras esperas, vuelves el pensamiento a tu mujer... Lamentas decirlo, pero las cosas no marchan bien entre tú y ella. El problema está en que tu esposa ya se dio por vencida. Tiene veinte y siete años y dice que quiere una vida normal. Se cansó de los enfadosos° y fríos *auditions* y se puso a trabajar en algo más productivo,
80 según ella. Te rogó que dejaras la ilusión, pero tú... no puedes. Mientras haya una esperanza, por más pequeña que sea... Lo que más te molesta es que tenga un empleo—un buen trabajo, como dice ella... Es secretaria bilingüe y, claro, tiene mejor salario que tú.

frustrantes

Y tú ¿a qué te dedicas? Escribes artículos, cuentos y crónicas para el periódico de lengua hispana. Es cierto que no te pagan bien... pero esa actividad, 85
hay que reconocerlo, te conserva en forma y te permite, sobre todo, un horario
flexible. También, de vez en cuando, te comprometes° a participar en alguna
obrita representada en los teatros regionales. Tampoco te aporta° gran ganancia, pero eso sí, ¡te da vida! El que es actor tiene que ejercer su arte.

te... aceptas

da

El mesero te trae la ensalada y te dispones a comer cuando divisas° a lo 90
lejos el rostro de Jason Douglas... Sí... es él. Tú *le* conoces, aunque ligeramente. Viene acompañado de Elizabeth Woods... Sí, es ella. Parece que se
dirigen° a tu mesa. ¿O te equivocas?

observas

se... vienen hacia

—¡Henry!— te llama Jason. Tú te pones de pie en el acto, como si estuvieras ante la pareja real,° y saludas con tu acostumbrada amabilidad. El actor 95
te habla con animación, mientras tú devoras con los ojos a la mujer. Consideras que ha perdido la lozanía° de la juventud, pero en su lugar encuentras
un bouquet de encantos femeninos engendrados por los años. No cabe duda...
ostenta una gracia delicada que sólo la experiencia de las cosas y el caudel
confieren ¡Qué hembra!° ¡Y qué historia! ¡La pasión ante todo!

como... *as if you
were in front of a
royal couple* /
voluptuosidad

100 mujer

Jason Douglas te presenta y ella te dirige la palabra como si fueras amigo
de mucho tiempo. Te dice que tuvo la ocasión de verte en una película—la de
Zorro—y cree haber percibido harto° talento. Por eso se propuso conocerte
e invitarte a un *soirée* que brindaba al equipo° de su última película. Tú aceptas encantado y ella añade que tendrá el gusto de presentarte a varios de sus 105

mucho

brindaba... daba
en honor de los
participantes

amigos, entre ellos a Jack Marcus, el célebre cineasta. No cabes en ti de contento,° pero disimulas.° Les invitas a un cóctel—al cabo traes el billete de a
cien—pero ellos declinan. Tienen que estar en el *set* dentro de media hora. Se
despiden y, al alejarse,° Jason te guiña el ojo.

110 ¡Qué fortuna! Hoy es el día de la suerte. Ya lo habías oído tantas veces:
cuando las cosas se mejoran y se halla uno al borde de la prosperidad, todo
cambia de golpe,° aun cuando la esperanza haya comenzado a menguar.°

El apetito ya te abandonó, pero allí tienes la ensalada y te pones a comer...
En ese momento llega el *maître de table* y te entrega° el teléfono.— Un tele-
115 fonema° para Ud. Le das las gracias y sonríes satisfecho. Ya estás acostumbrado a este exceso de servicio. Sabes que el dueño lo hace para impresionar
a los turistas. Te pones el auricular° al oído, esperando oir la voz de tu mujer...
pero no, no es ella. Una voz de hombre... ¡Es una llamada de MG Studios! Te
han escogido para uno de los papeles principales junto al actor Jason Douglas,
120 ¡al que acabas de ver! La decisión ha tardado mucho, porque no dependía tan
sólo del director sino de un comité formado para ese efecto. Vieron el video de
tu ensayo°—el que hiciste hace un mes—y creen que tú harás mejor el papel.
Se trata del rival de Douglas (en la película), un personaje que debe ser guapo,
viril y, a la vez, simpático, a pesar de ser el villano.—A la orden—dices; te
125 presentarás en el *set* el lunes a las nueve en punto. Claro está... no faltarás.°
Cuelgas.

¡Qué suerte! Otro indicio... Ahora sí... ¿Qué duda puede haber? Serás un
actor hecho y derecho. Ya está en la suerte... Ha de° ser obra de Elizabeth
Woods. No cabe duda... ¡Ella busca a quien proteger! Se te ocurre llamar a tu
130 mujer. A alguien le tienes que contar tu buena fortuna. Marcas los números
precipitadamente. Ella contesta y te dice que no la llames al trabajo... el jefe ya
se está fijando.° Que se vaya al diablo el jefe, piensas y le dices que tienes una
noticia muy importante. Enseguida desembuchas.° Fuiste escogido para una
gran película con Jason Douglas... Serás el rival. Nada de papellillos de mala
135 muerte.° ¡Es todo un papel! Ella no sabe qué decir. Apenas° lo puede creer.
Nunca pensó que fuera posible. Tú sonríes y le aseguras que es cuestión de
destino. Cuando las puertas se abren, en un santiamén quedan de par en par.°
Le dices que si tú subes, si tú triunfas, ella subirá contigo... Ella está emo-
cionada, pero incrédula° y tú se lo vuelves a aseverar. Esta noche irán a cele-
140 brar tu estrella° en algún restaurante de primera. Tú pagarás, insistes. Para eso
traes con qué. Te despides.

De nuevo te pones a comer la ensalada, pero no te entra la lechuga y los camarones se te atoran en la garganta. Definitivamente careces de apetito. Es
mejor pedir la cuenta y pagarla. Son diez dólares con cincuenta y nueve cen-
145 tavos. Dejas quince y te marchas. Aún te quedan ciento veintitantos en la billetera.° Más que suficiente con buen vino del país. Al salir se te acerca una
aspirante a actriz... Se llama Rachel. Es rubia, un poco narigona,° pero tiene un
cuerpo que asesina.° Te pide que tomes un trago° con ella... Quiere un poco
de compañía. Con toda certitud, necesita desahogarse°... Pobre muchacha. Tú
150 la comprendes. Esto de buscar el camino de la fama no es juego de niños. Te

No... Estás con-
tentísimo / ocultas
tu emoción /
salir

de... en seguida /
bajar

da

llamada telefónica

teléfono

audition

estarás ausente

Ha de... Tiene que

notando
you spill the beans

papelillos... pape-
les insignificantes /
scarcely /
de... completa-
mente abiertas

incapaz de creerlo

buena suerte

cartera

de nariz grande

que... fantástico /
bebida / expresar
sus emociones

disculpas,° pero no puedes... Tal vez mañana. Hoy te han llamado para un   Te... pides perdón
ensayo y no debes demorarte. Lo sientes... Le das un beso en la mejilla y sales
con paso apresurado.°   rápido

Hoy es el día en que empieza de verdad tu carrera de *star*; está en la
suerte, doña Fortuna te sonrío, al fin. ¡Hoy es el mejor día de tu vida!   155

Te acercas al coche... Vas a abrir la puerta del lado del conductor... Pero,
¿qué haces, insensato°? ¿No ves lo que viene?   loco

El camión no pudo parar a tiempo. Los tres testigos° dijeron que la víctima   *witnesses*
andaba medio dormido, con una sonrisa ensimismada,° como en un ensueño.°   distraída / *daydream*
El camionero frenó, pero no pudo evitar el accidente. El golpe lo aventó° a   160 tiró
unos cuatro metros° de distancia. No hubo más. Henry Estrada Díaz murió ins-   *meters*
tantáneamente. Dejó de existir en el mejor día de su vida.

Preguntas

1. ¿Cómo es Carmen, la mujer de Henrique? ¿Qué problemas tienen en su matrimonio?
2. ¿Por qué va Henrique al café?
3. ¿Qué suerte ha tenido Henrique en el cine? ¿Cómo gana el pan?
4. ¿Quiénes son «los famosos» que hablan con él en el café? ¿Qué otro indicio de buena suerte ha tenido esa noche?
5. ¿Qué noticias recibe después?
6. ¿Con quién se encuentra al salir? ¿Cómo trata a esta persona?
7. ¿Qué le pasa a Henrique al final?

Opiniones

Trabaje con dos o tres personas en grupo para contestar las siguientes preguntas. Compare sus respuestas con las de otros grupos.

1. *El modo de vida de Henrique en contraste con el de su mujer.*
   ¿Es necesario vivir como Henrique para abrirse camino? ¿Qué te parece la actitud de Carmen? ¿Es una persona «que se ha dado por vencida»—como piensa su marido—o es una persona realista?
2. *La fidelidad en el matrimonio.*
   ¿Es Henrique fiel a su esposa? Explica.
3. *El triunfo en la vida.*
   Para ti, ¿qué es el triunfo?: ¿la riqueza? ¿la fama? ¿el amor? ¿un buen empleo? ¿hacer algo positivo por la humanidad? ¿Qué piensas de las ambiciones de Henrique? ¿Crees que hay un mensaje en el cuento sobre el precio de la fama?

Investigación: ¿Por qué murió Henrique Estrada Díaz?

Escriba un informe, contestando esta pregunta. Luego, compare su informe con los de sus compañeros de clase. Considere los siguientes hechos como posibles causas de la muerte «accidental» de Henrique:

1. la muerte de su madre
2. sus ambiciones
3. el don de gente que tiene (especialmente con las mujeres)
4. la ensalada de camarones
5. el hallazgo del billete de $100
6. su papel en la película de Zorro
7. su encuentro con los actores famosos
8. los problemas con su mujer
9. la llamada de MG estudios
10. el encuentro con la aspirante a actriz
11. la negligencia del camionero

Selección 2

Anticipación: Las diferencias entre las clases sociales se notan mucho más en Europa y Latinoamérica que en Norteamérica. En la siguiente pieza dramática, el autor chileno Sergio Vodanovic examina las actitudes y los prejuicios que apoyan el sistema de las clases sociales, a través de un personaje común de la sociedad latinoamericana. Este personaje tiene diferentes nombres según la región. En Colombia se llama la *criada*, en México la *muchacha*, en la Argentina y el Uruguay la *mucama*, y en Chile la *empleada*. Por lo general, es una mujer de clase baja que hace el trabajo doméstico en las casas de la gente de la clase media o alta. Está representada por el uniforme que lleva: el delantal blanco.

Antes de leer: Mire el título, la ilustración y las líneas 1–52 de la primera parte de la pieza. Luego, conteste estas preguntas:

1. ¿Quiénes son las dos mujeres sentadas en la playa?
2. ¿Por qué están allí?
3. ¿Cuál de las dos se irrita con la otra? ¿Por qué?

Ahora, lea la primera parte de la pieza para ver el «experimento social» que decide hacer la señora.

El delantal° blanco

apron

Sergio Vodanovic

Primera parte*

La playa
Al fondo, una carpa.°
Frente a ella, sentadas a su sombra, la SEÑORA *y la* EMPLEADA.

tent

---

*Las divisiones de «Primera parte» y «Segunda parte» no existen en el original; están aquí por razones pedagógicas.

La SEÑORA *usa traje de baño y, sobre él, usa un blusón° de toalla blanca.*   blusa larga
Su tez° está tostada. La EMPLEADA *viste su uniforme blanco. La* SEÑORA *es una*   5   cara
mujer de treinta años, pelo claro, rostro atrayente aunque algo duro. La EM-
PLEADA *tiene veinte años, tez blanca, pelo negro, rostro plácido y agradable.*

LA SEÑORA *(Gritando hacia su pequeño hijo, a quien no se ve y que se*
supone está a la orilla del mar, justamente, al borde del escenario.) ¡Alvarito!
¡Alvarito! ¡No le tire arena a la niñita! ¡No le deshaga el castillo° a la niñita!   10   *(sand) castle*
Juegue con ella... Sí, mi hijito... juegue...

LA EMPLEADA Es tan peleador...

LA SEÑORA Salió al padre°... Es inútil corregirlo. Tiene una personalidad   **Salió...** *He takes*
dominante que le viene de su padre, de su abuelo, de su abuela... ¡sobre todo   *after his father*
de su abuela!   15

LA EMPLEADA ¿Vendrá el caballero° mañana?   *gentleman, i.e., your*

LA SEÑORA *(Se encoge de hombros con desgano.°)* No sé! Ya estamos en   *husband /* **Se...** *She*
marzo, todas mis amigas han regresado y Álvaro me tiene todavía aburrién-   *shrugs her shoulders*
dome en la playa. Él dice que quiere que el niño aproveche las vacaciones,   *listlessly*
pero para mí que es él quien está aprovechando. *(Se saca el blusón y se tiende°*   20   **se...** *she lies down*
a tomar sol.) ¡Sol! ¡Sol! Tres meses tomando sol. Estoy intoxicada de sol. *(Mi-*
rando inspectivamente a la EMPLEADA). ¿Qué haces tú para no quemarte°?   *get sunburned*

LA EMPLEADA He salido tan poco de la casa...

LA SEÑORA ¿Y qué querías? Viniste a trabajar, no a veranear.° Estás reci-   *pasar las vacaciones*
biendo sueldo, ¿no?   25

LA EMPLEADA Sí, señora. Yo sólo contestaba su pregunta.

La EMPLEADA *saca de una bolsa una revista de historietas fotografiadas° y*   **revista...** *tipo de re-*
principia a leer.   vista que usa diálo-
    gos y fotografías
    para contar histo-
LA SEÑORA ¿Qué haces?   rias de amor

LA EMPLEADA Leo esta revista.   30

LA SEÑORA ¿La compraste tú?

LA EMPLEADA Sí, señora.

LA SEÑORA No se te paga tan mal, entonces, si puedes comprarte tus revistas ¿eh?

35 *La* EMPLEADA *no contesta y vuelve a mirar la revista.*

que... *let Alvarito be blown apart; let him drown (sarcastically)*

LA SEÑORA ¡Claro! Tú leyendo y que Alvarito reviente, que se ahogue°...

LA EMPLEADA Pero si está jugando con la niñita...

LA SEÑORA Si te traje a la playa es para que vigilaras a Alvarito y no para que te pusieras a leer.

levanta 40 *La* EMPLEADA *deja la revista y se incorpora° para ir donde está Alvarito.*

LA SEÑORA ¡No! Lo puedes vigilar desde aquí. Quédate a mi lado, pero observa al niño. ¿Sabes? Me gusta venir contigo a la playa.

LA EMPLEADA ¿Por qué?

a... *two blocks away* 45
just anybody

LA SEÑORA Bueno... no sé... Será por lo mismo que me gusta venir en el auto, aunque la casa esté a dos cuadras.° Me gusta que vean el auto. Todos los días, hay alguien que se para al lado de él y lo mira y comenta. No cualquiera° tiene un auto como el de nosotros... Dime... ¿Cómo es tu casa?

LA EMPLEADA Yo no tengo casa.

LA SEÑORA Debes haber tenido padres... ¿Eres del campo?

50 LA EMPLEADA Sí.

LA SEÑORA Y tuviste ganas de conocer la ciudad, ¿ah?

LA EMPLEADA No. Me gustaba allá.

LA SEÑORA ¿Por qué te viniste, entonces?

LA EMPLEADA Tenía que trabajar.

No... *Don't give me* 55
tenants / un lote pequeño de tierra

LA SEÑORA No me vengas con° ese cuento. Conozco la vida de los inquilinos° en el campo. Lo pasan bien. Les regalan una cuadra° para que cultiven. Tienen alimentos gratis y hasta les sobra para vender. Algunos tienen hasta sus vaquitas... ¿Tus padres tenían vacas?

LA EMPLEADA Sí, señora. Una.

60 LA SEÑORA ¿Ves? ¿Qué más quieren? ¡Alvarito! ¡No se meta tan allá que puede venir una ola! ¿Qué edad tienes?

LA EMPLEADA ¿Yo?

LA SEÑORA A ti te estoy hablando. No estoy loca para hablar sola.

Ando... Tengo más
o menos 65

LA EMPLEADA Ando en° los veintiuno...

LA SEÑORA ¡Veintiuno! A los veintiuno yo me casé. ¿No has pensado en casarte?

los ojos *La* EMPLEADA *baja la vista° y no contesta.*

LA SEÑORA ¡Las cosas que se me ocurre preguntar! ¿Para qué querrías casarte? En la casa tienes de todo: comida, una buena pieza, delantales

niños 70 limpios... Y si te casaras... ¿Qué es lo que tendrías? Te llenarías de chiquillos,° no más.

LA EMPLEADA *(Como para sí.)* Me gustaría casarme...

LA SEÑORA ¡Tonterías! Cosas que se te ocurren por leer historias de amor en las revistas baratas... Acuérdate de esto: los príncipes azules° ya no existen. Cuando mis padres no me aceptaban un pololo° porque no tenía plata, yo me indignaba, pero llegó Álvaro con sus industrias y sus fundos° y no quedaron contentos hasta que lo casaron conmigo. A mí no me gustaba porque era gordo y tenía la costumbre de sorberse los mocos,° pero después en el matrimonio, uno se acostumbra a todo. Y llega a la conclusión que todo da lo mismo,° salvo° la plata. Sin la plata no somos nada. Yo tengo plata, tú no tienes. Esa es toda la diferencia entre nosotras. ¿No te parece?

> príncipes... *fairytale princes* / novio (en Chile) / haciendas
>
> sorberse... *sniffing*
>
> da... es igual / excepto

LA EMPLEADA Sí, pero...

LA SEÑORA ¡Ah! Lo crees ¿eh? Pero es mentira. Hay algo que es más importante que la plata: la clase. Eso no se compra. Se tiene o no se tiene. Álvaro no tiene clase. Yo sí la tengo. Y podría vivir en una pocilga° y todos se darían cuenta de que soy alguien. Te das cuenta ¿verdad?

> *pigpen*

LA EMPLEADA Sí, señora.

LA SEÑORA A ver... Pásame esta revista. *(La EMPLEADA lo hace. La SEÑORA la hojea.° Mira algo y lanza una carcajada.°)* ¿Y esto lees tú?

> la... *leafs through it* / risa grande

LA EMPLEADA Me entretengo, señora.

LA SEÑORA ¡Qué ridículo! ¡Qué ridículo! Mira a este roto° vestido de smoking.° Cualquiera se da cuenta que está tan incómodo en él como un hipopótamo con faja°... *(Vuelve a mirar en la revista.)* ¡Y es el conde° de Lamarquina! ¡El conde de Lamarquina! A ver... ¿Qué es lo que dice el conde? *(Leyendo.)* «Hija mía, no permitiré jamás que te cases con Roberto. El es un plebeyo.° Recuerda que por nuestras venas corre sangre azul.» ¿Y ésta es la hija del conde?

> hombre de clase baja (en Chile) / *tuxedo* / *girdle* / *Count*
>
> hombre de clase baja

LA EMPLEADA Sí. Se llama María. Es una niña sencilla y buena. Está enamorada de Roberto, que es el jardinero del castillo. El conde no lo permite. Pero... ¿sabe? Yo creo que todo va a terminar bien. Porque en el número° anterior Roberto le dijo a María que no había conocido a sus padres y cuando no se conoce a los padres, es seguro que ellos son gente aristócrata que perdieron al niño de chico o lo secuestraron°...

> *issue*
>
> *kidnapped*

LA SEÑORA ¿Y tú crees todo eso?

LA EMPLEADA Es bonito, señora.

LA SEÑORA ¿Qué es tan bonito?

LA EMPLEADA Que lleguen a pasar cosas así. Que un día cualquiera,° uno sepa que es otra persona, que en vez de ser pobre, se es rica; que en vez de ser nadie, se es alguien, así como dice usted...

> un... *one fine day*

LA SEÑORA Pero no te das cuenta que no puede ser... Mira a la hija... ¿Me has visto a mí alguna vez usando unos aros° así? ¿Has visto a alguna de mis amigas con una cosa tan espantosa? ¿No te das cuenta que una mujer así no puede ser aristócrata?... ¿A ver? ¿Sale fotografiado aquí el jardinero?

> *earrings*

LA EMPLEADA Sí. En los cuadros del final. *(Le muestra en la revista. La SEÑORA ríe encantada.)*

LA SEÑORA ¿Y éste crees tú que puede ser un hijo de aristócrata? ¿Con esa nariz? ¿Con ese pelo? Mira... Imagínate que mañana me rapten° a Alvarito. ¿Crees tú que va a dejar por eso de tener su aire de distinción?

> *kidnap*

LA EMPLEADA ¡Mire, señora! Alvarito le botó el castillo de arena a la niñita

kick

de una patada.°

120 LA SEÑORA ¿Ves? Tiene cuatro años y ya sabe lo que es mandar, lo que es

lo... *what it means
not to care about
others*

no importarle los demás.° Eso no se aprende. Viene en la sangre.

LA EMPLEADA *(Incorporándose.)* Voy a ir a buscarlo.

LA SEÑORA Déjalo. Se está divirtiendo.

La EMPLEADA *se desabrocha el primer botón de su delantal.*

125 LA SEÑORA ¿Tienes calor?

calentando

LA EMPLEADA El sol está picando° fuerte.

LA SEÑORA ¿No tienes traje de baño?

LA EMPLEADA No.

LA SEÑORA ¿No te has puesto nunca traje de baño?

130 LA EMPLEADA ¡Ah, sí!

LA SEÑORA ¿Cuándo?

LA EMPLEADA Antes de emplearme. A veces, los domingos, hacíamos ex-
cursiones a la playa.

LA SEÑORA ¿Y se bañaban?

We rented 135 LA EMPLEADA En la playa grande de Cartagena. Arrendábamos° trajes de
baño y pasábamos todo el día en la playa. Llevábamos de comer y...

LA SEÑORA *(Divertida).* ¿Arrendaban trajes de baño?

LA EMPLEADA Sí. Hay una señora que arrienda en la misma playa.

LA SEÑORA Una vez con Álvaro, nos detuvimos en Cartagena y miramos a

140 la playa. ¡Era tan gracioso! ¡Y esos trajes de baño arrendados! Unos eran tan

hacían... *were
baggy / rear*

grandes que hacían bolsas° por todos los lados y otros quedaban tan chicos
que las mujeres andaban con el traste° afuera. ¿De cuáles arrendabas tú? ¿De
los grandes o de los chicos?

La EMPLEADA *mira al suelo.*

145 LA SEÑORA Debe ser curioso... Mirar el mundo desde un traje de baño
arrendado... o con uniforme de empleada como el que usas tú... Algo parecido
le debe suceder a esta gente que se fotografía para estas historietas: se ponen
smoking o un traje de baile y debe ser diferente la forma como miran a los
demás, como se sienten ellos mismos... Cuando yo me puse mi primer par de

150 medias, el mundo entero cambió para mí. Los demás eran diferentes; yo era
diferente y el único cambio efectivo era que tenía puesto un par de medias...
Dime... ¿Cómo se ve el mundo cuando se está vestida con un delantal blanco?

LA EMPLEADA *(Tímidamente.)* Igual... La arena tiene el mismo color... las
nubes son iguales... Supongo.

155 LA SEÑORA Pero no... Es diferente. Mira. Yo con este traje de baño, con este
blusón de toalla, sé que estoy en «mi lugar», que esto me pertenece... En cambio tú, vestida como empleada sabes que la playa no es tu lugar, que eres
diferente... Y eso, eso te debe hacer ver todo distinto.

LA EMPLEADA No sé.

LA SEÑORA Mira. Se me ha ocurrido algo. Préstame tu delantal.   160
LA EMPLEADA ¿Cómo?
LA SEÑORA Préstame tu delantal.
LA EMPLEADA Pero... ¿Para qué?
LA SEÑORA Quiero ver cómo se ve el mundo, qué apariencia tiene la playa
cuando se la ve encerrada° en un delantal de empleada.   165   *confined*
    LA EMPLEADA ¿Ahora?
    LA SEÑORA Sí, ahora.
    LA EMPLEADA Pero es que... No tengo vestido debajo.
    LA SEÑORA *(Tirándole el blusón.)* Toma... Ponte esto.
    LA EMPLEADA Voy a quedar en calzones°...   170   *underpants*
    LA SEÑORA Es lo suficientemente largo como para cubrirte. *(Se levanta y
obliga a levantarse a la* EMPLEADA.*)* Ya. Métete en la carpa y cámbiate.°   *change clothes*

(Prácticamente obliga a la EMPLEADA *a entrar a la carpa y luego lanza al in-
terior de ella el blusón de toalla. Se dirige al primer plano° y le habla a su hijo.)*   **primer...** *foreground*

LA SEÑORA Alvarito, métase un poco al agua. Mójese las patitas° siquiera...   175   **Mójese...** *Get your
¡Eso es! ¿Ves que es rica el agüita? (Se vuelve hacia la carpa y habla hacia den-   feet wet*
tro de ella.)* ¿Estás lista? *(Entra a la carpa.)*

Comprensión de la lectura (primera parte): La caracterización

En una pieza dramática, el autor nos muestra los caracteres de sus personajes por medio de palabras y acciones. Termine las siguientes frases
sobre los personajes.

1. Vemos que la señora es snob cuando...
2. Se nota que la señora es materialista y cínica cuando...
3. Es evidente que la señora tiene prejuicios porque...
4. Se puede ver que la empleada es idealista porque...

Preguntas (primera parte)

1. ¿Por qué se casó la señora? ¿Qué podemos inferir sobre su matrimonio?
2. ¿Cree usted que la señora está criando bien o mal a su hijo? Explique.
3. ¿De qué trata la historia de la revista? ¿Por qué le gusta a la empleada? ¿Por qué le parece ridícula a la señora?
4. ¿Quién cree usted que sea más feliz: la señora o la empleada?
   ¿Por qué?
5. ¿Por qué quiere la señora intercambiar ropa con su empleada?

Anticipación: Antes de leer la segunda parte de la pieza, piense un momento en la relación que hay entre la ropa que llevamos y nuestras
acciones. ¿Cree usted que la forma de actuar de una persona sería diferente si estuviera vestida con jeans o con traje formal? ¿Cree usted que

las personas nos tratan de manera diferente según la clase de ropa que llevamos?

Antes de leer: Mire las líneas 1–48 y conteste estas preguntas:

1. ¿Qué diferencias se ven en las acciones de la empleada cuando se viste como «señora»?
2. ¿Qué diferencias vemos en las acciones de la señora cuando se viste como «empleada»?

Lea la segunda parte de la pieza para saber qué cambios ocurrirán en la posición social de las dos mujeres.

Segunda parte

Después de un instante, sale la EMPLEADA *vestida con el blusón de toalla. Se ha prendido°* el pelo hacia atrás y su aspecto ya difiere algo de la tímida muchacha que conocemos. Con delicadeza se tiende de bruces° sobre la arena. Sale la* SEÑORA *abotonándose° aún su delantal blanco. Se va a sentar de-*
5 *lante de la* EMPLEADA, *pero vuelve un poco más atrás.*

LA SEÑORA No. Adelante no. Una empleada en la playa se siente siempre un poco más atrás que su patrona.° *(Se sienta y mira, divertida, en todas direcciones.)*

La EMPLEADA *cambia de postura. La* SEÑORA *toma la revista de la* EMPLEADA
10 *y principia a leerla. Al principio, hay una sonrisa irónica en sus labios que desaparece luego al interesarse por la lectura. La* EMPLEADA, *con naturalidad, toma de la bolsa de playa de la* SEÑORA *un frasco° de aceite bronceador° y principia a extenderlo con lentitud por sus piernas. La* SEÑORA *la ve. Intenta una reacción reprobatoria, pero queda desconcertada.*

15 LA SEÑORA ¿Qué haces?

La empleada no contesta. La señora opta por seguir la lectura, vigilando de vez en vez con la vista lo que hace la empleada. Ésta ahora se ha sentado y se mira detenidamente las uñas.°
LA SEÑORA ¿Por qué te miras las uñas?
20 LA EMPLEADA Tengo que arreglármelas.°
LA SEÑORA Nunca te había visto antes mirarte las uñas.
LA EMPLEADA No se me había ocurrido.
LA SEÑORA Este delantal acalora.
LA EMPLEADA Son los mejores y los más durables.
25 LA SEÑORA Lo sé. Yo los compré.
LA EMPLEADA Le queda bien.°
LA SEÑORA *(Divertida.)* Y tú no te ves nada de mal con esa tenida.° *(se ríe.)* Cualquiera se equivocaría. Más de un jovencito te podría hacer la corte°... ¡Sería como para contarlo!°

Glosses (margin):
tied up
de... on her stomach
buttoning
señora
botella / aceite... tanning oil
fingernails
fix them
Le... It fits you well.
outfit / te... could try to court you / Sería... It would make a good story

LA EMPLEADA Alvarito se está metiendo muy adentro. Vaya a vigilarlo.   30

LA SEÑORA *(Se levanta immediatamente y se adelanta.)* ¡Alvarito! ¡Alvarito! No se vaya tan adentro... Puede venir una ola. *(Recapacita° de pronto y se vuelve desconcertada hacia la* EMPLEADA.)   *She reconsiders*

LA SEÑORA ¿Por qué no fuiste tú?

LA EMPLEADA ¿Adónde?   35

LA SEÑORA ¿Por qué me dijiste que yo fuera a vigilar a Alvarito?

LA EMPLEADA *(Con naturalidad.)* Usted lleva el delantal blanco.

LA SEÑORA Te gusta el juego, ¿eh?

Una pelota de goma, impulsada por un niño que juega cerca, ha caído a los pies de la EMPLEADA. *Ella la mira y no hace ningún movimiento. Luego mira*   40 *a la* SEÑORA. *Esta, instintivamente, se dirige a la pelota y la tira en la dirección en que vino. La* EMPLEADA *busca en la bolsa de playa de la* SEÑORA *y se pone sus anteojos para el sol.*

LA SEÑORA *(Molesta.°)* ¿Quién ha autorizado para que uses mis anteojos?   *Irritada*

LA EMPLEADA ¿Cómo se ve la playa vestida con un delantal blanco?   45

LA SEÑORA Es gracioso. ¿Y tú? ¿Cómo ves la playa ahora?

LA EMPLEADA Es gracioso.

LA SEÑORA *(Molesta.)* ¿Dónde está la gracia?

LA EMPLEADA En que no hay diferencia.

LA SEÑORA ¿Cómo?   50

LA EMPLEADA Usted con el delantal blanco es la empleada; yo con este blusón y los anteojos oscuros soy la señora.

LA SEÑORA ¿Cómo?... ¿Cómo te atreves a decir eso?

LA EMPLEADA ¿Se habría molestado en recoger la pelota si no estuviese vestida de empleada?   55

LA SEÑORA Estamos jugando.

LA EMPLEADA ¿Cuándo?

LA SEÑORA Ahora.

LA EMPLEADA ¿Y antes?

LA SEÑORA ¿Antes?   60

LA EMPLEADA Sí. Cuando yo estaba vestida de empleada...

LA SEÑORA Eso no es juego. Es la realidad.

LA EMPLEADA ¿Por qué?

LA SEÑORA Porque sí.°   *Porque... Because it is. / cops and robbers*

LA EMPLEADA Un juego... un juego más largo... como el «pacoladrón».° A   65 unos les corresponde ser «pacos», a otros «ladrones».

LA SEÑORA *(Indignada.)* ¡Usted se está insolentando!°   *becoming insolent*

LA EMPLEADA ¡No me grites! ¡La insolente eres tú!

LA SEÑORA ¿Qué significa eso? ¿Usted me está tuteando?°   *tratando de «tú»*

LA EMPLEADA ¿Y acaso tú no me tratas de tú?   70

LA SEÑORA ¿Yo?

LA EMPLEADA Sí.

LA SEÑORA ¡Basta ya! ¡Se acabó° este juego!   *terminó*

LA EMPLEADA ¡A mí me gusta!

75   LA SEÑORA ¡Se acabó! *Se acerca violentamente a la* EMPLEADA.)

Move back!   LA EMPLEADA *(Firme.)* ¡Retírese!°

La SEÑORA *se detiene sorprendida.*

LA SEÑORA ¿Te has vuelto loca?

LA EMPLEADA Me he vuelto señora.

fire   80   LA SEÑORA Te puedo despedir° en cualquier momento.

LA EMPLEADA *(Explota en grandes carcajadas, como si lo que hubiera oído fuera el chiste más gracioso que jamás ha escuchado.)*

LA SEÑORA ¿Pero de que te ríes?

LA EMPLEADA *(Sin dejar de reír.)* ¡Es tan ridículo!

85   LA SEÑORA ¿Qué? ¿Qué es tan ridículo?

LA EMPLEADA Que me despida... ¡Vestida así! ¿Dónde se ha visto a una empleada despedir a su patrona?

Quítate   LA SEÑORA ¡Sácate° esos anteojos! ¡Sácate el blusón! ¡Son míos!

LA EMPLEADA ¡Vaya a ver al niño!

90   LA SEÑORA Se acabó el juego, te he dicho. O me devuelves mis cosas o te las saco.

LA EMPLEADA ¡Cuidado! No estamos solas en la playa.

LA SEÑORA ¿Y qué hay con eso? ¿Crees que por estar vestida con un uniforme blanco no van a reconocer quién es la empleada y quién la señora?

No... No me grite   95   LA EMPLEADA *(Serena.)* No me levante la voz.°

La SEÑORA *exasperada se lanza sobre la* EMPLEADA *y trata de sacarle el*
a... *by force*   *blusón a viva fuerza.°*

mujer que tiene   LA SEÑORA *(Mientras forceja.)* ¡China!° ¡Ya te voy a enseñar quién soy!
sangre india / en la   ¿Qué te has creído? ¡Te voy a meter presa!°
cárcel

bathers / pelea   100   *Un grupo de bañistas° han acudido al ver la riña.° Dos* JÓVENES, *una* MUCHACHA *y un* SEÑOR *de edad madura y de apariencia muy distinguida. Antes que pueden intervenir, la* EMPLEADA *ya ha dominado la situación manteniendo bien sujeta a la* SEÑORA *contra la arena. Esta sigue gritando ad libitum° expre-*
ad... *libremente /*   *siones como: «rota cochina»°... «ya te la vas a ver con mi marido»°... «te voy*
rota... *filthy scum /*   *a mandar presa»... «esto es el colmo», etcétera, etcétera.*
ya... *you'll have to an-*
swer to my husband   105

UN JOVEN ¿Qué sucede?

EL OTRO JOVEN ¿Es un ataque?

LA JOVENCITA Se volvió loca.

sunstroke   UN JOVEN Puede que sea efecto de una insolación.°

110   EL OTRO JOVEN ¿Podemos ayudarla?

emergency aid   LA EMPLEADA Sí. Por favor. Llévensela. Hay una posta° por aquí cerca...
station

EL OTRO JOVEN Yo soy estudiante de medicina. Le pondremos una inyección para que se duerma por un buen tiempo.

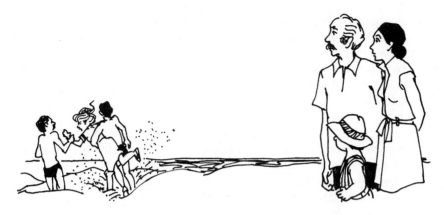

LA SEÑORA ¡Imbéciles! ¡Yo soy la patrona! Me llamo Patricia Hurtado, mi
marido es Álvaro Jiménez, el político...   115

LA JOVENCITA *(Riéndose.)* Cree ser la señora.

UN JOVEN Está loca.

EL OTRO JOVEN Un ataque de histeria.

UN JOVEN Llevémosla.

LE EMPLEADA Yo no los acompaño... Tengo que cuidar a mi hijito... Está ahí 120
bañándose...

LA SEÑORA ¡Es una mentirosa! ¡Nos cambiamos de vestido sólo por jugar!
¡Ni siquiera tiene traje de baño! ¡Debajo del blusón está en calzones!
¡Mírenla!

EL OTRO JOVEN *(Haciéndole un gesto al joven)* ¡Vamos! Tú la tomas por los 125
pies y yo por los brazos.

LA JOVENCITA ¡Qué risa! ¡Dice que está en calzones!

Los dos JÓVENES *toman a la señora y se la llevan, mientras ésta se resiste y
sigue gritando.*

LA SEÑORA ¡Suéltenme! ¡Yo no estoy loca! ¡Es ella! ¡Llamen a Alvarito! ¡Él 130
me reconocerá!

Mutis° de los dos JÓVENES *llevando en peso° a la* SEÑORA. *La* EMPLEADA *se
tiende sobre la arena, como si nada hubiera sucedido, aprontándose° para un
prolongado baño del sol.*

EL CABALLERO DISTINGUIDO ¿Está bien, señora? ¿Puedo serle útil en algo? 135

LA EMPLEADA *(Mira inspectivamente al* SEÑOR DISTINGUIDO *y sonríe con amabilidad.)* Gracias. Estoy bien.

EL CABALLERO DISTINGUIDO Es el símbolo de nuestro tiempo. Nadie parece
darse cuenta, pero a cada rato, en cada momento sucede algo así.

LA EMPLEADA ¿Qué?   140

EL CABALLERO DISTINGUIDO La subversión del orden establecido. Los viejos
quieren ser jóvenes; los jóvenes quieren ser viejos; los pobres quieren ser ricos

Exit / **en...** *in the air*
preparándose

daughter-in-law
slums (literally,
mushroom towns)

y los ricos quieren ser pobres. Sí, señora. Asómbrese usted. También hay ricos que quieren ser pobres. Mi nuera° va todas las tardes a tejer con mujeres de 145 poblaciones callampas.° ¡Y le gusta hacerlo! *(Transición).* ¿Hace mucho tiempo que está con usted?

LA EMPLEADA ¿Quién?

EL CABALLERO DISTINGUIDO Su empleada.

LA EMPLEADA Poco más de un año.

150 EL CABALLERO DISTINGUIDO ¡Y así le paga a usted! ¡Queriéndose hacer pasar por una señora! ¡Como si no se reconociera a primera vista quién es quién! *(Transición.)* ¿Sabe usted por qué suceden estas cosas?

LA EMPLEADA ¿Por qué?

EL CABALLERO DISTINGUIDO *(Con aire misterioso).* El comunismo...

155 LA EMPLEADA ¡Ah!

EL CABALLERO DISTINGUIDO *(Tranquilizador.)* Pero no nos inquietemos. El orden está restablecido. Al final, siempre el orden se restablece... Es un hecho... Sobre eso no hay discusión... *(Transición.)* Ahora, con permiso, señora. Voy a hacer mi footing diario.° Es muy conveniente a mi edad. Para la 160 circulación ¿sabe? Y usted quede tranquila. El sol es el mejor sedante. *(Ceremoniosamente.)* A sus órdenes, señora. Y no sea muy dura con su empleada, después que se haya tranquilizado... Después de todo... Tal vez tengamos algo de culpa nosotros mismos... ¿Quién puede decirlo? *(El caballero distinguido hace mutis.)*

Voy... I'm going to
take my daily jog

165 La EMPLEADA *cambia de posición. Se tiende de espaldas para recibir sol en la cara. De pronto se acuerda de Alvarito. Mira hacia donde él está.*

LA EMPLEADA ¡Alvarito! ¡Cuidado con sentarse en esa roca! Eso es, corra por la arenita... Eso es, mi hijito...

cariño
curtain 170

(Y mientras la EMPLEADA *mira con ternura° y delectación maternal cómo Alvarito juega a la orilla del mar se cierra lentamente el telón.°)*

Comprensión de la lectura (segunda parte): Leer con precisión

Busque los siguientes puntos en la lectura. Luego diga si cada frase es verdadera o falsa y corrija las frases falsas.

1. _____ La señora cree que su empleada se ve vulgar y ridícula al vestirse con la nueva ropa.
2. _____ La señora se indigna porque la empleada le dice que hay una gran diferencia entre el «juego» y la realidad.
3. _____ La empleada se ríe cuando la señora le dice que va a despedirla.
4. _____ La señora ataca a la empleada y la domina fácilmente.
5. _____ Los otros bañistas no creen la historia de la señora porque ella lleva el delantal blanco.

Preguntas (segunda parte)

1. ¿Cómo reacciona cada mujer al «juego»?
2. ¿En qué momento deja la señora de tutear a su empleada? ¿Qué hace la empleada entonces? ¿Cómo se podría traducir esta parte de la pieza al inglés?
3. ¿Qué hacen los otros bañistas para ayudar a la empleada?
4. ¿Quién regresa para hablar con la empleada y por qué? ¿Cómo interpreta él lo que ha pasado?

Opiniones

1. Para usted, ¿cuál es punto central de la pieza? ¿Cree usted que el propósito del autor era divertir o enseñar?
2. ¿Cree usted que hay diferencias de clase en nuestra sociedad, y que hay también ropa u objetos que las simbolizan? Explique.

Composición dirigida: El acto final

Imagine usted un acto final para la pieza *El delantal blanco*. Descríbalo en tres párrafos, explicando qué les pasa a cada uno de los tres personajes: a la empleada, a la señora, y a Alvarito.

Interpretación del dibujo

Según su opinión, ¿qué visión del mundo presenta el famoso dibujante español, Antonio Mingote, en este dibujo?

PISCINA

Capítulo 11

DIVERSAS CARAS DEL HUMOR

Vocabulario preliminar

Estudie las palabras y expresiones en negrilla para usarlas en este capítulo. Observe las ilustraciones y conteste las preguntas.

El sentido del humor y sus efectos

la broma, el chiste algo cómico o ridículo **estar de broma** hablar o actuar de una manera que no es seria: *¡Hombre, no lo tomes mal! Estoy de broma.* **gastar bromas** hacer algo para engañar a otra persona de manera ridídula: **contar chistes** relatar historias cómicas.

la burla chiste o broma que ridiculiza algo o a alguien **burlarse de** poner algo o a alguien en ridículo.

la censura crítica acerca de la conducta de alguien; prohibición por las autoridades de la publicación o representación de una obra.

chistoso(a), gracioso(a) cómico, humorístico.

hacer gracia (a uno) parecerle cómico o humorístico: *Sus chistes me hacen gracia.*

tener gracia ser cómico o humorístico.

el relajamiento descanso, reducción de la tensión muscular o emocional **relajarse** descansar completamente

la risa expresión de alegría con la contracción de los músculos de la cara y una expiración ruidosa: *Después de la broma hubo mucha risa.*

Variaciones humorísticas

grosero(a) vulgar, sin delicadeza, ofensivo, *¡Caramba, ese chiste es grosero! Es de mal gusto.*

la ironía burla que da a entender lo contrario de lo que se dice: *«¡Ah, qué puntualidad!», me dijo con ironía cuando llegué tarde;* característica de una situación que tiene resultados opuestos a lo que se espera, *¡Qué ironía! El jefe de la policía fue robado.* **irónico** lleno de ironía

meter la pata cometer un error que hace que otras personas se sientan incómodas, *¡Metí la pata cuando le hablé mal de Juan a Marta sin saber que él era su esposo!*

la sátira historia o dibujo que critica algo o a alguien de manera humorística

tiras cómicas serie de pequeños dibujos que presentan una historia o parte de ella. (En algunos países hispanos usan también las palabras **historietas** o **caricaturas.**)

tomarle el pelo a alguien burlarse de alguien con palabras o acciones: *Paco siempre le toma el pelo a su hermanita.*

Reacciones humorísticas a situaciones imposibles

¡Esto es el colmo!   expresión de desesperación para indicar que lo que pasa es el grado máximo de la locura.
¡No faltaba más!   expresión irónica para indicar que lo que pasa es la peor posibilidad
¡No tiene ni pies ni cabeza! expresión de confusión para indicar que lo que pasa es absurdo

Sinónimos

Dé sinónimos, o palabras o expresiones similares, a las siguientes palabras o expresiones. (En algunos casos hay más de una posibilidad.)

1. gracioso
2. broma
3. prohibición autoritaria
4. vulgar
5. descansar totalmente
6. poner a alguien en ridículo
7. las historietas o caricaturas
8. relatar historias cómicas
9. Me parece cómico.
10. No hablo en serio.
11. Es absurdo.
12. hacer un error inoportuno

Antónimos

Dé antónimos, o palabras o expresiones contrarias, a las siguientes palabras y expresiones. (En algunos casos hay más de una posibilidad.)

1. serio
2. tensión
3. correcto, digno
4. libertad de prensa
5. quejas y lamentaciones
6. Es fácil de comprender.

Comentarios

Mire estos dibujos cómicos. ¿Qué comentario puede usted hacer sobre cada uno?

Enfoque del tema

La risa hispana

¿Existe una forma del humor que sea «típicamente hispana»? No hay respuesta definitiva a esta pregunta. Ciertas personas afirman que los chistes no pueden ser traducidos. Otras personas opinan que básicamente el humor, como la música, es una forma de comunicación universal. Lo que sí es cierto,° es que si no fuera por el humor, la vida sería muy aburrida.

Lo... *What is indeed true* 5

La sátira

La sátira es una forma del humor muy popular tanto en Estados Unidos y Canadá como en el mundo hispano. La sátira es un cuento o dibujo divertido que pone en ridículo a ciertas personas o costumbres bien conocidas en la sociedad.

10

La intención del satírico° es divertir y, a la vez, reformar. Ataca vicios, abusos, defectos de carácter o, simplemente, pretensiones sociales, y por medio de la burla hace que el público se ría de sus propios errores. El popular refrán° español lo explica bien: *Riendo se va aprendiendo.*

persona que hace sátiras

proverbio

15

Un tema común de la sátira es la política. Con frecuencia el satírico emplea la exageración para hacer un ataque personal. Por ejemplo, todos hemos visto caricaturas que exageran los peores rasgos físicos y morales de los políticos: una nariz enorme, unos dientes protuberantes, cierto aire pomposo o arrogante, etcétera. La ironía, la técnica de dar a entender° exactamente lo contrario de lo que se dice, es también un arma eficaz del satírico.

20

dar... insinuar

Otros temas tradicionales de la sátira son las costumbres sociales, la moralidad, y, desde luego, la eterna batalla entre los sexos.

Dos satíricos españoles que se burlan de la sociedad moderna   25
en sus graciosas tiras cómicas son José Luis Martín Zabala y Antonio Mingote.

Los cambios y conflictos de Quico, «el progre°»

hombre progresivo

Quico, el personaje principal de las tiras de José Luis Martín Zabala, es un señor cómico que representa muchos de los cambios y conflictos de la España contemporánea. Padre, marido, profesional, integrante de la clase media, es un hombre de mediana edad°   30
que tiene buenas intenciones, pero muchas veces mete la pata. Por eso, quizás, es fácil que los lectores se identifiquen con él.

de... *middle-aged*

Quico encarna los cambios que han ocurrido en la familia española. Un padre soltero° cuya esposa lo ha dejado por otro, Quico   35
gasta la mayor parte de su tiempo o luchando por criar° bien a sus dos hijos o luchando por *ligar°* con mujeres en los bares. Ninguna de las dos actividades le resulta fácil. Sus hijos son precoces y muy adeptos con la tecnología. Desconciertan a su papá con la sofisticación de sus ideas aprendidas de la televisión. Quico desea compañía, pero generalmente es rechazado por las mujeres y solo de   40
vez en cuando acierta. A pesar de todo, la vida familiar y social de Quico no carece° de gracia y diversión.

padre... *single father*
educar
get a date

falta

QUICO   J.L.Martín

El ambiente profesional representado en la tira es muy competetivo y muy influido por las modas norteamericanas. Quico trabaja como diseñador° y tiene amigos en varias profesiones   45
diferentes. Su amigo Julio vive por ganar el dinero, y no se preocupa por los problemas sociales. Pertenece al *Club de ejecutivos agresivos* adonde va para charlar sobre el dinero y los problemas de salud padecidos por los negociantes: infartos,° úlceras, ataques   50
cardíacos, y, sobre todo, el estrés. Quico, en su juventud, era «progre» (es decir, idealista y progresista) y ahora él y varios de sus amigos están un poco desilusionados con la realidad cotidiana° donde abundan los problemas: embotellamientos de tráfico, contaminación, atracos,° droga, paro,° pobreza.   55

designer

strokes

diaria

robos / desempleo

QUICO   J.L.Martín

QUICO   J.L.Martín

QUICO   J.L.Martín

QUICO   J.L.Martín

Quico tiene defectos. Es gordo. Tiene «michelines°» y trata sin   *Fat rolls (love handles)*
éxito de bajar de peso.° Fuma mucho y trata de dejar el cigarrillo,   **de...** *to lose weight*
también sin éxito, mientras sufre ataques constantes en la oficina
por parte de los anti-fumadores. Es desordenado y se preocupa
todo el tiempo porque le falta dinero para pagar las cuentas de sus   60
tarjetas de crédito.

Más que nada, se ve que Quico, como persona, se siente
insuficiente e incapaz en sus varios papeles. En este aspecto es
representativo de muchos de sus coetáneos°. En una sociedad   contemporáneos
donde la marcha tecnológica galopa, mucha gente se siente   65   inadecuado
insuficiente°. Por eso se divierte leyendo las tiras y pensando: «Ese
Quico es aun peor que yo... ¡Es el colmo!»

La visión graciosa y crítica de Antonio Mingote

Por más de treinta años, los chistes dibujados° de Antonio Min-   **chistes...** cartoons
gote han sido una verdadera institución en España. Mingote em-
pezó a trabajar en la revista humorística *La Codorniz* en 1946.   70
Luego, a partir de 1953, un dibujo suyo aparece diariamente en el
periódico madrileño *ABC,* deleitando° a la gente con su fina sátira.   dando gusto
En 1987, Mingote fue nombrado miembro de la Real Academia
Española, el primer dibujante que ha recibido este honor.

por Mingote

—Te agradezco, papá, que te preocupe mi educación sexual, pero en tu lección de
hoy he encontrado las siguientes inexactitudes...

por Mingote

—Aquí somos muy demócratas y queremos tener por lo menos un representante en cada partido político, pero para eso nos hacen falta ciento ocho vecinos más.

por Mingote

—Y si eres bueno, a la hora de merendar te leeré los discursos de la Conferencia Mundial de la Alimentación.

A pesar de la censura que había durante el largo régimen del 75
dictador militar Francisco Franco (1939–76), los dibujos de Mingote lograron burlarse, con bastante impunidad, de todo y de
todos. Irónicamente, la censura parece haber ayudado a la tarea
satírica, como se señala en un artículo de la revista *Cambio 16:*
«Contra Franco se reía mejor». Mingote mismo ha confirmado que 80
en la situación actual de libertad «el humor político pierde fuerza».
El decano° del humorismo español explica: «... era un humor más   *dean*
apreciado, pues había que hacerlo mediante alusiones, o por sobren-
tendidos,° y la gente encontraba en él incluso lo que no había.»   *referencias indirectas*
    Además de la política, los dibujos de Mingote critican, pero 85
siempre con gracia, las debilidades humanas: las pretensiones de
la burguesía,° la arrogancia de los intelectuales, la hipocresía de   *clase media*
ciertas personas religiosas, etcétera. En conjunto su trabajo nos
ofrece «una interpretación humorística de la realidad». A continuación presentamos tres de sus dibujos sobre diversos temas.

Explicación de términos

Explique usted el significado de los siguientes términos.

1. la sátira
2. la ironía
3. la caricatura política
4. la censura

Preguntas

1. ¿Cree usted que existe una forma del humor «típicamente norteamericana»? Explique.
2. ¿Quién es Quico? ¿Qué representa?
3. ¿Cómo es su familia? ¿Cómo son sus amigos?
4. ¿Qué defectos tiene Quico?
5. ¿Quén es Antonio Mingote? ¿De qué debilidades humanas se burla
   Mingote?
6. ¿Por qué era más fácil el uso de la sátira durante la dictadura militar de Franco que ahora?

Opiniones

1. ¿Cuál de las selecciones de *Quico* presentadas aquí le hace a usted
   más gracia? ¿Por qué?
2. Según su opinión, ¿de qué se burla Mingote en cada uno de los tres
   dibujos cómicos?
3. ¿Qué tiras cómicas norteamericanas o canadienses presentan una
   crítica de la sociedad? ¿Qué tira cómica le gusta más a usted?
   ¿Por qué?

Selección 1

Anticipación: El siguiente artículo ha sido tomado de la sección «Ideas para su negocio», de la revista interamericana *Visión*. El artículo no es humorístico; es un artículo *sobre* el humor, específicamente sobre la importancia del humor en los negocios.

Antes de leer: Piense un momento en el tema. ¿Qué relación cree usted que pueda existir entre el humor y una cosa tan seria como los negocios?

Mire el título, la foto y las líneas 1–14. Conteste estas preguntas.

1. ¿Qué elemento del ambiente es más importante que el aspecto físico, según el autor?
2. Según su opinión, ¿a quiénes está dirigido el artículo: a los empleados o a los jefes? ¿Por qué cree usted esto?

Lea el artículo para saber más sobre el papel del humor en el mundo de los negocios.

Ideas para su negocio: El sentido del humor

lo... what concerns

close

el... which 5

útil

tools 10

*E*l ambiente es un elemento importantísimo por lo que respecta a° la productividad y al comportamiento del personal en cualquier lugar de trabajo. Y cuando hablamos de ambiente, no nos referimos sólo al aspecto físico del sitio donde un grupo de personas trabaja en estrecha° colaboración. No, hay otro elemento sin el cual° el más funcional ambiente resultará triste, deprimente y hasta sórdido: nos referimos a la cordialidad de quienes componen el grupo, particularmente los jefes.

*E*n otras palabras, el sentido del humor es tan imprescindible para el desarrollo de una proficua° labor, como el mantenimiento de las maquinarias, el contar con las herramientas° adecuadas, etcétera.

*C*ualquier hombre con mando° de personal sufrirá una inevitable pérdida de prestigio entre los subordinados si pretende imponer una seriedad excesiva en las relaciones del grupo que dirige, por temor a un relajamiento de la disciplina.

autoridad

*«C*omprendí la importancia del sentido del humor—dice un experto en 15 relaciones humanas—, cuando en mi juventud tuve que trabajar en una empresa donde había una total falta de éste por parte de la gerencia. Era una atmósfera muy deprimente y pronto comprendí que faltaba algo esencial, debido a° que todos tomaban las cosas con tanta seriedad. Pocas veces escuché a alguien reírse durante mi permanencia en ese lugar, que 20 no fue mucha, porque se me hacía insoportable trabajar en esas condiciones.»

debido a... a causa de

*E*l humorismo es también valioso, porque puede tener efectos fisiológicos extremadamente saludables. Alivia el *stress* y el aburrimiento; aplaca las tendencias agresivas y tiene efectos positivos sobre los pulmones y la 25 circulación de la sangre.

*I*ncluso, existen ahora estudios—realizados en los Estados Unidos—demostrativos de que los efectos positivos del humorismo son mensurables.° En ellos se afirma que «el humor—y la risa que lo acompaña—poseen un marcado valor terapéutico.» Si tiene alguna duda al respecto,° se agrega, 30 piense en la última vez que vio una película graciosa o fue capaz de relajarse y reír durante diez o quince minutos en compañía de algunos amigos. ¿No es verdad que se sintió maravillosamente bien después de ello?

capaces de calcularse

al... sobre esto

*L*a risa sirve para relajarlo y, cuando esto sucede en el trabajo, relajará toda la atmósfera del lugar donde usted se encuentra, permitiendo un 35 mejor desempeño° suyo y de los demás.

actuación en el trabajo

ice

Una forma de estimular el humor productivo en el trabajo es «romper el hielo°», como primera cosa por la mañana. Llegue y hable de algo gracioso sucedido la tarde anterior o durante el fin de semana. Haga que sus
40 empleados se sientan cómodos conversándoles de algo informal y alegre. *U*sted no necesita llevar una lista de chistes todos los días. Lo importante es que sea capaz de abrir la puerta para que sus empleados se sientan en libertad de bromear, para que adquieren conciencia de que el trabajo puede y debe ser una actividad realizada con alegría y no como si
punishment 45 fuera un castigo.°

so-called

*¿D*ebe usted permitir, entonces, cualquier clase de humorismo entre sus empleados? Por supuesto que no. Mucho del llamado° humorismo es totalmente inapropiado. Le corresponde a usted, como gerente, reorientar o cortar de raíz esta clase de «humorismo». El no hacerlo puede dañar
50 a la gente, al departamento como un todo y hacer que usted pierda el respeto de los empleados si tolera bromas groseras o crueles.

*¿C*uándo es inapropiado el humorismo? Las situaciones disciplinarias son un ejemplo. En la mayoría de los casos tal clase de humorismo puede distraer la atención de importantes asuntos que se estén tratando.

cruel / disguised

55 *P*ero el peor tipo de humorismo inapropiado es el que se hace con el propósito de herir u ofender. La burla sangrienta° o el insulto disfrazado° de broma inocente contra individuos o grupos es algo que nunca debe tolerarse.

*S*i usted acepta el humorismo y comprende toda la importancia psi-
60 cológica y práctica que el mismo tiene, habrá abierto un nuevo campo de
subordinados expresión espiritual para usted y sus subalternos° y, simultáneamente, creará un ambiente de trabajo en el cual todo será más fácil y productivo.

de *Visión*, una revista interamericana

Identificación de la idea principal

Escriba en una o dos oraciones la idea principal del artículo.

_____

_____

Preguntas

1. ¿Qué experiencia de la juventud del experto en relaciones humanas le demostró la necesidad del humor en el trabajo?
2. ¿Qué efectos positivos tiene el humorismo para la salud?
3. Según las recomendaciones del artículo, ¿cómo puede un jefe «romper el hielo» por la mañana?
4. ¿Qué tipo de chistes o bromas no deben tolerarse? ¿Por qué?
5. ¿Cuándo es inapropiado el humorismo en el trabajo?

Vocabulario: Transformación de adjetivos o verbos en sustantivos

Cambie los siguientes verbos y adjetivos a sustantivos *(nouns)*. Todos los sustantivos aparecen en el artículo.

MODELO Los obreros *colaboran* bien en esta fábrica; el jefe
está orgulloso de su ***colaboración.***

1. Es difícil *mantener* una atmósfera cordial, pero es tan importante
como el _____ de las máquinas y herramientas.
2. Si un jefe *pierde* su sentido del humor, también sufrirá una
_____ de prestigio entre los subordinados.
3. La risa sirve para *relajar* a la gente, y este _____ es muy
saludable.
4. Todo el mundo piensa *permanecer* en esa compañía. ¿Crees que tu
_____ allí va a ser larga?
5. La gerente de nuestro departamento es muy *seria,* pero su
_____ no impide que tenga sentido del humor.
6. ¡Este trabajo es tan *aburrido*! ¡Menos mal! El _____ me esti-
mula a volver a la universidad para terminar mis estudios.

Opiniones

1. ¿Cuándo fue la última vez que usted fue capaz de relajarse y reír
mucho?
2. ¿Qué piensa usted de la referencia al jefe como «cualquier *hombre*
con mando de personal» (línea 11)? ¿Le parece a usted sexista esta
manera de hablar o no? Explique.
3. En su opinión, ¿quiénes son más eficaces como gerentes, los hombres o las mujeres? ¿Por qué?

Selección 2

Anticipación: Una forma común del humor es la historia de un personaje que posee un defecto personal en grado excesivo. Especialmente
popular es la historia del Torpe, la persona que siempre se equivoca y
mete la pata. Es frecuente que ese prototipo se asocie con la gente de
cierta región o nacionalidad, y las mismas historias circulan por muchas
partes, aplicadas a diferentes grupos según el lugar. Si no se cuentan con
mucho tacto, estos chistes pueden resultar ofensivos. Por eso, muchas
personas cuentan chistes que aluden solamente al grupo al que ellas mismas pertenecen.

Tal es el caso de José Milla, un autor guatemalteco del siglo pasado,
quien escribió un cuento cómico sobre el Chapín, prototipo de un
guatemalteco común, con sus virtudes e imperfecciones. Pero el prototipo
no necesita ser parte de ningún grupo; puede pertenecer a toda la raza humana. En otros cuentos divertidos, Milla se burla del Egoísta y del Condescendiente. La lectura que sigue es un cuento sobre un prototipo gracioso
y universal: el Indeciso, la persona que no sabe tomar una decisión.

Antes de leer: El cuento está dividido en cinco secciones numeradas. Mire
el título, la ilustración y la primera frase de cada sección. Luego, conteste
estas preguntas:

1. ¿Cómo se llama el personaje principal?
2. ¿Qué secciones tratan los siguientes aspectos de su vida? (Ponga el número de cada sección en el espacio apropiado.)

sus amores   _____
una descripción general de su carácter   _____
su enfermedad   _____
sus negocios y actividades   _____
su boda   _____

Ahora tiene usted una idea general de los incidentes del cuento. Léalo para ver los problemas humorísticos que puede tener una persona indecisa.

El indeciso

José Milla

I

Conocí yo a un caballero° que podía pasar por el prototipo del indeciso. Se llamaba don Calixto La Romana; era hombre de algún talento y de carácter amable y bondadoso.° Su defecto, y defecto muy grave, era la indecisión. Lo encontraba uno en la calle y lo saludaba con la fórmula acostumbrada, pre-
5 guntándole por su salud.

—Así, así—contestaba La Romana—, ni bien ni mal. Tengo mis días buenos y mis días malos.

—¿Va usted a tomar la Calle Real?—preguntaba el amigo. Nos iremos juntos.
10 Don Calixto no se movía del sitio; reflexionaba y decía:

—Pensé, efectivamente, tomar esa calle; pero creo que tal vez será mejor que vaya yo por la del Comercio; aunque bien visto,° quizá debo ir por la otra—.

El amigo se fastidiaba y se iba, dejando al indeciso plantado en medio de
15 las cuatros esquinas.°

II

Don Calixto era rico. Había heredado una fortuna, pero no sabía qué hacer con ella.

—¿Qué le parece a usted?—preguntó un día a un hombre de negocios—, ¿qué me aconseja? He pensado alguna vez emplear mis fondos en la agricul-
20 tura; pero eso es muy expuesto.° ¿Casas? Muy bueno fuera eso, si no hubiera inquilinos° que no pagan, las destruyen y tal vez se llevan° hasta las llaves.

—Lo que usted debe hacer—le dijo al fin uno de tantos°—, es prescindir de todo negocio y comerse sus fondos.°

Y así lo hizo don Calixto.

(marginal glosses:)

gentleman

bueno y generoso

bien... *on second thought /*

plantado... *stuck in the middle of the four corners*

risky

tenants / **se...** *roban*

uno... *one of many*

comerse... *live off your money*

Don Calixto fue Diputado. Como su inteligencia era clara y su instrucción 25
extensa, no hablaba mal. Sus discursos presentaban siempre con mucha habilidad el pro y el contra de todas las cuestiones; pero no concluían en nada, y
cuando volvía a su asiento, preguntaba el auditorio qué opinaba don Calixto y
nadie acertaba a° responderlo.

   A la hora de votar hacía un movimiento como de balanza,° que dejaba 30
perplejos a los secretarios, no sabiendo si aquel señor representante estaba en
pie o sentado. Si la votación era nominal° y tenía que decir *si* o *no,* evitaba el
conflicto alegando que estaba impedido de votar, por interés personal, por
parentesco, o por cualquier otra razón. El caso era no decidirse.

acertaba... podía
*scales (up and
down)*
de palabra

III

Don Calixto tenía unos amores. Cuando yo lo conocí llevaba veinte años de 35
cortejar° a una niña Prudencia, a quien no venía mal el nombre;° pues mostró
poseer aquella virtud en grado heroico. Por supuesto era celoso como un
moro. Estaba en su carácter. Un hombre que dudaba de todo, ¿cómo no había
de dudar de su novia? De ésas dudan hasta los que no suelen dudar° de nada.

   —La Prudencia es excelente—me dijo un día—; quiero decir—añadió—, 40
que es excelente en lo general; pero como mujer que es, tiene grandes defectos, y bien vista es insoportable. Es muy buena moza;° aunque la cara no es de
lo mejor y el cuerpo un poco flaco y sin aire; pero eso no hace el caso. Al fin
he de casarme con ella; pero no sé cuándo será. El negocio es arduo.° No
puedo asegurar que a ella y a mí nos convenga este matrimonio. Nuestros 45
genios° no convienen y no podríamos vivir dos horas juntos sin arañarnos.°

   Sin embargo, hacía veinte años que don Calixto vivía cosido con° doña
Prudencia. La visitaba desde las nueve de la mañana hasta las tres de la tarde.
Iba a su casa, comía a toda prisa y volvía a la de la novia, donde permanecía
hasta las ocho de la noche. Salía a cenar y se instalaba donde vivía doña Pru- 50
dencia hasta las doce. A esa hora se constituía en el balcón en coloquio con la
dama hasta las dos o tres de la mañana. Así vivió durante veinte años aquel par
de tórtolas,° ¡y sin embargo decía don Calixto que, en casándose, no podrían
permanecer dos horas en paz!

   Pasaron todavía otros cinco años, hasta que un día la familia de doña Pru- 55
dencia, viendo que la muchacha había cumplido ya sus cuarenta abriles,° acordó
decir al amartelado° que era preciso o herrar o quitar el banco.° Don Calixto
pidió plazos° para pensarlo; dijo que el asunto era muy serio, y que él no podía
decidirse así, de sopetón.° Le concedieron tres días. En ellos cambió tres mil veces
de resolución, y por último, armándose de todo valor, tomó el sombrero y se pre- 60
sentó a la familia con aire muy grave.

   —Estoy decidido—dijo—, a casarme dentro de un mes... quiero decir, si
en este plazo no se atraviesa° algún obstáculo insuperable. Creo, supongo,
sospecho, que todo podrá arreglarse satisfactoriamente, a menos que...

   La familia le cortó la palabra y aceptó el compromiso.° Salieron a dar parte 65
a media ciudad para evitar que don Calixto se echara atrás° y a los dos días la
gran noticia era el tema de todas las conversaciones.

courting / **a...**que
tenía un nombre
apropiado

hasta... *even
those who don't
usually doubt*

buena... atractiva

difícil

temperamentos /
scratching each other /
cosido... *sewn to (i.e.,
always near)*

turtle doves

años

enamorado / **o...** *shoe
(the horse) or leave the
bench /* extensiones
de tiempo / inmedi-
atamente

se... interviene

engagement

se... *would back out*

—¿Con que al fin se casa usted?—dije a don Calixto, la primera vez que lo encontré en la calle.

70   —Sí, mi amigo—me contestó—; voy a casarme. Al menos estoy muy inclinado a tomar ese partido. Es probable que lo haga. ¿Quién sabe? El hombre propone y...° ya usted me entiende. ¡Cómo la cosa es tan ardua! En fin, si no me caso, como muy bien puede suceder, no será por culpa mía. Hasta luego.

El... parte de un refrán: «El hombre propone, y Dios dispone».

—¡Pobre doña Prudencia!—dije yo—; ¿en qué parará esto?

IV

regalos

75   Continuaron los preparativos para la boda. Don Calixto envió las donas;° ricas, pero adecuadas a su carácter. Los colores de los trajes eran dudosos. Predominaba el tornasol° y el gris. Los cortes no rigurosamente a la moda; pero tampoco podía decirse que fuesen de hechura antigua.° Las alhajas° ni de muy buen gusto ni chocantes.° Nadie pudo pronunciar un juicio° exacto sobre

color que cambia con la luz / old-fashioned / joyas de mal gusto / opinión

80   aquellos regalos.

Don Calixto eligió la hora. Quiso casarse a las seis de la tarde; entre oscuro y claro. Reunidos parientes y amigos, cura,° testigos° y sacristán, se presentó el novio. Llegó el momento en que el párroco hizo la pregunta de ordenanza. Doña Prudencia contestó con un *sí* firme y sonoro. Pasó a don

sacerdote / witnesses

85   Calixto.

—¿Recibe usted por esposa y mujer a la señora doña Prudencia Mataseca, que está presente?

El hombre comenzó a temblar y no contestaba. Repitió el cura la pregunta, don Calixto sudaba° de congoja° y al fin contestó en voz muy baja.

sweated / angustia

engaged

90   —Pues..., en efecto, yo estoy comprometido°..., venía resuelto..., pero el caso es arduo. Quiero casarme, pero por ahora...

El cura lo requirió formalmente a que dijera sí o no, y entonces, haciendo un gran esfuerzo, dijo:

—Por ahora no. Después es muy probable que...

La infeliz Prudencia, que desde la primera respuesta de La Romana se 95
había puesto pálida como un difunto, al oír la segunda cayó con un patatús.° *fit*
Los parientes estaban hechos unos demonios y hablaban de matar a don Ca-
lixto. El cura se marchó, los convidados° nos escurrimos° en seguida y don *invitados / slipped away*
Calixto salió bastante corrido° y cubriéndose la cara con el sombrero. *incómodo*

Es fácil calcular el escándalo que causó aquella aventura en la ciudad. 100
Don Calixto tuvo que esconderse durante un mes, pues todos afeaban° su con- *criticaban*
ducta y cada cual aseguraba que si con su hija o con su hermana hubiera
pasado el lance,° el tal hombre no habría contado el cuento.° **no...** *would not have lived to tell about it*

Pero a los cuarenta días, el suceso estaba olvidado y sólo se recordaba de
cuando en cuando, no ya con indignación, sino con burla. Y lo más curioso 105
del caso era que culpaban menos a don Calixto que a la novia y su familia.

V

Don Calixto quiso volver a las andadas.° Escribió, envió mensajes, pero **volver...** *go back to his old tricks*
doña Prudencia tuvo lo suficiente para no volver a hacerle caso, lo mandó no-
ramala° y no pensó más en casarse. El golpe fue rudo para aquel hombre ex- **lo...** *she sent him away with her bad wishes*
traño, que no se decidía a casarse y que sin embargo no podía vivir sin 110
aquellas relaciones. Cuando perdió toda esperanza, no comía, no dormía y
una enfermedad muy seria comenzó a minarlo.° Llamó a un médico que lo *consumirlo*
asistió tres días. No le pareció bien, y fue a otro. Lo despidió a poco y así fue
repasando toda la Facultad. El mal se agravó y por último el enfermo entró en
agonía. Estuvo una semana luchando entre la vida y la muerte y al séptimo ex- 115
piró. Por la noche fuimos a conducir el cadáver a una iglesia. Trataron de po-
nerlo en el ataúd;° pero... ¡Oh sorpresa! Los cabellos se nos erizaron;° los *coffin /* **Los...** *Our hair stood on end*
asistentes estábamos más muertos que el difunto. éste se incorporó y se sentó
en la mesa donde estaba tendido. Abrió los ojos y exclamó:

—Me han creído muerto. El caso es grave. No se resuelve uno a morir así 120
como quiera.° Es necesario pensarlo mucho;—y no dijo más. **así...** *just like that*

Había sido un síncope° con las apariencias de la muerte. Lo llevaron a la *fainting fit*
cama, lo asistieron y al mes estaba en la calle bueno y sano.

Tal era mi amigo don Calixto La Romana.

Comprensión de la lectura: Acciones y motivos

Termine cada oración con la frase correspondiente para explicar el motivo de algunas de las acciones que pasan en el cuento.

1. La familia habló del compromiso a todo el mundo porque...   _____ así correspondía al carácter indeciso del novio.
2. La ropa para la boda era de color gris y de corte mediano porque...   _____ le era imposible vivir sin su novia.

3. Don Calixto eligió casarse
a las seis de la tarde
porque...

_____ quería evitar que el
novio cambiara de
opinión.

4. Don Calixto se enfermó y
«murió» porque...

_____ entonces no está ni
claro ni oscuro.

Preguntas

1. ¿Cómo era don Calixto La Romana?
2. ¿Qué pasaba cuando un amigo lo encontraba en la calle?
3. En su trabajo como Diputado, ¿qué programas e ideas defendía? ¿Cree usted que realmente hay políticos como él?
4. ¿Cuantos años llevaba don Calixto cortejando a Prudencia? ¿Qué opinión tenía de ella?
5. ¿Qué pasó para que don Calixto decidiera por fin casarse?
6. ¿Por qué no salió bien la boda? ¿Cómo reaccionó la gente al principio? ¿y después? ¿Cómo explica usted este curioso cambio de actitud?
7. ¿Qué pasó al final? ¿Por qué es muy apropiada esta conclusión?

Por / para

Subraye la palabra apropiada en cada frase.

1. Conocí yo a un caballero que podía pasar (por / para) el prototipo del indeciso.
2. Tal vez será mejor que regrese yo (por / para) la calle del Comercio.
3. Evitaba el conflicto alegando que estaba impedido de votar (por / para) interés personal.
4. Don Calixto pidió plazos (por / para) pensarlo.
5. En fin, si no me caso, no será (por / para) culpa mía.
6. Salieron a dar parte a media ciudad (por / para) evitar que don Calixto se echara atrás.
7. Continuaron los preparativos (por / para) la boda.
8. Prudencia tuvo lo suficiente (por / para) no volver a hacerle caso.
9. El golpe fue rudo (por / para) aquel hombre extraño.
10. (Por / Para) la noche fuimos a conducir el cadáver a una iglesia.

De don Calixto y los prototipos

Discuta usted las siguientes preguntas con un(a) compañero(a) y esté preparado(a) para dar a la clase un resumen de sus opiniones.

1. ¿Qué piensas de Don Calixto? ¿Existen realmente personas como él?
2. Para ti ¿qué parte del cuento es la más graciosa? ¿Por qué?
3. En tu opinión, ¿es ofensivo usar prototipos en el humor? ¿Por qué sí o no?

—¡Extraordinario! ¡Ya casi piensa como un ser humano...!

4. ¿Qué prototipos son populares ahora en los chistes, anuncios comerciales, programas de la tele y películas? ¿Cuales son las diferencias entre los prototipos femeninos y masculinos? Explique.

Composición dirigida: la descripción de un prototipo

Escriba usted una breve descripción de una persona que parece ser el prototipo de cierta característica humana, por ejemplo: la pereza, el optimismo, la arrogancia, la falta de puntualidad, etcétera. Diga primero cuál es la peculiaridad que esta persona posee en grado excesivo; luego, dé algunos ejemplos para ilustrarla.

Capítulo 12

LA IMAGINACIÓN CREADORA

Vocabulario preliminar

Estudie las palabras y expresiones en negrilla para usarlas en este capítulo. Luego, conteste las preguntas.

La expresión literaria

el género   tipo o clase de literatura: *el género dramático, género poético*

la obra   una producción artística o literaria: *El autor publicó sus obras completas.*

Algunos géneros

el cuento, la historia   narración o relato breve

el ensayo   obra literaria que consiste en reflexiones sobre un sujeto determinado: *Escribió un ensayo sobre la amistad.*

la novela   narración ficticia y extensa en prosa

el poema   obra en verso

la poesía   arte de componer obras en verso, obra poética

la pieza dramática   obra literaria que se escribe para ser presentada en el teatro

el verso   la línea de poesía: *Su poema tiene cuatro versos.*

Escritores y escritoras

el (la) cuentista   persona que escribe cuentos

el (la) dramaturgo(a) persona que escribe piezas dramáticas

el (la) ensayista   persona que escribe ensayos

el (la) novelista   persona que escribe novelas

el poeta   hombre que escribe poemas

la poetisa   mujer que escribe poemas

La creación literaria

la búsqueda   la acción de buscar algo: *La búsqueda de la verdad era el motivo de su vida.*

crear   producir algo de la nada, inventar

creador(a)   que tiene el efecto de crear algo: *Es una persona muy creadora.*

la habilidad creadora; el genio inventivo capacidad de crear*

el estilo   (en el sentido literario) modo de escribir característico de un autor o de una autora:

el tema   asunto o materia sobre el cual se habla, se escribe o se realiza una obra artística

---

*Los anglicismos **creativo** y **creatividad** no se consideran palabras válidas en español, pero aparecen en la prensa y están ganando en popularidad.

¿Cómo se llaman...?

¿Cómo se llama el hombre que escribe en cada uno de los siguientes géneros? ¿y la mujer?

1. cuentos
2. poemas
3. piezas dramáticas
4. novelas
5. ensayos

Identificaciones

¿Puede usted identificar a algunas de las siguientes figuras de la literatura mundial?

> MODELO **Sylvia Plath** *Fue una poetisa norteamericana de este siglo que escribió muchos poemas sobre la muerte.*

1. Mark Twain
2. Dostoyevski
3. Margaret Atwood
4. Simone de Beauvoir
5. Mario Vargas Llosa
6. Sappho
7. Miguel de Cervantes
8. Shakespeare
9. Ralph Waldo Emerson
10. Anne Rice

Enfoque del tema

La tradición literaria en España y Latinoamérica

La literatura de España es una de las grandes literaturas de Europa. Empezando con el *Poema de Mío Cid* del siglo XII hasta la actualidad, España ha contribuido a la cultura mundial con un gran número de obras importantes.

La primera novela moderna

Quizá el más conocido de los autores españoles sea Miguel de Cervantes. Era un humilde escritor, soldado y cobrador de impuestos° del siglo XVI que empezó a escribir su obra maestra, *Don Quijote de la Mancha*, en la prisión donde se encontraba por no poder pagar sus deudas.

Cervantes nunca soñó que algún día iba a ser famoso por ese libro, que empezó a escribir como una simple sátira de los «libros de caballerías»° tan populares en su tiempo. Pero los dos personajes principales, Don Quijote y Sancho Panza, llegaron a ser arquetipos que han servido como inspiración creadora a un número incontable de artistas y escritores posteriores.

Don Quijote era un viejo hidalgo° muy pobre que, para escaparse de la triste realidad, pasaba sus días y noches leyendo

cobrador... tax collector

libros... chivalric novels

hombre de la aristocracia

libros de caballería. Leyó tanto que se volvió loco. Ya no podía separar la realidad de la fantasía que leía en las novelas. Llegó a pensar que tenía una santa misión: hacerse caballero andante° y transformar al mundo. Convenció a su vecino Sancho Panza que le sirviera de escudero,° y así salieron los dos a buscar aventuras...

Todo el mundo ha oído que Cervantes creó estos personajes— el loco idealista y el campesino simple y práctico—con el objeto de criticar los abusos de la sociedad, valiéndose de situaciones cómicas. A través de los siglos, estos personajes han aparecido en óperas, estatuas, pinturas, piezas dramáticas, películas, libros de psicología, etcétera. Pero lo que mucha gente no sabe es que los críticos suelen clasificar esta obra de Cervantes como la «primera novela moderna» del mundo.

Características tales como el lenguaje que cambia según el personaje, el desarrollo del carácter de los personajes y el tema de la persona desequilibrada° que se confunde entre la fantasía y la realidad, aparecen en las novelas escritas por los grandes novelistas posteriores, desde Dostoyevski, Flaubert y Dickens hasta los escritores de hoy.

Otro personaje clásico

Naturalmente, otros personajes han salido de las páginas de la literatura española para cobrar vida trascendente; como por ejemplo, el notorio Don Juan, el seductor por excelencia. Éste fue creado en el siglo XVI por el sacerdote y dramaturgo Tirso de Molina en su famosa pieza *El burlador° de Sevilla*.

Don Juan, arrogante señor de la alta nobleza, se divierte seduciendo a las mujeres, desafiando° todas las reglas de la sociedad. Como personaje, Don Juan aparece después como *Don Giovanni* en la ópera de Mozart y en muchas otras obras de distinto género.

El florecimiento literario en el siglo XX

A partir del siglo XX, a pesar de las interrupciones de origen político, España ha experimentado nuevamente un auge° literario. Ha atraído la atención internacional un gran número de poetas de primera categoría, como Juan Ramón Jiménez (Premio Nóbel, 1956), Federico García Lorca, Jorge Guillén, Pedro Salinas, Rafael Alberti, Vicente Aleixandre (Premio Nóbel, 1977). Antonio Machado, cuya obra está representada en este capítulo por dos poemas, también forma parte de este grupo. Se han destacado también varios novelistas y cuentistas, como Carmen Laforet, Camilo José Cela (Premio Nóbel, 1989), Rosa Montero y Soledad Puertolas.

caballero... *knight errant / squire*

loca

joking seducer

defying

momento de grandes éxitos

La literatura latinoamericana

Durante siglos, las obras de América Latina permanecieron al margen de la literatura mundial, y, excepto por unas pocas, eran 60 desconocidas internacionalmente. Las causas de este aislamiento eran varias: la turbulencia política, la geografía y las rivalidades nacionales, entre otras. A fines del siglo XIX surgió el *modernismo,* un movimiento literario que buscaba la expresión refinada y artística por medio del énfasis en lo sensorial. Inspirado en la literatura 65 contemporánea de Francia, el modernismo influyó principalmente en los géneros de la poesía y del cuento en Latinoamérica y llegó a influir también en España. Los modernistas escribían en un estilo exquisito que trataba de deleitar los cinco sentidos° con sonidos *senses* melódicos y descripciones de perfumes aromáticos, piedras exóti- 70 cas, manjares° deliciosos y figuras u objetos bellos. El resultado comidas fue una renovación temática y estilística del lenguaje. En este capítulo se presentan dos poemas del nicaragüense Rubén Darío, uno de los máximos exponentes del modernismo.

El siglo XX

En el siglo XX han aparecido numerosas obras de resonancia 75 mundial, muchas de las cuales se han traducido al inglés y a otros idiomas.

Como resultado de su aislamiento, los escritores latinoamericanos empezaron a describir las costumbres de su país y a analizar el «carácter nacional». Así nació el *criollismo,* un movimiento que 80 produjo muchas obras valiosas caracterizadas por su énfasis en lo criollo.° Esta tendencia introspectiva aún continúa, y en este capí- lo...la cultura y las tulo está representada por la selección de Octavio Paz, tomada de costumbres del país su célebre libro *El laberinto de la soledad*° en el cual se analiza y *loneliness* define el carácter del pueblo mexicano. 85

Tradicionalmente la poesía ocupa un lugar de mayor importancia en América Latina que en el mundo de habla inglesa. Los latinoamericanos escuchan al poeta como a la voz de su pueblo que expresa sus ansias° y esperanzas. Poetas y poetisas de muchos preocupaciones países han ganado gran renombre, desde la mexicana Sor Juana 90 Inez de la Cruz en los tiempos coloniales, a César Vallejo de Perú, Pablo Neruda de Chile (Premio Nóbel de 1972) y Octavio Paz de México (Premio Nóbel, 1990) en nuestros tiempos.

El *cosmopolitismo* es otra corriente literaria importante en Latinoamérica. En contraste directo con el criollismo, el cos- 95 mopolitismo busca su inspiración en lo internacional, pero esta búsqueda ha dejado de ser una imitación para convertirse en una auténtica visión creadora. Uno de sus mejores exponentes fue el escritor argentino, Jorge Luis Borges, cuyos intrincados cuentos tratan una variedad de temas filosóficos, históricos y psicológicos. 100

El *boom* y el realismo mágico

105

110

Durante la década de los sesenta, en Latinoamérica occurrió un fenómeno literario que los críticos han comparado con una explosión, llamándolo el *boom*. La publicación de un gran número de obras de alta calidad enfocó la atención internacional de una manera sin precedente en autores como Julio Cortázar de Argentina, Mario Vargas Llosa de Perú, y muchos otros. Entre las muchas novelas del *boom*, la que mayor sensación ha causado es, sin duda, *Cien años de soledad*, del colombiano Gabriel García Márquez (premio Nóbel, 1982). Un episodio de esta novela está incluido en este capítulo.

115

Cien años de soledad cuenta la historia completa de un pueblo imaginario, Macondo, desde su fundación en medio de la selva hasta su trágica destrucción un siglo más tarde. Al mismo tiempo, narra a través de seis generaciones, las diversas aventuras de una familia, los Buendía. Macondo representa el microcosmos de Latinoamérica, con sus tradicionales problemas económicos, políticos y sociales.

lugares...
commonplaces

120

llamada por primera vez

Estos problemas habían sido lugares comunes° en la copiosa literatura de protesta social, pero García Márquez los trata con una técnica diferente, mezclando e intercambiando realidad y fantasía, historia y mito. Algunos críticos opinan que esta técnica, bautizada° *el realismo mágico* por el crítico alemán Franz Roh, es la mejor manera de captar la compleja y casi increíble realidad de América Latina.

125

130

Otros ejemplos de la técnica del realismo mágico son las novelas de la autora chilena Isabel Allende, cuya obra está representada en este capítulo y la novela reciente *Como agua para el chocolate* de la autora mexicana, Laura Esquivel. Las novelas y los cuentos de García Márquez, de Allende y de Esquivel han tenido gran éxito mundialmente y se venden en traducción en muchas librerías de Estados Unidos y Canadá. La antigua visión de don Quijote—del mundo como una mezcla de realidad y fantasía—continúa vigente en estas transformaciones literarias.

Comprensión de la lectura:
Identificación de obras y movimientos literarios

Identifique las siguientes obras y los movimientos literarios, y explique su importancia para el desarrollo de la literatura.

1. *Don Quijote de la Mancha*
2. *El burlador de Sevilla*
3. el criollismo
4. el modernismo
5. el cosmopolitismo
6. el realismo mágico

Preguntas

1. ¿Quiénes son algunos de los poetas españoles famosos?
2. ¿Por qué antes del siglo XX no eran muy bien conocidas internacionalmente las obras literarias de América Latina?
3. ¿Cómo es la situación del poeta en Latinoamérica? ¿Conoce usted el nombre de algún poeta popular norteamericano?
4. ¿Qué fue el *boom*?
5. ¿De qué trata la novela *Cien años de soledad*?
6. ¿Ha leído usted (en traducción o en español) algún libro escrito por un español o un latinoamericano? ¿Ha vista una película basada en tal libro? Explique.

Opiniones

1. ¿Qué tipo de novela o cuento prefiere usted? ¿Le gustan las novelas de ciencia ficción o no? ¿Por qué?
2. Se ha dicho que en el futuro la gente va a dejar de leer libros para pasar todo el tiempo libre viendo televisión o películas. ¿Cree usted que esto pasará o no? Explique.

El ensayo

Anticipación: El autor del siguiente ensayo es Octavio Paz, un poeta y cuentista mexicano cuyas obras han sido traducidas al inglés y a muchos otros idiomas. Paz, quien recibió el Premio Nóbel en 1990, es muy conocido como pensador y ensayista. Un ejemplo de esta clase de literatura es su libro *El laberinto de la soledad*, considerado por muchos una obra maestra de la sociología. El libro es un penetrante análisis de la psicología mexicana. En la siguiente selección del libro, el autor describe uno de los aspectos más fascinantes del carácter nacional: «el arte de la Fiesta». El tipo de fiesta que se describe aquí no se realiza entre la clase media ni la clase alta de México. Se refiere más bien a las celebraciones de las clases populares donde Paz busca el alma de su pueblo.

Antes de leer: Lea las líneas 1–28, y conteste estas preguntas:

1. ¿Por qué podemos llamar la fiesta mexicana «un espectáculo»?
2. ¿Qué hace el pueblo entero, durante ciertos días del año, en honor de la Virgen de Guadalupe o del General Zaragoza?
3. ¿Por qué cree usted que estas fiestas son muy diferentes a las fiestas norteamericanas?

Lea la selección para saber más sobre las fiestas de México.

La fiesta mexicana

Octavio Paz

El... mexicano ama las fiestas y las reuniones públicas. Todo es ocasión para reunirse. Cualquier pretexto es bueno para interrumpir la marcha del tiempo y celebrar con festejos y ceremonias hombres y acontecimientos. Somos un pueblo ritual. El arte de la Fiesta, envilecido en casi todas partes, se conserva
5 intacto entre nosotros. En pocos lugares del mundo se puede vivir un espectáculo parecido al de las grandes fiestas religiosas de México, con sus colores violentos, agrios y puros, sus danzas, ceremonias, fuegos de artificio, trajes insólitos° y la inagotable° cascada de sorpresas de los frutos, dulces y objetos que se venden esos días en plazas y mercados.

10 Nuestro calendario está poblado de fiestas. Ciertos días, lo mismo en los lugarejos° más apartados que en las grandes ciudades, el país entero reza, grita, come, se emborracha y mata en honor de la Virgen de Guadalupe o del General Zaragoza. Cado año, el 15 de septiembre* a las once de la noche, en todas las plazas de México celebramos la Fiesta de Grito; y una multitud
15 enardecida efectivamente grita por espacio de una hora, quizá para callar mejor el resto del año. Durante los días que preceden y suceden al 12 de diciembre, el tiempo suspende su carrera, hace un alto° y en lugar de empujarnos hacia un mañana siempre inalcanzable° y mentiroso, nos ofrece un presente redondo y perfecto, de danza y juerga,° de comunión y comilona°
20 con lo más antiguo y secreto de México.

Pero no bastan las fiestas que ofrecen a todo el país la Iglesia y la República. La vida de cada ciudad y de cada pueblo está regida por un santo, al que se festeja con devoción y regularidad. Los barrios y los gremios° tienen también sus fiestas anuales, sus ceremonias y sus ferias. Y, en fin, cada uno de
25 nosotros—ateos, católicos o indiferentes—poseemos nuestro Santo, al que cada año honramos. Son incalculables las fiestas que celebramos y los recursos y el tiempo que gastamos en festejar. Recuerdo que hace años pregunté al Presidente municipal de un poblado: «¿A cuánto ascienden los ingresos del Municipio° por contribuciones?» «A unos tres mil pesos anuales. Somos muy
30 pobres. Por eso el señor Gobernador y la Federación nos ayudan a completar nuestros gastos.» «¿Y en qué utilizan esos tres mil pesos?» «Pues casi todo en fiestas, señor. Chico como lo ve, el pueblo tiene dos Santos Patrones.»

Esa respuesta no es asombrosa. Nuestra pobreza puede medirse por el número y suntuosidad de las fiestas populares. Los países ricos tienen pocas:
35 no hay tiempo, ni humor. Y no son necesarias; las gentes tienen otras cosas que hacer y cuando se divierten lo hacen en grupos pequeños. Pero un pobre mexicano, ¿cómo podría vivir sin esas dos o tres fiestas anuales que lo com-

Glosses (margin):
extraordinarios / infinita
pueblos pequeños
pausa
imposible de obtener / *carousing* / comer mucho
asociaciones
¿A... *How much does the municipal income amount to*

*Mexican Independence Day honoring the **Grito de Dolores,** 1810, when Hidalgo, a priest from Dolores, led the Indians in an abortive revolt under the battle cry (**el grito**) of home rule, racial equality, and land for peasants.

pensan de su estrechez y de su miseria? Las fiestas son nuestro único lujo; ellas sustituyen, acaso con ventaja, al teatro y a las vacaciones, al «weekend» y al «cocktail party» de los sajones, a las recepciones de la burguesía y al café de los mediterráneos. 40

En ciertas fiestas desaparece la noción misma de Orden. El caos regresa y reina la licencia.° Todo se permite: desaparecen las jerarquías° habituales, las distinciones sociales, los sexos, las clases, los gremios. Los hombres se disfrazan° de mujeres, los señores de esclavos, los pobres de ricos. Se ridiculiza al ejército, al clero, a la magistratura. Gobiernan los niños o los locos. El amor se 45 vuelve promiscuo. Se violan reglamentos, hábitos, costumbres. El individuo respetable arroja° su máscara de carne y la ropa oscura que lo aísla y, vestido de colorines, se esconde en una careta,° que lo libera de sí mismo.

° abuso de la libertad / clasificaciones

° se... se ponen ropa

° throws off
° máscara

Así pues, la Fiesta no es solamente un exceso, un desperdicio ritual de los bienes penosamente acumulados durante todo el año; también es una re- 50 vuelta, una súbita inmersión en lo informe,° en la vida pura. A través de la Fiesta la sociedad se libera de las normas que se ha impuesto. Se burla de sus dioses, de sus principios y de sus leyes: se niega a sí misma.

° lo... formlessness

El grupo sale purificado y fortalecido de ese baño de caos. Es una ver- 55 dadera re-creación, al contrario de lo que ocurre con las vacaciones modernas, que no entrañan rito o ceremonia alguna, individuales y estériles como el mundo que las ha inventado.

de *El laberinto de la soledad*

Comprensión de la lectura: Leer con precisión

Busque los siguientes puntos en la lectura. Luego, diga si cada frase es verdadera o falsa y corrija las frases falsas.

1. _____ El 15 de septiembre los mexicanos celebran la Fiesta del Grito.
2. _____ Las únicas fiestas que se celebran en México son las que ofrecen la República y la Iglesia.
3. _____ Solamente los católicos festejan el día de su Santo cada año.
4. _____ Según el autor, en ciertas fiestas la idea misma del Orden desaparece.

Preguntas

1. ¿Cuál es la actitud del mexicano hacia las fiestas?
2. ¿En qué utiliza sus ingresos el poblado que menciona el autor? ¿Qué piensa usted de esto?
3. ¿Son más numerosas las fiestas en los países pobres o en los ricos? ¿Por qué?
4. ¿Por qué es la fiesta mexicana una liberación?

5. ¿Cuál es el sentido original de la palabra **recreo** *(recreation)*? Según el autor, ¿por qué es más apropiada esta palabra para las fiestas mexicanas que para las vacaciones modernas?

Sinónimos

Después de cada número escriba la letra del sinónimo apropiado.

1. _____ celebrar   a. pequeño
2. _____ danza   b. reunir
3. _____ máscara   c. festejar
4. _____ congregar d. insólito
5. _____ extraordinario e. careta
6. _____ chico   f. baile

Antónimos

Despues de cada numero escribe la letra del antónimo apropiado.

1. _____ público   a. futuro
2. _____ gritar   b. caos
3. _____ pasado   c. privado
4. _____ lujo   d. callar
5. _____ orden   e. pobre
6. _____ rico   f. necesidad

Opiniones

1. Y usted, ¿qué hace cuando necesita liberarse de sus tensiones?
2. ¿Prefiere usted las fiestas grandes o pequeñas? ¿Por qué?
3. Octavio Paz es famoso como ensayista y también como poeta. ¿Qué secciones del ensayo anterior son poéticas para usted?

La poesía

Anticipación: La literatura española y latinoamericana incluye un gran número de poetas y poetisas excelentes. A continuación, se presentan en orden cronológico selecciones de cuatro exponentes importantes de la poesía: dos hombres y dos mujeres, dos de España y dos de Latinoamérica. Lea Ud. los poemas en voz alta y trate de indentificar las ideas y emociones importantes de cada uno.

Rosalía de Castro, española [gallega] (1836–1885)

Galicia, una provincia en el noroeste de España es una región de origen céltico. Las tristes canciones acompañadas por gaitas *(bagpipes)*, el paisaje verde y lluvioso y el aspecto de la gente con sus

ojos azules hacen pensar en Irlanda o Escocia. En Galicia se apre-
cia mucho la poesía, y el gran orgullo de la región es la poesía de   5
Rosalía de Castro. Rosalía nació en la antigua ciudad de Santiago
de Compostela. Era hija natural de una dama de familia muy
noble y de padre desconocido. Cuando tenía diecinueve años fue a
Madrid donde publicó poemas en el idioma gallego, y se casó con
un escritor. Un año antes de su muerte, publicó un libro de poesía   10
en castellano, del cual se toman los siguientes poemas.

No obstante la aparente normalidad de su vida, su poesía expresa una profunda tristeza y angustia espiritual. Se caracteriza
también por una gran sensibilidad hacia la naturaleza. En su
región natal, sus poemas han llegado a ser tan conocidos que   15
muchas veces se confunden con las canciones populares de la tradición folklórica.

Dicen que no hablan
las plantas

Dicen que no hablan las plantas, ni las fuentes, ni los pájaros,
ni la onda° con sus rumores, ni con su brillo los astros,°   *ola / estrellas*
lo dicen, pero no es cierto, pues siempre cuando yo paso
de mí murmuran y exclaman:
          —Ahí va la loca, soñando   5
con la eterna primavera de la vida y de los campos,
y ya bien pronto, bien pronto, tendrá los cabellos canos,°   **cabellos...** pelo gris
y ve temblando, aterida, que cubre la escarcha° el prado.°   *frost / meadow*

pelos grises   Hay canas° en mi cabeza, hay en los prados escarcha,
10   mas yo prosigo soñando, pobre, incurable sonámbula,
extingue   con la eterna primavera de la vida que se apaga°
y la perenne frescura de los campos y las almas,
secan / queman   aunque los unos se agostan° y aunque las otras se abrasan.°

Astros y fuentes y flores, no murmuréis de mis sueños:
15   sin ellos, ¿cómo admiraros, ni cómo vivir sin ellos?

Yo no sé lo que busco eternamente...

Yo no sé lo que busco eternamente
en la tierra, en el aire y en el cielo;
yo no sé lo que busco; pero es algo
que perdí no sé cuándo y que no encuentro,
5   aun cuando sueñe que invisible habita
en todo cuanto toco y cuanto veo.
¡Felicidad, no he de volver a hallarte
en la tierra, en el aire, ni en el cielo,
aun cuando sé que existes
10   y no eres vano sueño!

Rubén Darío, nicaragüense (1867–1916)

Rubén Darío fue un niño precoz que escribió sus primeros versos a los trece años; a los quince, hizo el primero de los muchos viajes que iban a caracterizar su vida. Su vida personal fue tumultuosa e irregular y sus últimos años tristes, pero su dedicación a la belleza
5   y a la poesía fue la constante de su existencia. Leyó mucho y fue muy influido por la literatura española, y por la literatura francesa contemporánea. Publicó su primer libro, *Azul* en 1888 en Chile y fue inmediatamente elogiado. Pasó la mayor parte de su vida en varios países de Latinoamérica y Europa, trabajando como diplo-
10   mático y periodista.

La gran importancia de Darío para la literatura española se basa en su papel como líder del movimiento que se llama *el modernismo*. Los modernistas buscaban la expresión artística, la musicalidad y la descripción extravagante y sensorial. Sin embargo,
15   hacia el final de su vida, Darío empezó a interesarse más en temas políticos y filosóficos.

Mía

Mía: así te llamas.
¿Qué más harmonía?
Mía: luz del día;
Mía: rosas, llamas.
¡Qué aromas derramas   5
en el alma mía,
si sé que me amas,
oh Mía!, ¡oh Mía!
Tu sexo fundiste
con mi sexo fuerte,   10
fundiendo dos bronces.
Yo, triste; tú triste...
¿No has de ser, entonces,
Mía hasta la muerte?

Lo fatal

Dichoso° el árbol que es apenas sensitivo,   afortunado
y más la piedra dura, porque ésa ya no siente,
pues no hay dolor más grande que el dolor de ser vivo,
 ni mayor pesadumbre° que la vida consciente.   aflicción

camino	5

Ser, y no saber nada, y ser sin rumbo° cierto,
y el temor de haber sido y un futuro terror...

horror

y el espanto° seguro de estar mañana muerto,
y sufrir por la vida y por la sombra y por
                lo que no conocemos y apenas sospechamos,

bunches of grapes   10

y la carne que tienta con sus frescos racimos,°

decoraciones
de flores

y la tumba que aguarda con sus fúnebres ramos,°
y no saber adónde vamos, ¡ni de dónde venimos...!

Antonio Machado, español (1875–1939)

La vida de Antonio Machado fue sencilla y modesta. Trabajó como profesor de francés, estudiante de filosofía, poeta y dramaturgo. A la edad de treinta y cinco, se casó con Leonor, una joven de quince años, la cual murió inesperadamente tres años más tarde. Este golpe trágico le sumió en un profundo dolor y fue la inspiración de muchos de sus poemas. Durante la Guerra Civil, Machado apoyó a los republicanos y compuso versos melódicos a favor de la causa, los que pronto se convirtieron en canciones populares. Tras la victoria de Franco, el poeta se fue a Francia, en exilio voluntario, donde murió poco después.

Los temas de Machado son, entre otros, el amor, la belleza natural, la búsqueda de Dios, los problemas sociales, la angustia de la vida y las imágenes que aparecen en nuestros sueños. Sus poemas suelen ser filosóficos y meditativos, y muchos de ellos se han convertido en la letra de canciones grabadas en discos y cintas por cantantes populares, como Joan Manuel Serrat.

Amada, el aura dice

Amada, el aura° dice   brisa
tu pura veste° blanca...   ropa
No te verán mis ojos;
¡mi corazón te aguarda!°   espera
El viento me ha traído   5
tu nombre en la mañana;
el eco de tus pasos
repite la montaña...
No te verán mis ojos;
¡mi corazón te aguarda!   10
En las sombrías torres
repican° las campanas...   *ring*
No te verán mis ojos;
¡mi corazón te aguarda!
Los golpes del martillo°   15   *hammer*
dicen la negra caja;°   *box (coffin)*
y el sitio de la fosa°   *tumba*
los golpes de la azada°...   *spade*
No te verán mis ojos;
¡mi corazón te aguarda!   20

Anoche soñé que oía

Anoche soñé que oía
a Dios, gritándome: ¡Alerta!
Luego era Dios quien dormía,
y yo gritaba: ¡Despierta!

Alfonsina Storni, argentina (1892–1938)

Alfonsina Storni, hija de inmigrantes suizos, tuvo una niñez bastante difícil por la pobreza de su familia y el alcoholismo de su
padre. Después de trabajar brevemente como actriz, se recibió
como maestra de primaria. Enseñó un solo año en un pueblo del
cual se fue porque estaba en estado de maternidad tras una aven-   5
tura con un hombre casado. Se trasladó a Buenos Aires donde
nació su hijo. Al principio, Alfonsina trabajó como cajera en em-
pleos humildes, y tenía que ocultar la existencia de su hijo natural
por la presión del «qué dirán» que podía haberle costado el trabajo.
Pero después ganó fama como poetisa y dramaturga, y trabajó   10
como periodista y en otros puestos.

Liberal y franca, Alfonsina frecuentó varios círculos literarios, recibió premios por sus poemas, hizo dos viajes a Europa y dio varias conferencias. Sin embargo, sufría de depresiones y más tarde de cáncer. A la edad de cuarenta y seis años, sabiendo que tenía una enfermedad incurable, se suicidó, tirándose al mar.

15

Cuadros y ángulos

in a row (or lined up)

Casas enfiladas,° casas enfiladas,
casas enfiladas,

squares

cuadrados,° cuadrados, cuadrados.
Casas enfiladas.

5

Las gentes ya tienen el alma cuadrada,
ideas en fila
y ángulo en la espalda.

llorado
a square one

Yo misma he vertido° ayer una lágrima,
Dios mío, cuadrada.°

Hombre

Hombre, yo quiero que mi mal comprendas;
hombre, yo quiero que me des dulzura;

paths

hombre, yo marcho por tus mismas sendas;°
hijo de madre: entiende mi locura...

Temas

¿Cuál o cuáles de los poemas expresan algunos de los siguientes temas?
¿En qué palabras o versos están expresados?

1. la búsqueda de Dios
2. la pasión erótica
3. la comunicación con la naturaleza
4. el deseo de ser comprendido(a)
5. el pesimismo y la tristeza de la vida
6. la búsqueda del sentido de la vida humana
7. el amor espiritual
8. el deseo de libertad
9. la importancia de los sueños
10. el miedo a la vejez y a la muerte
11. el rechazo del conformismo social

Opiniones

En su opinión, ¿cuál de los poemas es...? ¿Por qué?

1. el más triste
2. el más pesimista
3. el más optimista
4. el más original
5. el más bello
6. el más sincero
7. el más fácil de comprender
8. el más relevante para la vida actual

Preguntas

1. ¿En cuál o cuáles de los poemas ve usted la influencia de la vida del poeta o de la poetisa? Explique.
2. ¿Qué poema le gusta más? ¿Por qué?
3. ¿Qué grupos musicales tienen canciones con letras poéticas interesantes? ¿Qué temas se expresan en ellas?

Composición

Haga usted una composición de una página, de acuerdo con una de las siguientes instrucciones:

1. Un poema original, en rima o en verso libre, sobre uno de los temas ya mencionados o sobre algún otro tema de su preferencia.
2. Un breve resumen del poema que le gusta más a usted con un comentario que explique por qué le gusta.
3. La descripción de una canción popular que tiene una letra que le gusta, con un comentario.

El cuento

Anticipación: Isabel Allende figura entre los escritores latinoamericanos más leídos en el mundo. Sus cuatro novelas (*La casa de los espíritus, De amor y de sombra, Eva Luna, El plan infinito*) y su libro de cuentos, *Los cuentos de Eva Luna,* se han traducido a varios idiomas y aparecen en la lista de *best-sellers* en varios países.

La autora nació en Chile en 1942 y trabajó muchos años como periodista. Es sobrina de Salvador Allende, el ex-presidente de Chile, y la muerte trágica de su tío después de un golpe de estado en 1971 influyó en su espíritu y en su obra. Por la mezcla de fantasía y crítica social, muchos creen que sus historias muestran características del *realismo mágico*. El siguiente cuento de Allende está reproducido a continuación en su forma original y completa.

Antes de leer: Como ayuda a la lectura se presentan aquí secciones que se llaman *Enfoque*. Estas secciones explican brevemente la estructura de cada parte del cuento. Hay que leer el cuento *dos veces.* Primero, se debe leerlo rápidamente sólo para comprender la acción general y obtener la información pedida en los *enfoques*. Segundo, se debe leerlo con más calma y hacer los ejercicios al final. De esta manera se puede apreciar mejor un excelente cuento de la literatura castellana actual, dado en su versión original, sin alteración alguna.

Dos palabras

Isabel Allende

> **Enfoque 1:** En el primer párrafo se presenta a la mujer que es el personaje principal. Lea para saber más sobre 1) su nombre y 2) su extraña profesión (oficio) que es muy original (y un poco fantástica).

Tenía el nombre de Belisa Crepusculario, pero no por fe de bautismo o acierto de su madre, sino porque ella misma lo buscó hasta encontrarlo y se vistió con él. Su oficio era vender palabras. Recorría el país, desde las regiones más altas y frías hasta los costas calientes, instalándose en las ferias y en los mercados, *toldo... canvas awning* 5 donde montaba cuatro palos con un toldo de lienzo,° bajo el cual se protegía del sol y de la lluvia para atender a su clientela. No necesitaba pregonar su mercancía porque de tanto caminar por aquí por allá, todos la conocían. Había quienes la aguardaban de un año para otro y cuando aparecía por la *booth* aldea con su atado bajo el brazo hacían cola frente a su tenderete.° Vendía a 10 precios justos. Por cinco centavos entregaba versos de memoria, por siete

mejoraba la calidad de los sueños, por nueve escribía cartas de enamorados, por doce inventaba insultos para enemigos irreconciliables. También vendía cuentos, pero no eran cuentos de fantasía, sino largas historias verdaderas que recitaba de corrido, sin saltarse nada. Así llevaba las nuevas° de un pueblo a   *noticias*
otro. La gente le pagaba por agregar una o dos líneas: nació un niño, murió fu- 15
lano,° se casaron nuestros hijos, se quemaron las cosechas. En cada lugar se   *so-and-so*
juntaba una pequeña multitud a su alrededor para oírla cuando comenzaba a
hablar y así se enteraban de las vidas de otros, de los parientes lejanos, de los
pormenores° de la Guerra Civil. A quien le comprara cincuenta centavos, ella   *detalles pequeños*
le regalaba una palabra secreta para espantar° la melancolía. No era la misma 20 *drive away*
para todos, por supuesto, porque eso habría sido un engaño colectivo. Cada
uno recibía la suya con la certeza de que nadie más la empleaba para ese fin
en el universo y más allá.

> **Enfoque 2:** Esta parte es una escena retrospectiva (flashback) sobre la niñez
> de Belisa. Lea para saber 1) en qué condiciones vivía ella cuando era niña
> y 2) cómo encontró su profesión (oficio).

Belisa Crepusculario había nacido en una familia tan mísera, que ni
siquiera poseía nombres para llamar a sus hijos. Vino al mundo y creció en la 25
región más inhóspita, donde algunos años las lluvias se convierten en avalan-
chas de agua que se llevan todo, y en otros no cae ni una gota del cielo, el sol
se agranda hasta ocupar el horizonte entero y el mundo se convierte en un desierto. Hasta que cumplió doce años no tuvo otra ocupación ni virtud que sobrevivir al hambre y la fatiga de siglos. Durante una interminable sequía° le 30   *drought*

bury

tocó enterrar° a cuatro hermanos menores y cuando comprendió que llegaba su turno, decidió echar a andar por las llanuras en dirección al mar, a ver si en el viaje lograba burlar a la muerte. La tierra estaba erosionada, partida en profundas grietas, sembrada de piedras, fósiles de árboles y de arbustos espinudos, esqueletos de animales blanqueados por el calor. De vez en cuando tropezaba con familias que, como ella, iban hacia el sur siguiendo el espejismo del agua. Algunos habían iniciado la marcha llevando sus pertenencias al hombro o en carretillas, pero apenas podían mover sus propios huesos y a poco andar debían abandonar sus cosas. Se arrastraban penosamente, con la piel convertida en cuero de lagarto° y los ojos quemados por la reverberación de la luz. Belisa los saludaba con un gesto al pasar, pero no se detenía, porque no podía gastar sus fuerzas en ejercicios de compasión. Muchos cayeron por el camino, pero ella era tan tozuda° que consiguió atravesar el infierno y arribó por fin a los primeros manantiales,° finos hilos de agua, casi invisibles, que alimentaban una vegetación raquítica, y que más adelante se convertían en riachuelos y esteros.

35

lizard 40

obstinada
springs

45

palabra escrita

frágil 50

Belisa Crepusculario salvó la vida y además descubrió por casualidad la escritura.° Al llegar a una aldea en las proximidades de la costa, el viento colocó a sus pies una hoja de periódico. Ella tomó aquel papel amarillo y quebradizo° y estuvo largo rato observándolo sin adivinar su uso, hasta que la curiosidad pudo más que su timidez. Se acercó a un hombre que lavaba un caballo en el mismo charco turbio donde ella saciara su sed.

—¿Qué es esto?—preguntó.

—La página deportiva del periódico—replicó el hombre sin dar muestras de asombro ante su ignorancia.

55

muy sorprendida /
patitas... *(markings like flies' legs)*, i.e. signos incomprensibles

La respuesta dejó atónita° a la muchacha, pero no quiso parecer descarada y se limitó a inquirir el significado de las patitas de mosca° dibujadas sobre el papel.

—Son palabras, niña. Allí dice que Fulgencio Barba noqueó al Negro Tiz-
nao en el tercer round.   60

Ese día Belisa Crepusculario se enteró de que las palabras andan sueltas°   libres
sin dueño y cualquiera con un poco de maña° puede apoderárselas para co-   inteligencia
merciar con ellas. Consideró su situación y concluyó que aparte de prostituirse
o emplearse como sirvienta en las cocinas de los ricos, eran pocas las ocupa-
ciones que podía desempeñar. Vender palabras le pareció una alternativa de-   65
cente. A partir de ese momento ejerció esa profesión y nunca le interesó otra.
Al principio ofrecía su mercancía sin sospechar que las palabras podían también escribirse fuera de los periódicos. Cuando lo supo calculó las infinitas
proyecciones de su negocio, con sus ahorros le pagó veinte pesos a un cura°   sacerdote
para que le enseñara a leer y escribir y con los tres que le sobraron se compró   70
un diccionario. Lo revisó desde la A hasta la Z y luego lo lanzó al mar, porque
no era su intención estafar° a los clientes con palabras envasadas.°   engañar / *canned or*
bottled

Enfoque 3: La próxima parte describe el secuestro *(kidnapping)* de Belisa.
Lea para saber 1) quiénes la secuestran y 2) adónde la llevan finalmente.

Varios años después, en una mañana de agosto, se encontraba Belisa Crepusculario en el centro de una plaza, sentada bajo su toldo vendiendo argumentos de justicia a un viejo que solicitaba su pensión desde hacía diecisiete   75
años. Era día de mercado y había mucho bullicio° a su alrededor. Se es-   ruido
cucharon de pronto galopes y gritos; ella levantó los ojos de la escritura y vio
primero una nube de polvo y enseguida un grupo de jinetes° que irrumpió en   hombres montados
el lugar. Se trataba de los hombres del Coronel, que venían al mando del Mu-   a caballo
lato, un gigante conocido en toda la zona por la rapidez de su cuchillo° y la   80   *knife*
lealtad hacia su jefe. Ambos, el Coronel y el Mulato, habían pasado sus vidas
ocupados en la Guerra Civil y sus nombres estaban irremisiblemente unidos al
estropicio° y la calamidad. Los guerreros entraron al pueblo como un rebaño   acción y ruido
en estampida, envueltos en ruido, bañados de sudor y dejando a su paso un
espanto de huracán. Salieron volando las gallinas, dispararon a perderse los   85
perros, corrieron las mujeres con sus hijos y no quedó en el sitio del mercado
otra alma viviente que Belisa Crepusculario, quien no había visto jamás al Mulato y por lo mismo le extrañó que se dirigiera a ella.

—A ti te busco—le gritó señalándola con su látigo° enrollado y antes que   *whip*
terminara de decirlo, dos hombres cayeron encima de la mujer atropellando°   90   *trampling down*
el toldo y rompiendo el tintero, la ataron° de pies y manos y la colocaron   **la...** *they tied her up*
atravesada como un bulto de marinero sobre la grupa° de la bestia del Mulato.   *saddle*
Emprendieron galope en dirección a las colinas.

Horas más tarde, cuando Belisa Crepusculario estaba a punto de morir
con el corazón convertido en arena por las sacudidas del caballo, sintió que se   95
detenían y cuatro manos poderosas la depositaban en tierra. Intentó ponerse
de pie y levantar la cabeza con dignidad, pero le fallaron las fuerzas y se

cayó

desplomó° con un suspiro, hundiéndose en un sueño ofuscado. Despertó
varias horas después con el murmullo de la noche en el campo, pero no tuvo
100 tiempo de descifrar esos sonidos, porque al abrir los ojos se encontró ante la
mirada impaciente del Mulato, arrodillado a su lado.

canteen
brandy

—Por fin despiertas, mujer—dijo alcanzándole su cantimplora° para que
bebiera un sorbo de aguardiente° con pólvora y acabara de recuperar la vida.

Ella quiso saber la causa de tanto maltrato y él le explicó que el Coronel
105 necesitaba sus servicios. Le permitió mojarse la cara y enseguida la llevó a un

feared

extremo del campamento, donde el hombre más temido° del país reposaba en
una hamaca colgada entre dos árboles. Ella no pudo verle el rostro, porque
tenía encima la sombra incierta del follaje y la sombra imborrable de muchos
años viviendo como un bandido, pero imaginó que debía ser de expresión per-

disoluta 110

dularia° si su gigantesco ayudante se dirigía a él con tanta humildad. Le sorprendió su voz, suave y bien modulada como la de un profesor.

Enfoque 4: La parte siguiente presenta el encuentro entre Belisa y el jefe de
los revolucionarios, el Coronel. Lea para saber 1) para qué necesita el Coronel a Belisa y 2) qué efecto tiene este hombre sobre ella.

—¿Eres la que vende palabras?—preguntó.

buscando

—Para servirte—balbuceó ella oteando° en la penumbra para verlo mejor.

El Coronel se puso de pie y la luz de la antorcha que llevaba el Mulato le
115 dio de frente. La mujer vio su piel oscura y sus fieros ojos de puma y supo al
punto que estaba frente al hombre más solo de este mundo.

—Quiero ser Presidente—dijo él.

fracasos

Estaba cansado de recorrer esa tierra maldita en guerras inútiles y derrotas°
que ningún subterfugio podía transformar en victorias. Llevaba muchos años
120 durmiendo a la intemperie, picado de mosquitos, alimentándose de iguanas y

serpiente

sopa de culebra,° pero esos inconvenientes menores no constituían razón
suficiente para cambiar su destino. Lo que en verdad le fastidiaba era el terror

de otros

en los ojos ajenos.° Deseaba entrar a los pueblos bajo arcos de triunfo, entre
banderas de colores y flores, que lo aplaudieran y le dieran de regalo huevos

cansado 125

frescos y pan recién horneado. Estaba harto° de comprobar cómo a su paso
huían los hombres, abortaban de susto las mujeres y temblaban las criaturas;
por eso había decidido ser Presidente. El Mulato le sugirió que fueran a la capital y entraran galopando al Palacio para apoderarse del gobierno, tal como
tomaron tantas otras cosas sin pedir permiso, pero al Coronel no le interesaba
130 convertirse en otro tirano; de ésos ya había tenido bastantes por allí y, además,
de ese modo no obtendría el afecto de las gentes. Su idea consistía en ser

elecciones

elegido por votación popular en los comicios° de diciembre.

—Para eso necesito hablar como un candidato. ¿Puedes venderme las palabras para un discurso?—preguntó el Coronel a Belisa Crepusculario.

135 Ella había aceptado muchos encargos, pero ninguno como ése; sin em-

gunshot

bargo no pudo negarse, temiendo que el Mulato le metiera un tiro° entre los

ojos o, peor aún, que el Coronel se echara a llorar. Por otra parte, sintió el
impulso de ayudarlo, porque percibió un palpitante calor en su piel, un deseo
poderoso de tocar a ese hombre, de recorrerlo con sus manos, de estrecharlo°   abrazarlo
entre sus brazos.   140

Toda la noche y buena parte del día siguiente estuvo Belisa Crepusculario
buscando en su repertorio las palabras apropiadas para un discurso presidencial, vigilada de cerca por el Mulato, quien no apartaba los ojos de sus firmes
piernas de caminante y sus senos virginales. Descartó las palabras ásperas y
secas, las demasiado floridas, las que estaban desteñidas° por el abuso, las que 145 *faded*
ofrecían promesas improbables, las carentes° de verdad y las confusas, para   *lacking*
quedarse sólo con aquellas capaces de tocar con certeza el pensamiento de
los hombres y la intuición de las mujeres. Haciendo uso de los conocimientos
comprados al cura por veinte pesos, escribió el discurso en una hoja de papel
y luego hizo señas al Mulato para que desatara la cuerda° con la cual la había 150 desatara... *he*
amarrado por los tobillos a un árbol. La condujeron nuevamente donde el   *would untie the rope*
Coronel, y al verlo ella volvió a sentir la misma palpitante ansiedad del primer
encuentro. Le pasó el papel y aguardó, mientras él lo miraba sujetándolo con
la punta de los dedos.

—¿Qué carajo° dice aquí?—preguntó por último.   155 Qué... *What the hell*
                                                                                     (forma vulgar)

> **Enfoque 5:** Esta parte muestra el discurso inventado por Belisa y sus conse-
> cuencias. Lea para saber 1) cómo es el discurso, 2) qué le da Belisa al Coro-
> nel y 3) si el discurso es bien recibido o no por el pueblo.

—¿No sabes leer?

—Lo que yo sé hacer es la guerra—replicó él.

Ella leyó en alta voz el discurso. Lo leyó tres veces, para que su cliente
pudiera grabárselo en la memoria. Cuando terminó vio la emoción en los ros-
tros de los hombres de la tropa que se juntaron para escucharla y notó que los 160
ojos amarillos del Coronel brillaban de entusiasmo, seguro de que con esas
palabras el sillón presidencial sería suyo.

—Si después de oírlo tres veces los muchachos siguen con la boca abierta,
es que esta vaina° sirve, Coronel—aprobó el Mulato.   esta... el discurso

—¿Cuánto te debo por tu trabajo, mujer?—preguntó el jefe.   165

—Un peso, Coronel.

—No es caro—dijo él abriendo la bolsa que llevaba colgada del cinturón
con los restos del último botín.

—Además tienes derecho a una ñapa.° Te corresponden dos palabras se-   *bonus*
cretas—dijo Belisa Crepusculario.   170

—¿Cómo es eso?

Ella procedió a explicarle que por cada cincuenta centavos que pagaba un
cliente, le obsequiaba una palabra de uso exclusivo. El jefe se encogió de hom-
bros,° pues no tenía ni el menor interés en la oferta, pero no quiso ser descortés se... *shrugged his*
                                                                                     shoulders

pequeña silla 175 con quien lo había servido tan bien. Ella se aproximó sin prisa al taburete° de
suela donde él estaba sentado y se inclinó para entregarle su regalo. Entonces

de los montes el hombre sintió el olor de animal montuno° que se desprendía de esa mujer,
el calor de incendio que irradiaban sus caderas, el roce terrible de sus cabe-

aliento... *breath* llos, el aliento de yerbabuena° susurrando en su oreja las dos palabras secretas
that smelled of mint 180 a las cuales tenía derecho.

—Son tuyas, Coronel—dijo ella al retirarse—. Puedes emplearlas cuanto
quieras.

El Mulato acompañó a Belisa hasta el borde del camino, sin dejar de mi-
rarla con ojos suplicantes de perro perdido, pero cuando estiró la mano para

stream 185 tocarla, ella lo detuvo con un chorro° de palabras inventadas que tuvieron la
chase away virtud de espantarle° el deseo, porque creyó que se trataba de alguna maldición irrevocable.

En los meses de septiembre, octubre y noviembre el Coronel pronunció su
discurso tantas veces, que de no haber sido hecho con palabras refulgentes y

vuelto... *turned* 190 durables el uso lo habría vuelto ceniza.° Recorrió el país en todas direcciones,
it to ashes entrando a las ciudades con aire triunfal y deteniéndose también en los pueblos más olvidados, allá donde sólo el rastro de basura indicaba la presencia
humana, para convencer a los electores de que votaran por él. Mientras

plataforma hablaba sobre una tarima° al centro de la plaza, el Mulato y sus hombres
textured paint 195 repartían caramelos y pintaban su nombre con escarcha° dorada en las pare-

des, pero nadie prestaba atención a esos recursos de mercader, porque estaban deslumbrados por la claridad de sus proposiciones y la lucidez poética de sus argumentos, contagiados de su deseo tremendo de corregir los errores de la historia y alegres por primera vez en sus vidas. Al terminar la arenga del Candidato, la tropa lanzaba pistoletazos° al aire y encendía petardos° y, cuando 200 *gunshots / firecrackers* por fin se retiraban, quedaba atrás una estela de esperanza que perduraba muchos días en el aire, como el recuerdo magnífico de un cometa. Pronto el Coronel se convirtió en el político más popular. Era un fenómeno nunca visto, aquel hombre surgido de la guerra civil, lleno de cicatrices° y hablando como *scars* un catedrático, cuyo prestigio se regaba por el territorio nacional conmo- 205 viendo el corazón de la patria. La prensa se ocupó de él. Viajaron de lejos los periodistas para entrevistarlo y repetir sus frases, y así creció el número de sus seguidores y de sus enemigos.

> **Enfoque 6:** Aquí está la conclusión. ¿Cree usted que va a ser feliz o triste? Lea para ver qué pasa y cómo ha cambiado el Coronel, y por qué.

—Vamos bien, Coronel—dijo el Mulato al cumplirse doce semanas de éxitos. 210

Pero el candidato no lo escuchó. Estaba repitiendo sus dos palabras secretas, como hacía cada vez con mayor frecuencia. Las decía cuando lo ablandaba la nostalgia, las murmuraba dormido, las llevaba consigo sobre su caballo, las pensaba antes de pronunciar su célebre discurso y se sorprendía saboreándolas° en sus descuidos. Y en toda ocasión en que esas dos palabras venían a 215 *gozando de ellas* su mente, evocaba la presencia de Belisa Crepusculario y se le alborotaban los sentidos con el recuerdo del olor montuno, el calor de incendio, el roce terrible y el aliento de yerbabuena, hasta que empezó a andar como un sonámbulo° y sus propios hombres comprendieron que se le terminaría la vida antes *sleepwalker* de alcanzar el sillón de los presidentes. 220

—¿Qué es lo que te pasa, Coronel?—le preguntó muchas veces el Mulato, hasta que por fin un día el jefe no pudo más y le confesó que la culpa de su ánimo° eran esas dos palabras que llevaba clavadas en el vientre. *estado espiritual*

—Dímelas, a ver si pierden su poder—le pidió su fiel ayudante.

—No te las diré, son sólo mías—replicó el Coronel. 225

Cansado de ver a su jefe deteriorarse como un condenado a muerte, el Mulato se echó el fusil° al hombro y partió en busca de Belisa Crepusculario. *rifle* Siguió sus huellas por toda esa vasta geografía hasta encontrarla en un pueblo del sur, instalada bajo el toldo de su oficio, contando su rosario de noticias. Se le plantó delante con las piernas abiertas y el arma empuñada.° 230 **arma...** *weapon pointed*

—Tú te vienes conmigo—ordenó.

Ella lo estaba esperando. Recogió su tintero, plegó el lienzo de su tenderete, se echó el chal° sobre los hombros y en silencio trepó al anca° del caballo. No cruzaron ni un gesto en todo el camino, porque al Mulato el deseo *shawl / trepó... montó* por ella se la había convertido en rabia° y sólo el miedo que le inspiraba su 235 *furia*

matarla
como idiota

lengua le impedía destrozarla° a latigazos. Tampoco estaba dispuesto a comentarle que el Coronel andaba alelado,° y que lo que no habían logrado tantos años de batallas lo había conseguido un encantamiento susurrado al oído. Tres días después llegaron al campamento y de inmediato condujo a su pri-

240 sionera hasta el candidato, delante de toda la tropa.

witch, sorceress
manhood

—Te traje a esta bruja° para que le devuelvas sus palabras, Coronel, y para que ella te devuelva la hombría°—dijo apuntando el cañón de su fusil a la nuca de la mujer.

245

spell
tornarse... *become
tame*

El Coronel y Belisa Crepusculario se miraron largamente, midiéndose desde la distancia. Los hombres comprendieron entonces que ya su jefe no podía deshacerse del hechizo° de esas dos palabras endemoniadas, porque todos pudieron ver los ojos carnívoros del puma tornarse mansos° cuando ella avanzó y le tomó la mano.

Preguntas

1. ¿Cuál es el nombre completo de Belisa y cómo lo recibió? ¿Por qué?
2. ¿Cómo fue la niñez de Belisa?
3. ¿Qué piensa Ud. de su profesión?
4. ¿Por qué secuestraron a Belisa?
5. ¿Por qué quiere ser el presidente el Coronel? ¿Le parece a usted realista este personaje, o no? ¿Por qué?
6. ¿Qué efecto tuvo sobre Belisa el encuentro con este hombre? ¿Qué le da después del discurso?
7. ¿Cómo es el discurso y cómo reacciona la gente al escucharlo?
8. ¿Por qué lleva el Mulato a Belisa otra vez al campamento?
9. ¿Cómo termina el cuento? ¿Le gusta el final, o no? ¿Por qué?

Comentarios del texto

Lea los siguientes trozos (selecciones) del cuento y haga un comentario con respecto al estilo o a la caracterización.

1. «Belisa Crepusculario había nacido en una familia tan mísera, que ni siquiera poseía nombres para llamar a sus hijos.»
2. «Belisa los saludaba *(a la gente mísera y enferma que encontraba en el camino)* con un gesto al pasar, pero no se detenía, porque no podía gastar sus fuerzas en ejercicios de compasión.»
3. «Ella había aceptado muchos encargos, pero ninguno como ése; sin embargo no pudo negarse, temiendo que el Mulato le metiera un tiro entre los ojos o, peor aún, que el Coronel se echara a llorar.»
4. «Descartó las palabras ásperas y secas, las demasiado floridas, las que estaban desteñidas por el abuso, las que ofrecían promesas improbables, las carentes de verdad y las confusas, para quedarse

sólo con aquellas capaces de tocar con certeza el pensamiento de los hombres y la intuición de las mujeres.»

Opiniones

1. ¿Cree usted que las dos palabras que Belisa le dijo al Coronel eran... a) «Belisa Crepusculario» b) «Te quiero.»* c) «saber, amor» d) algo diferente y muy personal. Explique.
2. ¿Cómo interpreta usted la escena en la cual Belisa lanza el diccionario al mar?
3. En general, ¿qué piensa del cuento? En su opinion, ¿es feminista o no? ¿Por que?

La novela

Anticipación: Gabriel García Márquez (1928–), novelista y cuentista colombiano, es probablemente el escritor latinoamericano de más fama internacional en la actualidad. (Ya se ha hablado un poco de su obra en la introducción, en la página 214.) La siguiente selección es de su obra maestra, la novela *Cien años de soledad*. Pero, en realidad, esta selección es como un cuento completo e independiente incluido dentro de la novela. Por eso se puede leer sin conocer toda la novela. Además, es un episodio muy interesante que ilustra bien la dimensión mágica y fantástica del libro.

Antes de leer la selección, usted debe familiarizarse con estos personajes:

JOSÉ ARCADIO BUENDÍA fundador de Macondo y patriarca de la familia, un hombre soñador e idealista que pasa mucho tiempo en un laboratorio que ha construido en su casa, buscando los secretos de la ciencia y de la vida.

AURELIANO hijo de José Arcadio que lo ayuda muchas veces en el laboratorio.

ÚRSULA esposa de José Arcadio y arquetipo de la madre, una mujer muy práctica que ha iniciado en su casa un lucrativo negocio que consiste en fabricar caramelos en forma de animalitos, que se venden en Macondo.

REBECA hija adoptiva de José Arcadio y Úrsula, que llegó a la casa un día, llevando un bolso que contenía los huesos de unos padres que ella no

---

*Some readers think that the English translation of the title as *Two Words* was a mistake, as it excludes this possibility.

recordaba. Durante un tiempo, tenía la mala costumbre de comer tierra.

VISITACIÓN Y CATAURE los indios que acompañaban a Rebeca y que ahora viven con los Buendía.

MELQUÍADES un gitano muy viejo y sabio, practicante de la magia, que visita a los Buendía de vez en cuando, mostrándoles siempre novedades maravillosas.

Antes de leer: Mire el título (del episodio), el dibujo en la página 250 y las líneas 1–34. Luego, conteste estas preguntas:

1. Simplemente mirando el título y la ilustración, ¿qué cree usted que va a pasar?
2. ¿Qué hizo Cataure al saber que la peste había entrado en la casa? ¿Qué hizo Visitación?
3. ¿Por qué estaba tan alarmada Visitación? ¿Cómo reaccionaron José Arcadio Buendía y Úrsula?

Termine usted la lectura para ver qué pasa con esta extraña peste.

Cien años de soledad

Gabriel García Márquez

Selección: El episodio de «La peste del insomnio»

Una noche, por la época en que Rebeca se curó del vicio de comer tierra y fue llevada a dormir en el cuarto de los otros niños, la india que dormía con ellos despertó por casualidad° y oyó un extraño ruido intermitente en el rincón. Se incorporó alarmada, creyendo que había entrado un animal en el cuarto, y entonces vio a Rebeca en el mecedor,° chupándose el dedo° y con los ojos alumbrados como los de un gato en la oscuridad. Pasmada de terror, atribulada por la fatalidad de su destino, Visitación reconoció en esos ojos los síntomas de la enfermedad cuya amenaza los había obligado, a ella y a su hermano, a desterrarse° para siempre de un reino milenario° en el cual eran príncipes. Era la peste del insomnio.

Cataure, el indio, no amaneció en la casa.° Su hermana se quedó, porque su corazón fatalista le indicaba que la dolencia letal había de perseguirla de todos modos hasta el último rincón de la tierra. Nadie entendió la alarma de Visitación. «Si no volvemos a dormir, mejor», decía José Arcadio Buendía, de buen humor. «Así nos rendirá más la vida».° Pero la india les explicó que lo más temible de la enfermedad del insomnio no era la imposibilidad de dormir, pues el cuerpo no sentía cansancio alguno, sino su inexorable evolución hacia una manifestación más crítica: el olvido.° Quería decir que cuando el enfermo se acostumbraba a su estado de vigilia,° empezaban a borrarse° de su memoria los recuerdos de la infancia, luego el nombre y la noción de las cosas, y por

Margin glosses:
- **por...** *by chance*
- *rocking chair* / **chupándose...** *sucking her thumb* (line 5)
- *exiliarse* / *muy antiguo* (line 10)
- **no...** *was not in the house at dawn*
- **nos...** *we will get more out of life* (line 15)
- *forgetfulness*
- *insomnio* / *erase themselves* (line 20)

Gabriel García Márquez, premio Nóbel de 1982.

último la identidad de las personas y aun la conciencia del propio ser,° hasta
hundirse° en una especie de idiotez sin pasado. José Arcadio Buendía, muerto
de risa, consideró que se trataba de una de tantas dolencias inventadas por la
superstición de los indígenas. Pero Úrsula, por si acaso,° tomó la precaución
de separar a Rebeca de los otros niños.   25

Al cabo de varias semanas, cuando el terror de Visitación parecía apla-
cado,° José Arcadio Buendía se encontró una noche dando vueltas en la cama
sin poder dormir. Úrsula, que también había despertado, le preguntó qué le
pasaba, y él le contestó: «Estoy pensando otra vez en Prudencio Aguilar.»° No
durmieron un minuto, pero al día siguiente se sentían tan descansados que se 30
olvidaron de la mala noche. Aureliano comentó asombrado a la hora del almuerzo que se sentía muy bien a pesar de que había pasado toda la noche en
el laboratorio dorando un prendedor° que pensaba regalarle a Úrsula el día de
su cumpleaños. No se alarmaron hasta el tercer día, cuando a la hora de
acostarse se sintieron sin sueño, y cayeron en la cuenta de que llevaban más 35
de cincuenta horas sin dormir.

—Los niños también están despiertos—dijo la india con su convicción fatalista—. Una vez que entra en la casa, nadie escapa a la peste.

Habían contraído, en efecto, la enfermedad del insomnio. Úrsula, que
había aprendido de su madre el valor medicinal de las plantas, preparó e hizo 40

del... *of his own being* / hasta... *until he sank*

por... *just in case*

calmado

Prudencio... *hombre a quien mató José Arcadio y cuyo fantasma los visita a veces*

dorando... *gilding a brooch*

brew / planta medicinal / **alucinada...** *hallucinated lucidity*

beber a todos un brebaje° de acónito,° pero no consiguieron dormir, sino que estuvieron todo el día soñando despiertos. En ese estado de alucinada lucidez° no sólo veían las imágenes de sus propios sueños, sino que los unos veían las imágenes soñadas por los otros. Era como si la casa se hubiera llenado de visi-
45 tantes. Sentada en su mecedor en un rincón de la cocina, Rebeca soñó que un hombre muy parecido a ella, vestido de lino blanco y con el cuello de la camisa cerrado por un botón de oro, le llevaba un ramo de rosas. Lo acompañaba una mujer de manos delicadas que separó una rosa y se la puso a la niña en el pelo. Úrsula comprendió que el hombre y la mujer eran los padres
50 de Rebeca, pero aunque hizo un grande esfuerzo por reconocerlos, confirmó su certidumbre de que nunca los había visto. Mientras tanto, por un descuido° que José Arcadio Buendía no se perdonó jamás, los animalitos de caramelo fabricados en la casa seguían siendo vendidos en el pueblo. Niños y adultos chupaban encantados los deliciosos gallitos° verdes del insomnio, los exquisi-
55 tos peces° rosados del insomnio y los tiernos caballitos amarillos del insomnio, de modo que el alba° del lunes sorprendió despierto a todo el pueblo. Al principio nadie se alarmó. Al contrario, se alegraron de no dormir, porque entonces había tanto que hacer en Macondo que el tiempo apena alcanzaba.° Trabajaron tanto, que pronto no tuvieron nada más que hacer, y se encon-
60 traron a las tres de la madrugada con los brazos cruzados, contando el número de notas que tenía el valse de los relojes. Los que querían dormir, no por cansancio sino por nostalgia de los sueños, recurrieron a toda clase de métodos agotadores.° Se reunían a conversar sin tregua,° a repetirse durante horas y horas los mismos chistes, a complicar hasta los límites de la exasperación el
65 cuento del gallo capón,° que era un juego infinito en que el narrador preguntaba si querían que les contara el cuento del gallo capón, y cuando contestaban que sí, el narrador decía que no había pedido que dijeran que sí, sino que si querían que les contara el cuento del gallo capón, y cuando contestaban que no, el narrador decía que no les había pedido que dijeran que no, sino que si
70 querían que les contara el cuento del gallo capón, y cuando se quedaban callados el narrador decía que no les había pedido que se quedaran callados, sino que si querían que les contara el cuento del gallo capón, y nadie podía irse, porque el narrador decía que no les había pedido que se fueran, sino que si querían que les contara el cuento del gallo capón, y así sucesivamente,° en
75 un círculo vicioso que se prolongaba por noches enteras.
    Cuando José Arcadio Buendía se dio cuenta de que la peste había invadido al pueblo, reunió a los jefes de familia para explicarles lo que sabía sobre la enfermedad del insomnio, y se acordaron medidas para impedir que el flagelo° se propagara a otras poblaciones de la ciénaga.° Fue así como se
80 quitaron a los chivos° las campanitas° que los árabes cambiaban por guacamayas, y se pusieron a la entrada del pueblo a disposición de quienes desatendían° los consejos y súplicas de los centinelas° e insistían en visitar la población. Todos los forasteros que por aquel tiempo recorrían las calles de Macondo tenían que hacer sonar su campanita para que los enfermos supieran
85 que estaban sanos. No se les permitía comer ni beber nada durante su es-

negligencia

small roosters
fish
comienzo del día

era suficiente

para cansarse / pausa

gallo... capón *(gelded rooster)*

y... *and so on and so forth*

scourge / *swampy region* / *goats* / *little bells*

no escuchaban / *sentries*

tancia, pues no había duda de que la enfermedad sólo se transmitía por la boca, y todas las cosas de comer y de beber estaban contaminadas de insomnio. En esa forma se mantuvo la peste circunscrita° al perímetro de la población. Tan eficaz fue la cuarentena, que llegó el día en que la situación de emergencia se tuvo por cosa natural, y se organizó la vida de tal modo que el trabajo recobró su ritmo y nadie volvió a preocuparse por la inútil costumbre de dormir.

Fue Aureliano quien concibió la fórmula que había de defenderlos durante varios meses de las evasiones de la memoria. La descubrió por casualidad. Insomne° experto, por haber sido uno de los primeros, había aprendido a la perfección el arte de la platería.° Un día estaba buscando el pequeño yunque° que utilizaba para laminar los metales, y no recordó su nombre. Su padre se lo dijo: «tas». Aureliano escribió el nombre en un papel que pegó con goma° en la base del yunquecito: *tas.* Así estuvo seguro de no olvidarlo en el futuro. No se le ocurrió que fuera aquella la primera manifestación del olvido, porque el objeto tenía un nombre difícil de recordar. Pero pocos días después descubrió que tenía dificultades para recordar casi todas las cosas del laboratorio. Entonces las marcó con el nombre respectivo, de modo que le bastaba con leer la inscripción para identificarlas. Cuando su padre le comunicó su alarma por haber olvidado hasta los hechos más impresionantes de su niñez, Aureliano le explicó su método, y José Arcadio Buendía lo puso en práctica en toda la casa y más tarde lo impuso a todo el pueblo. Con un hisopo entintado° marcó cada cosa con su nombre: *mesa, silla, reloj, puerta, pared, cama, cacerola.* Fue al corral y marcó los animales y las plantas: *vaca, chivo, puerco, gallina, yuca,° malanga,° guineo.°* Poco a poco, estudiando las infinitas posibilidades del olvido, se dio cuenta de que podía llegar un día en que se

Marginal glosses:

90   limitada

95   *Insomniac*
     working with silver
     anvil

     glue

100

105

     hisopo... *inked*
     brush

110   *manioc / edible*
     root / banana

neck

milk it 115

slippery
escaparse

poster 120

key words

seducción mágica

125

mujer que trabaja
como adivina /
naipes

130

de pelo café claro

lark / Defeated

135

rotating / axis
handle 140

entries
grotesco
bulging / rags

145

quicksand
cracked

150

fanning himself

155

reconocieran las cosas por sus inscripciones, pero no se recordara su utilidad. Entonces fue más explícito. El letrero que colgó en la cerviz° de la vaca era una muestra ejemplar de la forma en que los habitantes de Macondo estaban dispuestos a luchar contra el olvido: *ésta es la vaca, hay que ordeñarla° todas las mañanas para que produzca leche y a la leche hay que hervirla para mezclarla con el café y hacer café con leche.* Así continuaron viviendo en una realidad escurridiza,° momentáneamente capturada por las palabras, pero que había de fugarse° sin remedio cuando olvidaran los valores de la letra escrita.

En la entrada del camino de la ciénaga se había puesto un anuncio° que decía *Macondo* y otro más grande en la calle central que decía *Dios existe.* En todas las casas se habían escrito claves° para memorizar los objetos y los sentimientos. Pero el sistema exigía tanta vigilancia y tanta fortaleza moral, que muchos sucumbieron al hechizo° de una realidad imaginaria, inventada por ellos mismos, que les resultaba menos práctica pero más reconfortante. Pilar Ternera° fue quien más contribuyó a popularizar esa mistificación, cuando concibió el artificio de leer el pasado en las barajas° como antes había leído el futuro. Mediante ese recurso, los insomnes empezaron a vivir en un mundo construido por las alternativas inciertas de los naipes, donde el padre se recordaba apenas como el hombre moreno que había llegado a principios de abril y la madre se recordaba apenas como la mujer trigueña° que usaba un anillo de oro en la mano izquierda, y donde una fecha de nacimiento quedaba reducida al último martes en que cantó la alondra° en el laurel. Derrotado° por aquellas prácticas de consolación, José Arcadio Buendía decidió entonces construir la máquina de la memoria que una vez había deseado para acordarse de los maravillosos inventos de los gitanos. El artefacto se fundaba en la posibilidad de repasar todas las mañanas, y desde el principio hasta el fin, la totalidad de los conocimientos adquiridos en la vida. Lo imaginaba como un diccionario giratorio° que un individuo situado en el eje° pudiera operar mediante una manivela,° de modo que en pocas horas pasaran frente a sus ojos las nociones más necesarias para vivir. Había logrado escribir cerca de catorce mil fichas,° cuando apareció por el camino de la ciénaga un anciano estrafalario° con la campanita triste de los durmientes, cargando una maleta ventruda° amarrada con cuerdas y un carrito cubierto de trapos° negros. Fue directamente a la casa de José Arcadio Buendía.

Visitación no lo conoció al abrirle la puerta, y pensó que llevaba el propósito de vender algo, ignorante de que nada podía venderse en un pueblo que se hundía sin remedio en el tremedal° del olvido. Era un hombre decrépito. Aunque su voz estaba también cuarteada° por la incertidumbre y sus manos parecían dudar de la existencia de las cosas, era evidente que venía del mundo donde todavía los hombres podían dormir y recordar. José Arcadio Buendía lo encontró sentado en la sala, abanicándose° con un remendado sombrero negro, mientras leía con atención compasiva los letreros pegados en las paredes. Lo saludó con amplias muestras de afecto, temiendo haberlo conocido en otro tiempo y ahora no recordarlo. Pero el visitante advirtió su falsedad. Se sintió olvidado, no con el olvido remediable del corazón, sino con

otro olvido más cruel e irrevocable que él conocía muy bien, porque era el
olvido de la muerte. Entonces comprendió. Abrió la maleta atiborrada° de ob-   muy llena
jetos indescifrables, y de entre ellos sacó un maletín con muchos frascos.° Le   botellas
dio a beber a José Arcadio Buendía una sustancia de color apacible, y la luz se 160
hizo en su memoria. Los ojos se le humedecieron de llanto,° antes de verse a   lágrimas
sí mismo en una sala absurda donde los objetos estaban marcados, y antes de
avergonzarse de las solemnes tonterías escritas en las paredes, y aun antes de
reconocer al recién llegado en un deslumbrante resplandor° de alegría. Era   *flash*
Melquíades.   165

Comprensión de la lectura: Leer con precisión

Escoja la mejor manera de terminar las siguientes frases.

1. Una noche, la india Visitación se dio cuenta de que la peste del insomnio había entrado en la casa cuando (vio que la niña no podía
   dormir / oyó los ruidos de un animal en el cuarto / reconoció los
   ojos de un gato en la oscuridad).
2. Según Visitación, lo horrible de la peste del insomnio era (la imposibilidad de dormir / la falta de cansancio en el cuerpo / la pérdida de la memoria).
3. La enfermedad se transmitía al resto del pueblo por medio de
   (unos peces que la gente encontraba en el lago / un caballo que
   caminaba por todas partes / unos caramelos que se fabricaban en
   la casa).
4. Para no contaminarse de la peste, los visitantes eran obligados a
   (llevar una campanita / comer y beber poco / tomar un medicamento).
5. Mucha gente iba a visitar a Pilar Ternera porque ella usaba los
   naipes para (resolver los problemas / explicar el pasado / predecir
   el futuro).

Preguntas

1. ¿Qué hizo Úrsula cuando vio que todos tenían insomnio? ¿Qué
   consecuencias trajo este remedio?
2. ¿Por qué no se alarmó la gente al principio cuando se enfermó de
   la peste?
3. ¿Qué hacía la gente durante las largas horas en que no podía
   dormir? ¿Qué hace usted cuando tiene insomnio?
4. ¿Cuál fue la fórmula que inventó Aureliano como defensa contra el
   olvido? ¿Qué problemas tenía esa «solución»?
5. ¿Qué decidió hacer José Arcadio? ¿Qué le parece a usted esta idea?
6. ¿Quién llegó por fin a Macondo? ¿Cómo curó a José Arcadio?

Los pronombres relativos

En los espacios siguientes, escriba los pronombres relativos apropiados para completar estas frases tomadas de la lectura.

que   *quienes*   *cuya*
quien   *los que*   *el cual*

1. Una noche en _____ Rebeca se curó del vicio de comer tierra...
2. Visitación reconoció en esos ojos los síntomas de la enfermedad _____ amenaza los había obligado a desterrarse para siempre de un reino en _____ eran príncipes.
3. Úrsula comprendió _____ el hombre y la mujer eran los padres de Rebeca.
4. _____ querían dormir recurrieron a toda clase de métodos agotadores.
5. Se pusieron las campanas a la entrada del pueblo a disposición de _____ insistían en visitar la población.
6. Pilar Ternera fue _____ más contribuyó a popularizar esa mistificación.

Opiniones

1. ¿Cree usted que se puede tomar este trozo de *Cien años de soledad* como un ejemplo del *realismo mágico*? Explique.
2. Según su opinión, ¿qué significado histórico, filosófico o social puede tener este episodio?
3. ¿Qué cree usted que le pasaría a la gente si no pudiera dormir? ¿Sería bueno si los científicos inventaran una píldora para reemplazar el sueño o no? ¿Por qué?

Composición

Escriba usted una composición de dos párrafos sobre la selección de este capítulo que más le ha gustado. En el primer párrafo, dé un breve resumen de la obra, y en el segundo párrafo explique por qué le ha gustado. Finalmente, invente un buen título para su composición y escríbalo a la cabeza de la página.

VOCABULARY

—■—

Some tips on using this end vocabulary

1. Until very recently, the compound letters **ch** and **ll** were considered single letters of the Spanish alphabet.* Therefore, words beginning with these letters are found under separate headings and not under **c** or **l**. This is also true with regard to the letter **ñ**, which is still a separate letter. In addition, **ch, ll,** and **ñ** appearing in the middle of a word will cause the word to be placed after equivalent words containing **c, l, n,** and **ñ**. For example:

cocos	**calzones**	**canto**
cochino	**callar(se)**	**caña**

2. If a verb has a stem change, the change is indicated in the parentheses following the infinitive. For example, **sentir (siento, sintió)** is listed like this: **sentir (ie, i),** and **jugar (juego)** is listed **jugar (ue).** Verbs with spelling changes in certain forms also show the changes in parentheses. Example: **parecer (zc)** to indicate the forms **parezco, parezca.**

3. Idioms are generally listed under the word considered to be most important or distinguishing. For example, **a pesar de** is listed under **pesar.** However, in many cases these expressions are cross-referenced.

4. Some Spanish cognates, which are identical or very similar to their English equivalents, are not included in this End Vocabulary.

5. Note that the definitions given in this vocabulary listing refer to the context in which the word appears in the text.

Abbreviations

abbr.	abbreviation	*excl.*	exclamatory
adj.	adjective	*f.*	feminine
alt.	alternate	*fam.*	familiar (**tú** or **vosotros**)
angl.	anglicism	*fig.*	figurative
augm.	augmentative	*fut.*	future
aux.	auxiliary	*gall.*	gallicism
coll.	colloquial	*ger.*	gerund
cond.	conditional	*imp.*	imperative
contr.	contraction	*impf.*	imperfect
dim.	diminutive	*inf.*	infinitive
e.g.	for example	*interj.*	interjection

---

* In 1993, the Spanish Royal Academy changed the status of the letters *ch* and *ll* from that of separate letters to mere combinations of letters. This vocabulary, however, is arranged in the traditional way since the main body of it was done for previous editions.

irreg.   irregular verb
iron.   ironical
m.   masculine
m. & f.   masculine and feminine
neol.   neologism
part.   participle
pej.   pejorative
pl.   plural

prep.   preposition
pres.   present
pret.   preterit
ptp.   past participle
s.   singular
subj.   subjunctive
sup.   superlative
v.   verb

A

a to; at; for; by; **a causa de** because of; **a continuación** following (this or that); **a diferencia de** in contrast to; unlike; **a la vez** at the same time; **a lo largo** through; along; **a pesar de** in spite of; **a través de** through, by means of; **a sí mismo** to himself, to one's self; **a veces** at times; **a ver** let's see
abajo below
abalorio *m.* glass bead
abandonar to abandon, leave behind
abanicarse to fan oneself
abedul *m.* birch tree
abierto *(ptp. of* **abrir***)* open, opened
abismo *m.* abyss, gap
ablandar to soften
abogado/a *m. & f.* lawyer
abolir to abolish, repeal
abordar to tackle, undertake, consider
aborigen *m. & f.* aboriginal
aborrecer (zc) to hate, abhor
aborto *m.* abortion
abotonar(se) to button
abrasarse to burn up; to become parched

abrazar(se) (c) to hug, embrace
abrazo *m.* hug, embrace
abrigo *m.* overcoat
abril *m.* April
abrir(se) to open
absoluto absolute
absorbido absorbed
absorto amazed; absorbed in thought
absurdo absurd
abuelo *m.* grandfather; **abuela** *f.* grandmother; **abuelos** *m. pl.* grandparents
abundancia *f.* abundance
abundar to abound, be plentiful
aburrido bored
aburrimiento *m.* boredom
aburrirse to be bored
abusar (de) to abuse
abuso *m.* abuse
acabar(se) to finish, end; **acabar bien** to have a happy ending; **acabar de** + *inf.* to have just + *ptp.*
academia *f.* academy; **la Real Academia** the Royal Academy
académico academic; *m.* academician
acalorar to warm
acampanado bell-shaped
acariciar to caress

acarrear to occasion, cause
acaso perhaps; by chance; **por si acaso** just in case
accidentado *m.* victim of an accident
acción *f.* action
aceite *m.* oil
aceituna *f.* olive
acelerar to accelerate
acento *m.* accent
aceptar to accept
aceptación *f.* acceptance; approval
acera *f.* sidewalk
acerca de about, concerning
acercarse (qu) (a) to come near (to), approach
acero *m.* steel
acertar (ie) to be successful
acierto *m.* success; skill
aclamar to acclaim
acoger (j) to receive
acompañante *m. & f.* companion, attendant, escort
acompañar to accompany
acomodarse to accommodate; find a place for, to adapt, to adjust
acónito *m.* aconite, monkswood, wolfsbane
aconsejar to advise, counsel
acontecimiento *m.* event, happening
acordar (ue) to agree; **acordarse (de)** to remember

acordeón *m.* accordion

acorralado trapped, cornered

acostarse (ue) to lie down, go to bed

acoso *m.* harassing, harassment, hounding

acostumbrado get accustomed

acostumbrar(se) to become accustomed, be in the habit

acre *m.* acre *(measure of land)*

acremente sharply, bitterly

actitud *f.* attitude

actividad *f.* activity

activo active

acto *m.* act; ceremony; **en el acto** immediately

actriz *f.* actress

actuación *f.* performance

actual current, present

actualidad *f.* present time

actualmente at present

actuar to act

acudir (a) to come; to go, be present, show up; **acudir a** to resort to

acuerdo *m.* agreement, pact; **de acuerdo con** in accordance with; **estar de acuerdo con** to agree with

acumular to accumulate, hoard

acupuntura *f.* acupuncture

acurrucarse to curl up; to cower

acusación *f.* accusation

acusar to accuse

adaptación *f.* adjustment

adaptarse to become adjusted

adecuado adequate; fitting, suitable

adelantarse to move forward, go ahead

adelante forward

además besides, moreover; **además de** in addition to

adentrarse (en) to search deeper into a subject

adentro inside; **adentro de** in *(the water, etc.)*

adherir (ie, i) to stick

adiestrado trained to be skilled, proficient

adinerado wealthy

adiós *m.* good-bye

adivinar to guess

adivino/a *m. & f.* fortune-teller

adjetivo *m.* adjective

adjudicar (qu) to judge; to award

adjunto adjunct, attached

administración *f.* administration; **administración de empresas** business administration

administrar to administrate

administrativo administrative

admiración *f.* admiration

admirador *m.* admirer

admirar to admire

admitir to admit

adolescente *m. & f.* adolescent

adolorido aching

¿adónde? where?

adoptar to adopt

adornado decorated

adornar to decorate

adorno *m.* decoration

adquirir (ie) to acquire

aduana *f.* customs

adulteración *f.* adulteration

adulterado adulterated

adulto/a *m. & f.* mature, adult

adversario *m. & f.* adversary, opponent

advertir (ie, i) to notice

áereo of the air; **líneas áereas** airlines

aeromozo *m.* air steward; **aeromoza** *f.* air stewardess

afanoso hardworking, eager, keen

afear to condemn

afectar to affect

afectado affected

afecto *m.* affection

afeitarse to shave

afeite *m.* make-up

afianzamiento *m.* securing

afición *f.* fondness, liking, enthusiasm

aficionado (a) fond (of), having a liking (for)

afiebrado feverish, very hot

afirmación *f.* affirmation

afirmar to affirm, assert

aflicción *f.* affliction, distress

afligido afflicted

afligir to afflict; to sadden

aflojar to loosen

afluente affluent

afortunadamente fortunately, luckily

afortunado/a *m. & f.* fortunate, lucky

africano African

afrontar to face, confront

afuera outside

afueras *f. pl.* outskirts

agarrarse to hold on, to grab

agarrotarse to stiffen

agave *f.* maguey

agencia *f.* agency

agitarse to get upset

agobiar to overwhelm, oppress *(with work; problems, etc.)*

agonía *f.* agony, death throes

agonizante dying

agostar to become parched or dried up

agosto *m.* August

agotador exhausting

agotarse to become exhausted

agraciado charming, gracious

agradable agreeable, pleasant

agradar to please, gratify

agradecer (zc) to thank

agradecido grateful

agrario agrarian

agravar to aggravate, make worse

agravarse to get worse, worsen

agregar (gu) to add

agresividad *f.* aggressiveness

agresivo aggressive

agrícola agricultural

agricultor/a *m & f.* farmer

agrio discordant, unharmonious *(colors)*

agrónomo agronomical, pertaining to the management of farm land

agrupación *f.* grouping, social unit

agua *f.* water

aguacate *m.* avocado

aguantar to put up with; to hold back

aguardar to wait for, await

agudo sharp; witty; acute

águila *f.* eagle

agüita *f. dim. of* **agua**

aguja *f.* needle

agujero *m.* hole

Agustín Augustine

ahí there; **de ahí** with the result that; **por ahí** around

ahogarse (gu) to drown, suffocate

ahora now

ahorros *m. pl.* savings

alarma *f.* alarm, warning; **voz de alarma** cry of alarm

alarmante alarming

alarmarse to become alarmed or frightened

alba *f.* dawn

Albacete *m.* a province of Spain

albañil *m.* mason, bricklayer

Alberto Albert

alborotar to agitate, stir up; to make a lot of noise

alcalde/sa *m. & f.* mayor

Alcaldía *f.* mayor's office

alcance *m.* reach; **al alcance de** within the reach of

alcanzar (c) to attain, reach; to be sufficient; to manage

aldea *f.* village

alegación *f.* allegation

alegar to allege

alegrarse (de) to be happy (about)

alegre cheerful, glad, merry, lively

alegría *f.* happiness, joy

alejado far away

Alejandro Alexander

alejarse to move away, go away; to recede

alemán *m.* German *(language)*

Alemania *f.* Germany

alergia *f.* allergy

¡Alerta! *(interj)* Watch out! Look out!

alerta alert, wide-awake

alfarería *f.* pottery

alga *f.* alga, seaweed

algarabía *f. (coll.)* din, clamor, jabbering

algo something; **algo** + *adj.* somewhat. . . , rather . . .

algodón *m.* cotton

alguien someone

algún *apocopated form of* **alguno**

alguno some; any; someone

alhajas *f. pl.* jewelry

aliado/a *m. & f.* ally

alianza *f.* alliance

aliento *m.* breath

alimentación *f.* nutrition

alimentar to nourish; **alimentarse de** to be fed on

alimentos *m. pl.* food

aliviar to relieve

alistar go get ready, prepare oneself

alitas *f.* small wings

alma *f.* soul; **romperse el alma** to try very hard

almacén *m.* department store; grocery store

almorzar (c) to eat lunch

almuerzo *m.* lunch

alondra *f.* lark

alquiler *m.* rent

alrededor around

altanero haughty, arrogant; soaring

alteración *f.* change, alteration

alterar to change, alter

alternación *f.* alternation

alternar to alternate, take turns

alternativa *f.* alternative; choice, option

alternativo alternative

altibajos *m. pl.* ups and downs

altísimo (*superl. of* **alto**) very high

altitud *f.* altitude, elevation

altivez *f.* arrogance

alto tall; high; loud; **clase alta** upper class; **hacer un alto** to make a halt, come to a stop

altura *f.* height; **a estas alturas** at this (advanced) age; by now

alucinación *f.* hallucination

alucinar to hallucinate; to delude, dazzle

aludir (a) to allude, refer (to)

alumbrado luminous, lighted, lit

alumbrar to light, illuminate

alumno/a *m. & f.* student

alzar (c) to raise, lift

alzarse to rise, tower (*above*)

allá (alt. of **allí**) there; **más allá de** beyond

allí there

ama de casa *f.* housewife

amabilidad *f.* kindness, friendliness

amable kind, friendly

amado/a beloved

amanecer *m.* dawn, daybreak; **(zc)** *v.* to dawn, begin to get light; to start the day, to wake up

amante *m. & f.* lover

amar to love

amargar (gu) to embitter

amargo bitter

amarrar to tie

amarillo yellow

amartelado/a *m. & f.* infatuated person

amasado soft

amazónico of the Amazon

ambición *f.* ambition

ambicioso ambitious

ambiental environmental

ambiente *m.* atmosphere, environment

ambos *m. pl.* both

amenaza *f.* threat, menace

amenazar (c) to threaten

ametralladora *f.* machine gun

amigable friendly

amigo/a *m. & f.* friend

amiguito *m.* (*dim. of* **amigo**) little friend, dear friend

amistad *f.* friendship, friendly relationship; **amistades** *f. pl.* friends

amistoso friendly

amnistía *f.* amnesty

amo *m.* master; **ama** *f.* mistress

amor *m.* love; **amores** *m. pl.* romance, love affair

amorosidad *m.* love (*slang*)

amoroso amorous; loving

ampliado expanded, amplified

amplio full; bold; spacious, wide, roomy

analfabetismo *m.* illiteracy

analfabeto illiterate

análisis *m.* analysis

analista *m. & f.* analyst

analizar (c) to analyze

anarquía *f.* **anarchy**

anárquico anarchical

anarquismo *m.* anarchism

anciano *m.* old person

ancho wide, broad

anchura *f.* width, breadth

andado trodden, walked (path)

Andalucía *f.* southern part of Spain, Andalusia

andaluza *f.* Andalusian (woman)

andar (*irreg.*) to walk; to go about, go, keep on; to be; **¡Anda!** (*coll.*) Come on!, Cut it out!, **volver a las andadas** (*coll.*) to go back to one's old tricks

andino Andean

anécdota *f.* anecdote

anestésico *m.* anesthetic

anglicismo *m.* Anglicism

anglo/a *m. & f.* person of English heritage; English-speaking person

anglosajón/a Anglo-Saxon; *m. & f.* Anglo-Saxon

angosto narrow

ángulo *m.* angle, corner

angustia *f.* anguish, distress

anhelar to yearn for, to long for

anillo *m.* ring

animación *f.* animation, liveliness

animado animated, full of life

animador/a *m. & f.* moderator, announcer

animadversión *f.* enmity, ill will

animalito *m.* (*dim. of* **animal**) little animal

animarse to become lively, animated; to brighten up, feel encouraged

ánimo *m.* spirit, courage; **estado de ánimo** mood, frame of mind

aniversario *m.* anniversary

anoche last night

anochecer *m.* nightfall; **(zc)** *v.* to get dark

anonimato *m.* anonymity

anónimo anonymous

anotar to write down; to note

Anselmo Anselm

ansia *f.* anxiety, yearning

ansioso anxious, anguished; uneasy, worried

Antártida *f.* Antarctica *(continent)*

ante before, in front of, in the presence of, faced with

anteceder to precede

antemano: de antemano beforehand

antena *f.* antenna, aerial

anteojos *m. pl.* glasses, spectacles

antepasado *m.* ancestor

anterior previous, preceding, former

antes before; **antes de** before *(in time);* **antes de** + *inf.* before + *ger.*

antialcohólico antialcoholic, against alcohol

antibiótico *m.* antibiotic

anticipación *f.* anticipation

anticipar to anticipate

anticonceptivo *m.* contraceptive

anticuerpo *m.* antibody

antiguamente in former times

antiguo old, ancient, old-fashioned; **antiguos** *m. pl.* the ancients

antihéroe *m.* antihero

antipolítico apolitical

antología *f.* anthology

antónimo *m.* antonym, word meaning the opposite of another

Antonio Anthony

antorcha *f.* torch

anual annual, yearly

anualmente yearly, every year

anular to annul, nullify, revoke

anunciar to announce, advertise

anuncio *m.* advertisement; notice, sign

añadir to add; to increase

año *m.* year; **hace—años . . .** years ago; **tener—años** to be . . . years old

apacible peaceful; mild

apagar (gu) to switch off (lights); extinguish (fire); **apagarse** to dim or fade

apalear to beat, thrash

aparato *m.* apparatus; device

aparcamiento *m.* parking

aparecer (zc) to appear; to show up, turn up

aparecido *m.* apparition; specter

aparente apparent

aparición *f.* apparition

apariencia *f.* appearance; aspect

apartado separated; remote

apartamento *m.* apartment

apartarse to move away, withdraw

aparte apart, aside; separate

apasionado (por) impassioned; madly in love with; crazy (about)

apasionante passionate

apasionar to appeal deeply; to enthuse

apego *m.* attachment, fondness

apellido *m.* last name, surname

apenas scarcely

aperlado pearl-colored

apetito *m.* appetite

apetitoso appetizing

aplacar (qu) to appease, calm

aplastar to crush, flatten; **aplastarse** to become crushed, to flatten oneself *(as against a wall)*

aplaudir to applaud, clap

aplauso *m.* applause

aplicación *f.* application *(not in the sense of an application form)*

aplicado applied

aplicar (qu) to apply

apoderarse (de) to appropriate, seize, take possession of

aportar to bring, contribute

aporte *m.* contribution

apostar (ue) to bet, make a bet

apoyar to support, give support; to rest, lean

apoyo *m.* support, backing, aid

apreciación *f.* appraisal, evaluation; appreciation

apreciar to appreciate

aprender to learn

aprendizaje *m. (act of)* learning

apresuradamente hurriedly

apresurado hurried, rushed

apretadísimo *(sup. of* **apretado***)* very compressed, pressed tightly together

apretar (ie) to press, squeeze; to harrass, plague; afflict

apretón *m.* grip, squeeze; **apretón de manos** handshake

aprisionar to imprison
aprobar (ue) to pass *(an examination);* to approve
aprontarse to prepare oneself
apropiado appropriate, fitting, correct
aprovechar to take advantage of
aproximadamente approximately
aproximarse to draw near, approach
aptitud *f.* aptitude
apuesta *f.* bet
apuntación *f.* notation, note
apuntador/a *m. & f.* timekeeper, recorder, prompter
apuntar to point out; to point, aim
apuntes *m. pl.* notes
apurar to purify, refine; to drain, finish up; to rush
apurarse to worry
aquellos, aquellas those, those ones
aquí here
árabe *m. & f.* Arab, Arabian
araña *f.* spider
arañarse to scratch one another; *(fig.)* to quarrel
árbol *m.* tree
arbusto *m.* bush
arder to burn
ardiente burning; ardent
arduo arduous
arena *f.* sand
arenita *f. dim. of* **arena**
arenoso sandy
argentino Argentinian; *m. & f.* Argentine, Argentinian
argot *m. (gall., coll.)* argot, jargon, slang
argumentar to argue (pre-

sent arguments for or against a point)
argumento *m.* argument *(in a line of reasoning);* plot *(of a story, film, etc.)*
aridez *f.* barrenness, dryness
árido arid, barren
arisco surly
aristócrata *m. & f.* aristocrat
arma *f.* arm, weapon
armado armed
armadura *f.* armor
armamento *m.* armament; armaments, weapons
armar to cause, create *(confusion);* **armarse** *(fig.)* to arm oneself *(with courage)*
armonía *f.* harmony
aro *m.* ring, loop, earring
aromático fragrant, aromatic
arpa *f.* harp
arqueología *f.* archaeology
arqueólogo/a *m. & f.* archeologist
arquetipo *m.* archetype
arquitectura *f.* architecture
arrancar (qu) to tear off, pull off; to set off, leave
arranque *m.* fit, outburst
arrastrar to drag; **arrastrarse** to drag oneself
arreglar to fix up, arrange, adjust; **arreglarse** to be arranged, settled; **bien arreglada** well attired, well dressed
arreglo *m.* arrangement, agreement
arrendar (ie) to rent
arrepentimiento *m.* repentance
arrestar to arrest
arresto *m.* arrest
arriba above, up, upward

arriador/a *m. & f.* (bull) driver; wrangler
arrimarse to approach, to get near to
arrodillado kneeling
arrojar to throw (off, away); to shed
arrollado swept away
arroz *m.* rice
arrugado *m.* wrinkled, creased
arruinar to ruin; to wreck, destroy
arte *m. & f.* art, fine arts
artefacto *m.* device; artifact
artesanía *f.* craft, handiwork
artesano/a *m. & f.* artisan
articulación *f. (anatomy)* joint
artículo *m.* article, essay
artificio *m.* artifice; ruse; **fuegos artificiales** fireworks
artístico artistic
asado roasted; *m.* roast meat
asalto *m.* assault, attack
asamblea *f.* assembly
ascendencia *f.* ancestry
ascender to ascend, mount, climb
ascendiente *m. & f.* ancestor
ascenso *m.* rise, promotion ascent
ascensor *m.* elevator
asegurar to assure, guarantee; to secure, fasten; to make firm
asco *m.* nausea
asesinato *m.* assassination, murder
asesor/a *m. & f.* advisor
asesinar to murder, to assassinate
aseverar to affirm, to assert

así so; like that, like this; in this way; **así que** so that

asiático asiatic

asidero *m.* handle

asiento *m.* seat

asignado assigned

asignatura *f.* course, subject *(in school)*

asilo *m.* home *(for the insane)*; asylum

asimilación *f.* assimilation

asimilarse to become incorporated or assimilated

asir to grasp

asistencia *f.* attendance, presence; aid

asistente *m. & f.* person present

asistir to attend, take care of, nurse; **asistir a** to attend, be present at

asociación *f.* association

asociado associated

asociar(se) to associate

asomarse to show, show up, appear

asombrarse to be astonished

asombro *m.* amazement, shock

asombroso astonishing, amazing

aspecto *m.* aspect; **de mejor aspecto** better looking

áspero harsh; rough

aspiración *f.* aspiration

aspirante *m. & f.* aspirant, candidate; applicant

aspirar (a) to aspire (to)

aspirina *f.* aspirin

asqueroso disgusting, loathsome

astro *m.* star

astronauta *m. & f.* astronaut

astucia *f.* cleverness, astuteness

astuto astute

asumir to assume *(responsibilities)*

asunto *m.* affair; business, matter

asustado frightened, afraid

asustar to frighten; **asustarse** to become frightened, to get scared

atacar (qu) to attack

atado *m.* pack

atajar to stop, halt

ataque *m.* attack

atar to tie, tie up; to bind

atardecer *m.* late afternoon; **(zc)** *v.* to draw toward evening

ataúd *m.* coffin

atenazar to torture

atención *f.* attention

atender (ie) to tend, take care of

atentado *m.* attempt, assault, attack, assassination attack

atentar (ie) to attempt a crime

ateo/a *m. & f.* atheist

aterido numbed (by the cold)

aterrizar (c) to land

atestar (ie) to stuff, pack, fill, cram

atiborrar to pack, stuff, fill

atisbar to watch, to observe

atisbo *m.* glimpse, sign, suspicion

atleta *m. & f.* athlete

atlético athletic

atletismo *m.* track and field

atmósfera *f.* atmosphere

atmosférico atmospheric, of the atmosphere

atónito amazed

atontado stunned, stupefied

atorar to obstruct, to clog

atormentado tormented, tortured

atracción *f.* attraction

atractivo attractive

atraer *(irreg.)* to attract; to draw, lure

atrampillar to trap

atrapar to catch

atrapado caught

atrás behind; **hacia atrás** backwards; **más atrás** farther back; **veinte años atrás** twenty years ago

atrasado backward; late in time

atravesar (ie) to cross, to come across or over

atrayente attractive

atreverse (a) to dare (to)

atribuir (y) to attribute to; to impute to

atribular to grieve, afflict

atrocidad *f.* atrocity

atroz atrocious *(pl.* **atroces)**

aturdido thoughtless; confused

aturdirse to become upset

audacia *f.* audaciousness, boldness

audiencia *f.* audience

audífonos *m. pl.* headphones

auditorio *m.* audience

auge *m.* apex; popularity, vogue

aumentar to augment, increase, enlarge

aumento *m.* increase, enlargement

aun even, still; **aún** yet

aunque although

aura *f.* gentle breeze

auricular *m.* earpiece (of telephone)
aurora *f.* daybreak, dawn
ausencia *f.* absence
auspicio: bajo los auspicios de under the auspices of
austeridad *f.* austerity
austral southern
australiano/a Australian
auténtico authentic
auto *m.* car, automobile
autoabastecimiento *m.* self-sufficiency
autoafirmarse to affirm oneself
autobús *m.* bus
automático automatic
automóvil *m.* automobile
autor/a *m. & f.* author, authoress
autoridad *f.* authority
autoritario authoritarian
autorizar (c) to authorize
autosugestión *f.* auto-suggestion, self-suggestion
auxiliar *m. & f.* helper, assistant; *v.* to help, aid, assist
avance *m.* advance
avanzado advanced
avanzar (c) to advance
aventar to throw, to expel
aventura *f.* adventure; love affair
aventurar to risk, venture
avergonzarse (ue)(c) to be ashamed
avería *f.* failure, breakdown
averiguar to ascertain, find out, verify
aviador *m.* aviator
avión *m.* airplane
avisar to inform
ayer yesterday
ayuda *f.* help

ayudar to help
ayuntamiento *m.* town hall, city hall
azada *f.* hoe
azafata *f.* stewardess
azote *m.* scourge, lashing
azúcar *m.* sugar
azucarero *(pertaining to)* sugar
azucena *f.* Madonna or white lily
azul blue

B

bachillerato *m.* high school degree
bailar to dance
bailarín *m.,* **bailarina** *f.* dancer
baile *m.* dance
bajar to drop; to come down; to take down; **bajar de** to get off
bajo low; short; under
bala *f.* bullet
balada *f.* ballad
balanza *f.* scale
balbucear to stammer
balcón *m.* balcony
baldío vain, useless; uncultivated *(land)*
balear to shoot at, fire upon
balón *m.* ball, soccer ball
baloncesto *m.* basketball
banal trivial
bananero *(pertaining to the)* banana
banco *m.* bank; bench
banda *f.* band, musical group; **banda** *f.* gang
bandeja *f.* tray
bandido *m.* bandit
bando *m.* faction; gang

bañista *m. & f.* bather, swimmer
baño *m.* bath; **baño de sol** sunbath; **cuarto de baño** bathroom; **traje de baño** swimsuit
banquete *m.* banquet, feast
baraja *f.* deck *(of cards)*
barato inexpensive; cheap
barba *f.* beard; chin
barco *m.* ship
barra *f.* bar; railing, **barra fija** *(drinking at the)* bar
barrer to sweep
barrera *f.* barrier
barriga *f.* stomach, belly
barrio *f.* section *(of a city)*, quarter, neighborhood
basado based
basar to base
básico basic
básicamente basically
básquetbol *m.* basketball
bastante enough, sufficient, fairly
¡Basta! (That's) enough!
bastar to be enough
bastardilla italics
basura *f.* garbage
bata *f.* dressing gown, robe
batalla *f.* battle
batallar to battle
batata *f.* sweet potato
baúl *m.* trunk
bautizado baptized
bebé *m. & f.* baby
beber to drink
bebida *f.* drink
beca *f.* scholarship
béisbol *f.* baseball
belleza *f.* beauty
bello beautiful, fair
bendecir *(irreg.)* to bless
bendito blessed
beneficiar to benefit

beneficio *m.* benefit
beneficioso beneficial
benévola kind
besar to kiss
beso *m.* kiss
bestia *f.* beast, monster
Biblia *f.* Bible
biblioteca *f.* library
bicicleta *f.* bicycle
bicho *m.* bug, insect
bien well, all right; **esta bien** it's correct, that's right; **pasarlo bien** to have a good time
bienes *m. pl.* goods; property; wealth
bienestar *m.* well-being welfare; comfort
bienvenido welcome
bigotazo *m. augm. of* **bigote**
bigote *m.* moustache
Bilbao Bilbao (city in northern Spain)
bilingüe bilingual
billete *m.* ticket
billetera *f.* wallet
billón *m.* billion
biología *f.* biology
bisabuelos *m. pl.* great-grandparents
bisnieto/a *m. & f.* great-grandson, great-grand-daughter
bisonte *m.* bison, buffalo
blanco white
blanquísimo *sup. of* **blanco**
blindado armored
bloque *m.* block
bloqueo *m.* blockade
blusa *f.* blouse
blusón *m.* long blouse
boca *f.* mouth
boda *f.* wedding
bohemio bohemian, gypsy-like

bolita *f.* small ball
bolsa *f.* bag; purse; pucker (*in clothes*)
bolsillo *m.* pocket
bolso *m.* bag
bomba *f.* bomb
bombeta *f.* firecracker
bondad *f.* goodness, kindness
bondadoso kind
bonito pretty
boom *m.* explosion of popularity
Borbón *m. (hist.)* Bourbon
bordado *m.* embroidery
bordar to embroider
borde *m.* edge
bordo: a bordo on board
borrachera *f.* drunkenness
borracho drunk
borrarse to be erased
borriquita *f.* little female donkey (*dim. of* **borrica**)
bosque *m.* forest
bostezo *m.* yawn
bota *f.* boot
botar to throw away, knock down
bote *m.* boat
botella *f.* bottle
boticario/a *m. & f.* druggist, pharmacist
botón *m.* button
botones *m.* bellhop, bellboy
boxeador *m.* boxer
bramido *m.* roar
Brasil *m.* Brazil
brasileño Brazilian
bravo brave; savage, fierce
brazo *m.* arm
brebaje *m.* potion, brew
bretón *m.* Breton, person from Brittany
breve brief
brillante brilliant
brillar to shine

brillo *m.* shine, glow
brilloso shiny
brincar (qu) to jump
brinco *m.* jump; **de un brinco** with a jump
brindar to offer, to invite
brindis *m.* toast (to one's health, with drinks)
brisa *f.* breeze
brizna *f.* blade
broma *f.* joke
bromear to joke
bronceado *m. & f.* tanned
bronceador tanning
broncearse to get tan (from the sun)
bronco rasping, harsh
bronquitis *f.* bronchitis
bruces: de bruces face down
brujo *m. & f.* sorcerer
brusco rough
brusquedad *f.* abruptness
buceo *m.* diving, swimming underwater; **buceo con tubo de respiración** snorkling; **buceo con tanques** scuba diving
bueno good, kind, fine; well, all right; hello (*used for answering the telephone in Mexico*)
buenmozo good-looking
bulto *m.* bundle, package
burgués bourgeois, middle class; (*f.* **burguesa**)
burguesía *f.* bourgeoisie, middle class
burla *f.* jest, scoffing
burlarse de to make fun of
burlesco comical, funny
burlón joking
bus *m.* bus (*shortened form of* **autobús**)
busca *f.* search; **en busca de** in search of

buscar (qu) to search for
búsqueda *f.* search
butaca *f.* seat

C

cabalidad *f.* quality of completeness, precision, correctness; **a cabalidad** completely and correctly
caballero *m.* gentleman; knight
caballito *m. (dim. of* **caballo***)* little horse
caballo *m.* horse
cabecilla *m.* rebel leader, gang leader, ringleader
cabellera *f.* hair, head of hair
cabello *m.* hair
caber to fit into; to go into; **en sí** to be beside oneself (with joy or sorrow); **no cabe duda** there is no doubt
cabeza *f.* head; **ido de la cabeza** crazy; **no tiene pies ni cabeza** it does not make any sense
cabida: dar cabida a to make room for
caballerías *f. pl.* chivalry, knight-errantry
cable *m. (coll.)* cable, cablegram
cabo *m.* end; corporal *(military)*; **al fin y al cabo** after all
cabrita *f.* young goat, kid
cacahuete *m.* peanut
cacería *f.* hunt
cacerola *f.* pan. *(for cooking)*
cacto *m.* cactus
cachete *m.* cheek

cachivache *m.* knick knack; simple thing
cada each
cadáver *m.* corpse, cadaver
cadena *f.* chain; **cadena perpetua** life imprisonment
cadera *f.* hip
caer *(irreg.)* to fall; **-se** to set *(sun)*; to fall down
café *m.* coffee; coffee house
caída *f.* fall
caimán *m.* alligator
caja *f.* box; chest; coffin
cajera *f.* woman cashier
cajetilla *f.* pack *(of cigarettes)*; packet
cala *f.* cove, small bay, fishing ground; anchorage
calabaza *f.* squash; pumpkin
calamidad *f.* disaster
calavera *f.* skull
calcetín *m.* sock
calcular to calculate
cálculo *m.* calculation
calendario *m.* calendar
calentar (ie) to heat up
calidad *f.* quality
cálido warm
caliente hot
calificado qualified
calma *f.* calm, serenity
calmado calm, serene
calor *m.* heat; **tener calor** to be hot
calvicie *f.* baldness
calzar to put on shoes
calzones *m. pl.* underpants
callado silent, quiet
callar(se) to keep quiet
calle *f.* street
callejón *m.* alley, passage
cama *f.* bed
camarero *m.* waiter; **camarera** *f.* waitress
camarón *m.* prawn, shrimp

cambiar to change, alter, convert, turn into
cambio *m.* change; **en cambio** on the other hand
caminante *m. & f.* walker, hiker, person who travels by foot
caminar to walk
caminata *f.* walk, hike
camino *m.* road; track, path, trail
camión *m.* truck
camionero *m.* truck driver
camisa *f.* shirt
camiseta *f.* t-shirt, polo shirt, undershirt
camote *m.* sweet potato
campamento *m.* camp
campana *f.* bell
campanita *f. (dim. of* **campana***)* little bell
campante buoyant
campaña *f.* campaign
campeón/a *m. & f.* champion
campeonato *m.* championship
campesino/a *m. & f.* peasant, farmer; person who lives in the country
campestre of the country, rural
campo *m.* country, countryside; field
camposanto *m.* cemetery
canadiense Canadian; *m. & f.* person from Canada
canana *f.* cartridge belt
canario *m.* canary
canas *f. pl.* grey hairs
canción *f.* song
candela *f.* candle
candente heated, red-hot
candidato/a candidate

candor *m.* simplicity; innocence, naiveté; candor, whiteness

cano white or grey *(referring to hair)*

canoa *f.* canoe

cansado tired

cansancio *m.* weariness

cansarse to tire, get tired, grow weary

cantante *m. & f.* singer

cantar to sing

cántaro: llover a cántaros *(coll.)* to rain cats and dogs

cantera *f.* stone quarry; pit

cantidad *f.* quantity

cantinero/a *m. & f.* bartender

canto *m.* song, chant

caña *f.* sugar cane

caos *m.* chaos

capa *f.* layer

capacidad *f.* capacity; capability

capataz *m.* superintendent, overseer

capaz capable; *pl.* **(capaces)**

capital principal, chief, major; *f.* capital city; *m.* capital *(econ.)*, wealth

capitán *m.* captain

capítulo *m.* chapter (of book)

capón gelded rooster

caprichoso capricious, fickle

captar to understand, grasp *(an idea)*

capturar to capture

cara *f.* face

carácter *m.* character; nature, kind

característica *f.* characteristic

caracterizar (c) to characterize

¡caramba! *(interj.)* gracious!, good heavens!

caramelo *m.* caramel; candy

carbón *m.* coal

carcajada *f.* burst of laughter

cárcel *f.* jail

cardíaco cardiac, of the heart

carecer (zc) to lack

carente lacking

careta *f.* mask

carga *f.* charge *(of dynamite)*

cargado de laden with

cargar (gu) to load; to weigh down; to carry

cargo *m.* job, position; **hacerse cargo de** to take charge of

Caribe *m.* Caribbean

caricatura *f.* caricature, cartoon

caricia *f.* caress

cariño *m.* affection

cariñoso affectionate, loving

carismático charismatic

Carlos Charles

carmelita Carmelite *(religious order)*

Carnaval *m.* pre-Lenten carnival celebration

carne *f.* meat; flesh

carnicero *m.* butcher

carnívoro carnivorous

caro expensive

carpa *f.* tent

carpintería *f.* carpentry; carpenter's shop

carrera *f.* race, running; career

carretera *f.* highway

carretilla *f.* small cart

carro *m.* cart; car

carta *f.* letter; playing card

cartera *f.* wallet, small purse

casa *f.* house; **en casa** at home

casado married

casamiento *m.* marriage; wedding

casarse (con) to get married (to)

cascabel *m.* small bell; rattle; **serpiente de cascabel** rattlesnake

cascada *f.* cascade; waterfall

cascarudo *m.* beetle

casi almost

casita *dim. of* **casa**

caso *m.* case; **en todo caso** in any case, at any rate; **hacer caso a** to pay attention to; **hacer el caso** *(coll.)* to be the point at issue

casta *f.* caste

castaño chesnut, brown or hazel

castañuela *f.* castanet

castellano Castilian, Spanish

castigar (gu) to punish

castigo *m.* punishment

castillo *m.* castle

castizo traditional, typical; pure (in style)

casual accidental

casualidad *f.* accident, chance; **por casualidad** by chance

catadrático *m.* professor

catalán/a *m. & f.* Catalonian, person from Cataluña

catarro *m.* head cold
catástrofe *f.* catastrophe
catastrófico catastrophic
categoría *f.* class
Catolicismo *m.* Catholicism
católico/a Catholic; *m. & f.*
  Catholic
caudal *m.* wealth, fortune
causa *f.* motive, reason
causar to cause
cautelosamente cautiously
cazar (c) to hunt
cazo *m.* dipper, ladle
CE European Common
  Market **(Comunidad Eu-**
  ropea); also abbreviated
  CEE (Comunidad
  Económica Europea)
cebolla *f.* onion
ceder to yield, cede; to
  transfer
celebración *f.* celebration
celebrar to celebrate; to
  hold (an event)
celestial heavenly, celestial
celoso jealous; **tener** celos
  to be jealous
celta *m. & f.* Celt
cementerio *m.* cemetery
cena *f.* supper, evening
  meal, dinner
cenar to dine, have supper
cenicero *m.* ashtray
ceniza *f.* ash, cinders
cenizo grey; ashen, ash-
  colored
censura *f.* censorship
censurar to censure
centavo *m.* cent
centenar *m.* hundred
centímetro *m.* centimeter
céntimo *m.* cent
centinela *m. & f.* sentry,
  sentinel
centrar to center

centro *m.* center
centro comercial *m.* shopping center
Centroamérica *f.* Central
  America
cepillar *(carpentry)* to
  plane, make smooth
cerca nearby, close by;
  cerca de near to, close to
cercano near, close; nearby
cerebro *m.* brain
ceremonia *f.* ceremony
ceremoniosamente
  ceremoniously
cero *m.* zero
cerrar (ie) to close; **ce-**
  rrarse to close up
cerro *m.* hill
certeza *f.* certainty
certidumbre *f.* certainty
certitud *(var. of)* certeza
Cervantes, Miguel de author of *Don Quijote*
cerveza *f.* beer
cerviz *f.* back of the neck
César Caesar
cesar to stop, cease
cesta *f.* basket
cibernética *f.* cybernetics
cicatriz *f.* scar
ciclo *m.* cycle
ciego blind
cielo *m.* sky, heaven
cien hundred
ciénaga *f.* marsh, swamp
ciencia *f.* science
científico/a scientific;
  m. & f. scientist
ciento hundred
cierto certain; **hasta cierta**
  medida to a certain
  degree
cifra *f.* figure, number
cigarrillo *m.* cigarette
cilindro *f.* cylinder

cinco five
cincuenta fifty
cine *m.* movie theatre
cineasta *m.* film producer
  or maker
cínico cynical
cinismo *m.* cynicism
cinta *f.* ribbon; tape
cinturón *m.* belt
círculo *m.* circle
circundante surrounding
circunscrito circum-
  scribed; limited
circunstancia *f.*
  circumstance
cirujano/a *m. & f.* surgeon
cita *f.* appointment
citar to quote; to make
  a date; to make an
  appointment
ciudad *f.* city
ciudadanía *f.* citizenship
ciudadano/a *m. & f.* citizen
civil civilian, polite
clandestinidad *f.* clandes-
  tinity, secrecy
claramente clearly
clarificar to clarify
claro clear, bright; **claro**
  clearly
clase *f.* class; **clase alta,**
  media, baja upper, middle, lower class
cláusula *f.* clause
clavado nailed
clave key, essential, e.g. *pa-*
  labras claves, key words;
  f. key to a mystery
clavo *m.* nail; *(coll.)* debt
clero *m.* clergy
cliente *m. & f.* client;
  customer
clima *m.* climate
clínico clinical
club nocturno *m.* night club

coalición *f.* coalition, alliance

cobija *f.* blanket *(Mex.)*

cobrar to charge *(for something);* to acquire

cobre *m.* copper

coca *f.* coca plant, coca leaf

cocaína *f.* cocaine

cocina *f.* kitchen

cocinar to cook

cocinero/a *m. & f.* chef, cook

coco *m.* coconut tree; coconut (fruit)

cocodrilo *m.* crocodile

cóctel *m.* cocktail party

coche *m.* automobile, car

código *m.* code

coger (j) to take, grab; to pick, collect; to catch

cognado *m.* cognate

cohete *m.* skyrocket

coincidir to coincide; to agree

cola *f.* tail *(of an animal);* line *(of people waiting)*

colaboración *f.* collaboration

colección *f.* collection

colega *m.* colleague

colegio *m.* school, secondary school, preparatory school

cólera *f.* anger

colesterol *m.* cholesterol

colgar (ue) to hang

colina *f.* hill

colmo *m. (coll).* end, limit, last straw

colocación *f.* placement

colocar to place, situate

Colón Columbus

colonia *f.* colony

colonizador/a *m. & f.* colonizer, settler

colono/a *m. & f.* colonist, settler

coloquio *m.* colloquy, talk

color de rosa rose-colored

colorado red, ruddy

colorín *m.* vivid color

columna *f.* column

collar *m.* necklace

coma *f.* comma (punctuation mark)

comadre *f.* mother or godmother; female relative through baptism

combate *m.* combat, fight

combatir to combat, fight

combinación *f.* combination

comedia *f.* comedy

comedor *m.* dining room

comentar to comment, make comments

comentario *m.* commentary; comment

comenzar (ie)(c) to begin, start, commence

comer to eat

comerciante *m. & f.* business person; merchant, trader

comercio *m.* trade, commerce, business

comestibles *m. pl.* foodstuffs, provisions

cometer to commit

cometido *m.* commission; assignment; *(ptp. of* **cometer)**

cómico funny

comida *f.* food; meal; dinner or lunch

comido: pan comido easy, a foregone conclusion

comienzo *m.* beginning; **a comienzos del siglo XX** at the beginning of the XXth century

comilona *f. (coll.)* occasion of excessive eating

comisario *m.* commissary, deputy

comisión *f.* commission, committee

comité *m.* committee, commission

como as, like; about, since; **¿cómo?** in what manner? how?

cómodamente comfortably, in a relaxed way

comodidad *f.* comfort, convenience

cómodo comfortable, cozy; handy, convenient

compadrazgo *m.* relationship between parents and godparents of a child, system of mutual help among relatives

compadre *m.* father or godfather; male relative through baptism

compañero/a *m. & f.* companion, partner

compañía *f.* company

comparación *f.* comparison

comparar to compare

compartir to share

compasión *f.* compassion

compasivo compassionate

competencia *f.* competition

competición *f.* contest

competidor/a *m. & f.* competitor, contestant

competir (i) to compete

competitivo competitive

compilador/a *m. & f.* compiler; collector

complejo complex

completar to complete

completo full

complicación *f.* complication

complicado complicated

complot *m.* plot; conspiracy, intrigue; *(pl.* **complots***)*

componer to compose

comportamiento *m.* behavior

comportarse to behave

composición *f.* composition

compositor/a *m. & f.* composer

compra *f.* purchase, buying; buy

comprador/a *m. & f.* buyer

comprar to buy, purchase

comprender to understand; to include; to take in; to consist of

comprensión *f.* understanding; comprehension; comprehensiveness

comprobar (ue) to verify, check; to prove, to confirm

comprometerse to commit oneself; to become engaged

compromiso *m.* pledge, commitment; engagement (to be married)

compuesto composed

computación *f.* computation; of or having to do with computers; **ciencia de computación** computer science

computador/a *m. & f.* computer (machine)

común common, ordinary **lugar común** commonplace; **por lo común** commonly; **sentido común** common sense

comuna *f.* commune

comunicación *f.* communication

comunicar to communicate; **comunicar con** to connect with

comunicatividad *f.* communicability; outgoingness

comunidad *f.* community

comunista communist *m. & f.* communist

comunitario of or for the community

con with; **con tal de que** provided that

concebido conceived

concebir (i) to conceive; to imagine

conceder to grant

concentración *f.* concentration

concentrar to concentrate

concepto *m.* concept

conceptuar to consider, regard

concertar to arrange, agree upon

concernar (ie) to concern

conciencia *f.* conscience; consciousness

concierto *m.* concert

conciso concise

concluir (y) to conclude, finish

concreto concrete

concurrente *m. & f.* person in attendance

concha *f.* shell, scallop

conde *m.* count; **condesa** *f.* countess

condena *f.* sentence

condenado *m.* reprobate; condemned

condenar to condemn, sentence

condescendiente *m.* condescending person

condición *f.* state; status; condition

condimentar to season *(food)*

condimento *m.* spice

conducir (j) (zc) to drive; to steer; to convey

conducta *f.* conduct, behavior

conductor *m. & f.* driver

conejo *m.* rabbit

confección *f.* dressmaking

conferencia *f.* lecture; conference

conferir to grant, to confer

confesar to confess

confianza *f.* confidence, reliance, trustfulness

confiar to trust, have confidence

confidencia *f.* secret; **hacer confidencias (a)** to confide (in)

confirmar to confirm, acknowledge

confirmado confirmed, verified

conflicto *m.* conflict

confluir (y) to join, to meet

conformarse (con) to resign oneself (to)

conformidad *f.* conformity

conforme just as

confort *m.* comfort

confundido confused, mistaken

confundir to confound, to confuse

confuso confused, confusing, mixed up; vague, cloudy

congénere *m. & f.* fellow, person of the same sort

congeniar to get along, be compatible

congoja *f.* anguish, distress, grief

congresista *m. & f.* member of congress, representative

congreso *m.* conference, convention, congress

conjunto *m.* group; whole; **en conjunto** as a whole

commemoración *f.* commemoration

Cono Sur *m.* Southern Cone (of Latin America), composed of Argentina, Uruguay and Chile

conocer (zc) to know; to meet

conocido/a known; *m. & f.* acquaintance

conocimiento *m.* knowledge

conquista *f.* conquest

conquistar to conquer

consabido already known, well known

consagrado *m.* sacred, devoted

consciente conscious, aware

consecuencia *f.* consequence, result

conseguir (i) to get, obtain

consejo *m.* advice; council; *m. pl.* advice

consentimiento *m.* consent

consentir to consent

conservado/a conservative

conservadorismo *m.* conservatism

conservar to conserve, preserve

consideración *f.* consideration

considerar to consider

consistir to consist

consolar (ue) to console

constante constant

constar to be clear; to be on record; to consist

constatación *f.* proof, substantiation

consternarse to become greatly disturbed

constituir (y) to constitute

construir (y) to build, construct

consuelo *m.* consolation

consulta *f.* consultation; doctor's office; **horas de consulta** office hours

consumidor/a *m. & f.* consumer

consumir to consume

consumo *m.* consumption (*e.g. of food and goods*)

consunción *f.* destruction; wasting away

contacto *m.* contact, touch; **en contacto con** in touch with

contagio *m.* contagion

contaminación *f.* contamination, pollution

contar (ue) to count; to tell (*a story*); **contar con** to count on

contemplar to contemplate

contemporáneo contemporary

contener (*irreg.*) to contain, hold

contenido contained; *m.* contents (of some object)

contentar to make happy or content, to satisfy

contento content, happy; *m.* contentment, joy

contestar to answer

contexto *m.* context

contienda *f.* contest, battle

contigo with you

contiguo/a adjoining

continente *m.* continent

continuación *f.* continuation; **a continuación** later on; below, following this

continuar to continue

continuo continuous, steady

contra against; facing; **en contra de** against

contracción *f.* contraction

contradictorio contradictory

contraer (*irreg.*) to contract; to acquire; to make smaller, reduce

contraponer (*irreg.*) to compare, contrast; to set A up against B

contrario/a contrary, opposite; *m. & f.* opponent; **al contrario, por el (lo) contrario** on the contrary

contrarrestar to resist, oppose

contraste *m.* contrast

contratar to hire

contribuir (y) to contribute

controlar to control

controversia *f.* controversy, dispute

controvertido controversial

convencer (z) to convince, persuade

convencido convinced

conveniente suitable, fitting

convenir (*irreg.*) **(ie)** to be suitable; to agree

conversación *f.* conversation

conversar to converse

convertir (ie, i) to convert, change; **convertirse en** to become; to turn into

convidado/a *m. & f.* guest

convidar to invite, treat

convincente convincing

convivir to live together

convocar (qu) to convoke, call (*a meeting, etc.*)

cooperar to cooperate

cooperativa *f.* cooperative,

cooperative society
cooperativo cooperative
coordinador/a *m. & f.* coordinator
copa *f.* wineglass, goblet; trophy; drink; **tomar una copa** to have a drink
copioso copious, abundant
coqueto/a *m. & f.* flirtatious
coraje *m.* courage, fortitude; anger
corazón *m.* heart; core
corbata *f.* tie
cordialidad *f.* cordiality; warmth
cordillera *f.* mountain range
corona *f.* crown
coronel *m.* colonel *(milit.)*
corporal bodily, corporal
correcto proper, correct
corregir (i) (j) to correct
correo *m.* post office
correr to run
correspondencia *f.* correspondence, mail
corresponder to correspond
corrida *f.* bullfight
corrido *m.* Mexican ballad; **de corrido** without stopping
corriente common, ordinary *f. (electric)* current
corro *m.* group, circle
corromper to corrupt
corrupto corrupt
corsario *m.* privateer, corsair, pirate
cortar to cut; to hack; chop; to cut off
corte *m.* cut, cutting; fit of a garment; *f.* court; **hacer la corte a** to pay court to
cortejar to court, woo
cortés courteous, polite
cortesía *f.* courtesy

cortina *f.* curtain, screen
corto short
cosa *f.* thing; **(no es) gran cosa** (not) very much
cosaco *m.* Cossack
cosecha *f.* harvest
cosechar to harvest, to reap
cosido: cosido con devoted to
cosmogonía *f.* cosmogony, the study of the formation of the universe
cosmopolita cosmopolitan
costa *f.* price; coast, shore; **a toda costa** at any price
costado *m.* side, flank
costar (ue) to cost; to be difficult
costarricense *m. & f.* Costa Rican
costo *m.* cost
costoso costly, expensive
costumbre *f.* custom, habit; **como de costumbre** as usual
cotidiano daily
covacha *f.* small cave, grotto
creación *f.* creation
creador creative; *m.* creator
crear to create; to make; to invent
crecer (zc) to grow; to grow up
creciente increasing; growing
crecimiento *m.* increase; growth; rise in value
crédito *m.* credit
creer (y) to believe
criado/a *m. & f.* servant
crianza *f.* breeding
criar to raise
criarse to grow up, to be raised or brought up

criatura *f.* little creature (child, baby)
crimen *m.* crime
criollo Creole; pertaining to inhabitants of the Americas, born of European parents
crisis *f.* crisis, grave turn of events
crisol *m.* crucible, melting pot
crispar to contract, to become distorted; **con las manos crispadas** with clenched hands
cristal *m.* glass, crystal
crítica *f.* criticism
criticar to criticize
crónica *f.* chronicle
cronológico chronological
crucigrama *m.* crossword puzzle
cruz *f.* cross
cruzar (c) to cross
cuaderno *m.* notebook
cuadra *f.* block
cuadrado square
cuadrar to conform; to square, make square; to suit
cuadro *m.* picture, chart; cadre, group; square
cual which, which one; what; **¿cuál?** which? which one?
cualidad *f.* quality
cualquier any; any one
cualquiera anyone; anybody
cuando when; **¿cuándo?** when?
cuantitativo quantitative
¿cuánto? how much?; **¿cuántos?** how many?
cuanto whatever; **en**

cuanto as soon as; **en cuanto a** as to, as for
cuarenta forty
cuarteado cracked
cuartel *m.* barracks
cuarto fourth; *m.* room; quarter
cuatro four
cubano/a *m. & f.* person from Cuba; Cuban
cubierto covered
cubrir to cover; to hide, conceal
cueca *f.* popular dance of Chile
cuello *m.* neck; collar
cuenta *f.* count, account; **caer en la cuenta, darse cuenta de** to realize
cuentista *m. & f.* short-story writer; story-teller
cuento *m.* short story
cuerda *f.* string, rope
cuerdo sane, sensible, prudent
cuero *m.* leather; skin, hide, pelt
cuerpo *m.* body
cuestión *f.* issue, question
cueva *f.* cave, grotto
cuidado *m.* care; **¡Cuidado!** Watch out!, Be careful!
cuidadosamente carefully
cuidadoso *m.* careful
cuidar to take care (of)
culpa *f.* blame, guilt, fault; **echarse la culpa** to blame oneself; **tener la culpa** to be guilty
culpable guilty
culpar to blame, accuse
cultivable for cultivation, for farming
cultivar to grow (*something*); to cultivate

cultivo *m.* cultivation; crop
culto cultured, learned; *m.* cult, worship
cultura *f.* culture
cumbia *f.* a Colombian dance
cumbre *f.* summit; pinnacle
cumpleaños *m. s.* birthday
cumplido *m.* attention; compliment
cumplir to fulfill; to perform; reach (*a certain age*)
cuna *f.* cradle
cunita *f.* (*dim of* **cuna**) cradle
cuñado *m.* brother-in-law; **cuñada** *f.* sister-in-law
cura *m.* priest; *f.* cure
curación *f.* cure, treatment
curandero/a *m. & f.* witch doctor; native healer
curar to cure
curiosidad *f.* curiosity
curriculum *m.* (*Latin*) curriculum vitae, résumé
cursivo cursive; **letra cursiva** script, italics
curso *m.* course; **seguir un curso** to take a course
cúspide *f.* peak, summit
cutis *m.* skin
cuyo whose

CH

chacra *f.* small farm (*Peruvian*)
chaqueta *f.* jacket
charco *m.* puddle
charla *f.* chat, conversation
charlatán/a *m. & f.* charlatan
charlar to chat
chavo *m.* (*Puerto Rico, coll.*) money, dough

cheles money (*slang*)
cheque *m.* check
chicle *m.* chewing gum
chicano/a Mexican-American; *m. & f.* Mexican-American person
chico small; **chico** *m.* boy; **chica** *f.* girl
chiflado *m. & f.* nutty person
chile *m.* chili pepper
chileno/a Chilean; *m. & f.* Chilean
chillido *m.* shriek, screech
chino/a *m. & f.* Chinese; half-breed (*in some countries of L.A.*)
chiquillo *m.* child
chiquito (*coll., dim. of* **chico**) small; *m.* little one; tiny
chispa *f.* spark; (*fig.*) sparkle, gleam
chiste *m.* joke
chistecito *m.* (*dim. of* **chiste**) little joke
chistoso funny
chivo *m.* goat
chocante shocking; loud
chofer *m. & f.* driver
choque *m.* shock
choteo *m.* act of joking or teasing
chupar to suck
chupete *m.* pacifier
churro *m.* fritter

D

D.C. A.D. (*after Christ*)
dama *f.* lady
danza *f.* dance
danzante dancing
dañar to damage; to harm
dañino harmful

daño *m.* damage; harm
dar *(irreg.)* to give; **dar a conocer** to make known; **dar a entender** to suggest; **dar cabida** to hold; **dar con** to find out; **darse cuenta (de)** to realize; **darse la mano** to shake hands; **dar un paseo** to go for a walk; **darse el gusto** to make oneself happy
dato *m.* fact, datum; **datos** *(pl.)* data
de of; **de acuerdo** in agreement; all right
deambular to stroll
debajo (de) under
debatir to debate, argue, discuss
deber *m.* duty; **deber** + *inf.* to ought to, should; to owe; **deberes** *pl.* homework; **deberse a** to be due to
debido a due to
débil weak
debilidad *f.* weakness
década *f.* decade
decadencia *f.* decadence
decálogo *m.* decalogue, set of rules
decano *m.* dean; oldest member of a community
decena *f.* group of ten
decepción *f.* disappointment, disenchantment; deception
decepcionar to disappoint
decidido decided, determined
decidir to decide; **decidirse** to decide, make up one's mind; **decidirse a** to decide to
decir *(irreg.)* to tell, say; **es decir** that is; **mandar**

decir to send word; **querer decir** to mean
décimo tenth
decisivo decisive, conclusive
declarar to declare, state
declinar to get weak; to decline
decrecer (cz) to decrease
dedicación *f.* dedication
dedicar (qu) to dedicate, devote; **dedicarse (a)** to devote oneself (to)
dedo *m.* finger
deducir (zc) to deduce
defender (ie) to defend
defensa *f.* defense
defensor/a *m. & f.* defender
definición *f.* definition
definir to define
definitivo definitive; final; **en definitiva** in short
deformado deformed
dehesa *f.* pasture ground
deidad *f.* deity
dejar to leave; **dejar de** + *inf.* to stop + *ger.*
del *(contr. of de + el)*; of the; from the
delantal *m.* apron; maid's uniform
delante (de) in front (of)
delectación *f.* delectation, pleasure, delight
delegado/a *m. & f.* delegate
deleitar to delight, please
delgado thin
delgadito *(dim. of* **delgado***)* thin
delicadeza *f.* delicacy
delicado delicate
delicia *f.* delight
delicioso delicious
delictivo criminal, delinquent

delirante delirious
demanda *f.* demand; claim
demás other, rest (of the); **lo demás** the rest
demasiado too; too much; too hard; **demasiados** too many
democracia *f.* democracy
democrático democratic
demográfico demographic, of population; **explosión demográfica** population explosion
demonio *m.* devil, demon
demora *f.* delay
demorar to delay
demostrar (ue) to demonstrate, show
demostrativo demonstrative
denominar to name, call, designate
densidad *f.* density
denso dense
dentífrico of teeth; **pasta dentífrica** toothpaste
dentista *m. & f.* dentist
dentro (de) within; inside
denunciar to denounce
departamento *m.* compartment
depender (de) to depend (on)
deportar to deport
deporte *m.* sport
deportivo athletic, sport
deprimente depressing
deprimido depressed
derecha *f.* right; right wing, conservative groups
derechismo *m.* ultra conservativism, right-wing beliefs
derechista *m. & f.* right-winger; *(politically)* conservative

derecho *m.* right; law *(career or course of study);* straight ahead

derivado derived

derramar to pour out

derribar to knock down, overthrow

derrocar (qu) to overthrow, bring down

derrochar to squander

derrotar to defeat

derrumbamiento *m.* collapse; downfall

derrumbarse to cave in, to collapse

desabrochar to unbutton

desacuerdo *m.* disagreement

desafiar to challenge

desafío *m.* challenge

desagradable disagreeable

desagradecido ungrateful

desahogarse to expose one's grief; to express one's feelings

desahogo *m.* disclosing one's troubles or grief

desalentar (ie) to discourage

desamparo *m.* abandonment; helplessness

desaparecer (zc) to disappear

desarmado dismantled, taken apart

desarme *m.* disarmament

desarticulado disjointed

desarrollado developed

desarrollar to develop

desarrollo *m.* development; **países en (vías de) desarrollo** developing countries

desastre *m.* disaster

desastroso disastrous

desatar to untie

desatender (ie) to pay no attention to

desatino *m.* foolish act

desayuno *m.* breakfast

desbaratado upset, confused

descalabro *m.* calamity; setback

descansado rested

descansar to rest

descanso *m.* rest

descarado impudent

descartar to discard, throw away

descender (ie) to descend

descendiente *m. & f.* descendant, offspring

descomponerse *(irreg.)* to decompose, rot

desconcertar (ie) to confuse; to disconcert

desconcertarse to become upset or annoyed

desconfianza *f.* mistrust, lack of confidence

descongestión *f.* lessening of congestion

desconocido unknown

descontento *m.* displeasure

descontinuar to discontinue

describir to describe

descripción *f.* description

descrito *(ptp. of* **describir***)* described

descubierto *(ptp. of* **descubrir***)* discovered; uncovered

descubrimiento *m.* discovery

descubrir to discover

descuido *m.* neglect

desde since; from; **desde chicos** since (our, their) childhood; **desde luego** of course; **desde que** since

desdén *m.* disdain

desdichado wretched, unlucky, unfortunate

desear to desire, wish

desecho *m.* waste, debris, refuse

desembuchar to disclose, to spill the beans *(coll.)*

desempeñar to recover; to fulfill; **desempeñar un papel** to play a role

desempeño *m.* performance, carrying out *(of duties)*

desempleo *m.* unemployment

desencajar to dislocate

desencantar to disenchant, to disillusion

desenfadado care-free; uninhibited

desenfado *m.* relaxation, ease

desenfrenado unchecked, unbridled

desengaño *m.* disillusionment; realization of the truth

desenmascarar to unmask, *(fig.)* to reveal, to expose

desentenderse (ie) to ignore, pay no attention (to)

desenvolverse (ue) to unwrap, unroll; to develop, expand, evolve

deseo *m.* wish, desire

desequilibrado *(mentally)* unbalanced

desequilibrio *m.* lack of equilibrium; disorder

desesperación *f.* desperation

desesperado *m.* desperate person

desesperarse to despair

desfilar to parade, march

desgano *m.* unwillingness

desgarrador heart-breaking, heart-rending

desgracia *f.* misfortune; disgrace; **por desgracia** unfortunately

desgraciadamente unfortunately

desgraciado unfortunate

deshacerse *(irreg.)* to come apart; to undo

deshonesto dishonest, untruthful

desilusión *f.* disillusionment, disappointment

desierto deserted; *m.* desert

designar to designate

desigualdad *f.* inequality

desistir to desist, to leave off

deslizarse (c) to slip, slide

deslumbrante dazzling

deslumbrar to dazzle

desmayarse to faint

desmentir (ie, i) to prove false, disprove

desnudo naked

desnutrición *f.* malnutrition

desocupación *f.* unemployment

desodorante *m.* deodorant

desolado desolate

desorden *m.* disorder

desordenado disorderly

desorientado disoriented

desparpajo ease *(coll.)*, confidence; impudence

desparramar to spread out

despecho *m.* spite; despair

despedazar (c) to break into pieces

despedida *f.* leave-taking; parting

despedir (i, i) to fire; **despedirse (de)** to take leave (of); to say good-bye (to)

despenalización *f.* depenalization; taking away of

legal penalty

despenalizar to depenalize, to make legal something which has become illegal

desperdicio *m.* waste, squandering; **desperdicios** *m. pl.* garbage, trash

despertar (ie) to awaken; **despertarse** to wake up

despierto awake

desplomar to collapse, tumble down

despoblado unpopulated

despojado despoiled, deprived

despreciable contemptible

despreciar to despise, scorn, look down upon

desprecio *m.* contempt

desprenderse to issue (from)

desprestigio *m.* loss of reputation or popularity

después after; later; **después de** after; **después de todo** after all

destacarse (qu) to stand out, be distinguished

destaparse to reveal oneself

desteñido faded, worn out

desterrarse (ie) to go into exile

destino *m.* destiny, destination

destreza *f.* skill

destrozar (c) to break to pieces

destrucción *f.* destruction

destructor destructive; *m.* destroyer

destrozo *m.* ruin, destruction

destruir (y) to destroy

desvelo *m.* sleeplessness

desventaja *f.* disadvantage

desvestirse to undress

desviar to divert

desvincular to separate

detalle *m.* detail

detectar to detect

detener(se) *(irreg.)* to stop

detenidamente carefully

deteriorarse to become damaged, to deteriorate

deterioro *m.* deterioration

determinación *f.* determination

determinado certain

determinar to determine

detrás (de) behind, (in) back (of)

detrimento *m.* detriment

deuda *f.* debt

devastar to devastate

devoción *f.* devotion, piety

devolver (ue) to return *(something)*

devorar to devour; to eat up

día *m.* day; **al día siguiente, al otro día** the next day; **en días pasados** in the past; **hoy día** nowadays; **todos los días** every day

diablo *m.* devil

diálogo *m.* dialogue

diámetro *m.* diameter

diariamente daily, every day

diario daily; *m.* daily newspaper

diarrea *f.* diarrhea

dibujante *m. & f.* cartoonist

dibujar to draw

dibujo *m.* drawing, sketch

diccionario *m.* dictionary

diciembre *m.* December

dictablanda *f. (neologism)* mild dictatorship *(play on* **dictadura***)*

dictado pronounced, dictated

dictador *m.* dictator

dictadura *f.* dictatorship

dicha *f.* happiness, bliss

dicho said, aforementioned; *m.* saying; *(ptp. of* **decir***)* said; **lo dicho** what has been said

dichoso fortunate; blessed

diecinueve nineteen

diecisiete seventeen

diente *m.* tooth; **decir entre dientes** to mumble, grumble

dieta *f.* diet

diez ten

diferencia *f.* difference

diferenciar to differentiate

diferente different

diferir (ie, i) to be different, differ

difícil difficult

dificilísimo *(sup. of* **difícil***)* very difficult

dificultad *f.* difficulty

difundir to disseminate; to make known

difunto *m.* deceased person

dignidad *f.* dignity

digno worth; appropriate

diligencia *f.* stagecoach; diligence, industriousness

diminutivo diminutive

dinámico dynamic

dinastía *f.* dynasty

dinero *m.* money

Dios *m.* God; god

diplomático/a *m. & f.* diplomat

diputado *m.* congressman; **diputada** *f.* congresswoman

dirá: el qué dirá public opinion (the «what will they say?»)

dirección *f.* direction; address

directo direct

directamente directly

dirigente *m. & f.* leader

dirigir to direct, steer; **dirigirse a** to address oneself to, face toward

disco *m.* (phonograph) record

discoteca *f.* discothéque

discretamente discreetly, tactfully

discreto discreet, prudent

discriminación *f.* discrimination

discriminatorio discriminatory

discuplar to forgive, excuse

discursivo discursive, reflective

discurso *m.* speech

discusión *f.* discussion; argument

discutir to discuss; to argue

diseminado disseminated, spread

diseñar to design

diseño *m.* design; drawing, sketch

disfrazarse (c) to disguise oneself

disfrazado disguised

disfrutar to enjoy

disgustar to displease

disgusto *m.* annoyance, vexation

disimular to pretend; to conceal

disipar to dissipate

disminución *f.* diminution, decrease

disminuir to diminish

disparar to fire, to shoot; **disparar un tiro** to fire a shot

disponer to dispose, make use

disponible available

disposición *f.* disposal, disposition; **a su disposición** at your (or his, her) service

dispuesto ready; disposed; **estar dispuesto a** + *inf.* to be prepared to + *inf.*

distancia *f.* distance

distinción *f.* distinction

distinguido distinguished; elegant, refined

distinguirse to distinguish oneself, excel

distinto distinct, different; *(pl.)* several, various

distorsionar to distort

distraer to distract

distraídamente distractedly

distribución *f.* distribution

distrito *m.* district

diversión *f.* pastime; amusement

diverso diverse, different; *(pl.)* various

divertido funny, amusing; amused

divertir (ie, i) to amuse, entertain; **divertirse** to have a good time, enjoy oneself

dividir to divide; **dividirse** to be divided

divisar to make out, discern, distinguish

división *f.* division

divorciado divorced

divorciarse to get divorced

divorcio *m.* divorce

doblar to double; to fold; to bend; to turn, turn around

doble *m.* double

docena *f.* dozen

docencia *f.* education *(teaching)*

docente teaching; **cuerpo**

docente teaching body, faculty

doctorado *m.* doctorate

documento *m.* document

dólar *m.* dollar

dolencia *f.* illness

doler (ue) to ache; to hurt, feel pain

dolor *m.* pain

dolorido painful, sore

doloroso painful

domar to tame

doméstico domestic; **quehaceres domésticos, trabajos domésticos** household jobs

dominante dominant, predominant; **clase dominante** ruling class; **personalidad dominante** domineering, masterful personality

dominar to dominate; to overpower, to master

domingo *m.* Sunday

dominicano/a *m. & f.* Dominican, person from the Dominican Republic

dominio *m.* dominion, power

don *m.* courtesy title similar to *Mr.*, used before the Christian name of a man

dona *f.* gift; **donas** *f. pl.* gifts given to a bride by the groom

donante *m. & f.* donor

doncella *f.* maiden

donde where; in which; **¿dónde? where?**

doña *m.* title of respect used before the Christian name of a woman

doquier all around

dorado golden; gilded; gold-plated

dorar to gild

dormir (ue, u) to sleep; **dormirse** to fall asleep

doscientos two hundred

dosis *f.* dose (of medicine), amount

dotado endowed, gifted; **dotado de** endowed or complete with

dote *f.* dowry, marriage money

draconiano Draconian, extremely cruel

dramático dramatic; **pieza dramática** serious play

dramaturgo/a *m. & f.* dramatist

droga *f.* drug; drugs; medicine

drogadicto/a *m. & f.* drug addict

drogado doped

drogata *f.* drug addict *(slang)*

ducha *f.* shower

duda *f.* doubt; **no cabe duda (de)** there is no doubt

dudar to doubt

dudoso doubtful

duelo *m.* grief

dueña (de casa) *f.* housewife; hostess

dueño/a *m. & f.* owner

dulce sweet; *m. pl.* candy

dulcísimo *sup. of* **dulce** very sweet

dulzura *f.* sweetness

duna *f.* dune

duplicar (qu) to duplicate; to double (quantity or number)

duración *f.* duration

durante during, for *(period of time)*

durar to last, go on (for)

durmiente sleeping

duro hard, difficult, harsh; **a duras penas** with great difficulties; **durísimo** *(sup. of* **duro***)* very hard

E

e and *(used instead of* **y** *before a word beginning with* **i** *or* **y***)*

ebrio drunk

eco *m.* echo

ecología *f.* ecology

económico economic(al)

ecoturismo *m.* ecological tourism

echado lying down

echar to pour, throw out, back out; to deal *(with cards):* **echar de menos** to miss *(someone);* **echar flores** to give a flattering compliment; **echarse a** + *inf.* to start to + *inf.*

edad *f.* age; **avanzada edad** advanced age; **de edad madura** mature

edición *m.* edition

edificio *m.* building

editorial *f.* publishing house

educación *f.* education; manners, politeness; **buena (mala) educación** good (bad) manners

educado educated; polite; well-mannered; **mal educado** ill-mannered

educar (qu) to train; to bring up

educativo educational

EEUU *m. pl. (abbr. of* **Estados Unidos***)* United States

efectivamente really, actually

efectivo effective; **en efectivo** in cash

efecto *m.* effect; **en efecto** in fact, really

efectuar to carry out; **efectuarse** to be carried out; to take place

eficaz effective

efusión *f.* effusion, shedding

egoísmo *m.* selfishness

egoísta selfish; *m. & f.* selfish person

eje *m.* axis, axle; crux, main point

ejecutar to execute, carry out

ejecutivo/a *m. & f.* executive

ejemplar exemplary

ejemplificar (qu) to exemplify

ejemplo *m.* example

ejercer to practice (a profession)

ejercicio *m.* exercise, drill

ejército *m.* army

elección *f.* election; choice

elector *m.* voter

electricidad *f.* electricity

electrificación *f.* electrification

elefante/a *m. & f.* elephant

elegancia *f.* elegance

elegante elegant

elegido elected, chosen

elegir (i) (j) to elect; to choose; to select

elemento *m.* element

elevación *f.* elevation, height; altitude

elevado high, lofty; sublime

elevarse to rise, raise oneself up

eliminación *f.* elimination, removal, disposal

eliminar to eliminate, remove

elocuencia *f.* eloquence

elogiar to laud; to praise

elogio *m.* compliment, praise

eludir *m.* to elude, get away from

ella she

ello it

ellos they; them *(after preposition)*

embarazada pregnant

embarcarse (qu) to embark, to go on board

embargo: sin embargo however, nevertheless

emblema *m.* emblem

embobado fascinated; held in suspense

emborracharse to get drunk

embotelladora *f.* bottling plant

embriagar (gu) to make drunk; **embriagarse** to become drunk

embromona slow (in intelligence)

embudo *m.* funnel

emergencia *f.* emergency

emergente *m.* emergence; manifestation

emigrar to emigrate; to migrate

emoción *f.* emotion; excitement, thrill

emocionado moved; excited

emocional emotional

emocionante moving, exciting, thrilling

emotivo emotional; sensitive to emotion

emparentado related by family

empeñarse (en) to insist (on); to persist

empeoramiento *m.* worsening

empeorar to make worse **empeorarse** to become worse

empezar (ie) (c) to begin, start

empleado/a *m. & f.* clerk, employee; servant

emplear to employ, use

empleo *m.* use; job; employment

emprender to undertake, set about

empresa *f.* enterprise, company, firm; **administración de empresas** company management

empresario *m.* businessman

empujar to push, shove

empuje *m.* push; thrust

en in; at; on; into

enajenación *f.* alienation

enamorado/a in love; lovesick; *m. & f.* sweetheart

emamorar to inspire love in, win the love of; **enamorarse de** to fall in love with

enardecido excited; inflamed

encadenado chained

encaminado (a) on the way (to), directed (toward)

encantado satisfied, delighted, enchanted

encantamiento, encanto *m.* enchantment, charm

encantar to enchant, to delight

encargado commissioned, in charge

encargarse (de) to take charge (of); to make oneself responsible for

encargo *m.* task, assignment

encarnizado cruel; hardfought; pitiless

encender (ie) to light; to turn on

encendido alight, on fire

encerrar (ie) to shut in; to lock up; to confine

encierro *m.* driving of bulls to the bull pen *(before a bullfight)*

encima above, over, overhead; **encima de** on, upon; **por encima de** above, over

encinta pregnant

enclenque weak, feeble, sickly

encogerse (j) to shrink, contract; **encogerse de hombros** to shrug one's shoulders

encontrar (ue) to find; to meet; **encontrarse** to find oneself

encorvado with bent back

encuentro *m.* meeting, encounter

encuesta *f.* survey, poll

enchufe *m.* connection; influence

enderezarse (zc) to straighten up; to stand up

endulzado sweetened

enemigo/a enemy, hostile; *m. & f.* enemy, foe

energía *f.* energy

enérgico energetic

enero *m.* January

enfadado angry

enfadarse to get angry, get annoyed

enfadoso annoying, irritating

énfasis *f.* emphasis

enfatizar (c) to emphasize

enfermarse to become ill, become sick

enfermedad *f.* sickness, disease

enfermero/a *m. & f.* nurse

enfermizo sickly

enfermo/a sick, ill; *m. & f.* sick person

enfilado arranged in a line or row

enfocar to focus

enfoque *m.* focus

enfrentar to confront

enfrentarse to face, to face up to

enfrente, de enfrente opposite; in front

enfriarse to become cold, to cool down

engañado cheated; deceived

engañar to fool; to deceive; to cheat

engaño *m.* trick, hoax, fraud

engañoso deceitful, deceptive

engendrado created, engendered

enigmático enigmatic, mysterious

enloquecido driven crazy; mad

enojado angry

enojar to anger

enojarse to get angry

enorme enormous

enredado involved, intricate

Enrique Henry

enriquecerse to get rich

enrolarse to be enrolled; to be included

ensalada *f.* salad

ensalmo curing by incantation and herbal medicines; **por ensalmo** very quickly

ensayar to try out; to rehearse; to practice

ensayista *m. & f.* essayist; writer of essays

ensayo *m.* essay; rehearsal

enseñanza *f.* instruction, teaching

enseñar to teach; to train; **enseñar (a)** to teach (to)

ensillar to saddle

ensimismado deep in thought

ensueño *m.* dream, daydream

entender (ie) to understand

entendido: bien entendido naturally, of course

enterarse to find out; to get informed

enterito *dim of* **entero**

entero complete, whole, entire

enterrado buried

enterrar (ie) to bury

entidad *f.* entity

entierro *m.* burial

entintar to ink

entonces then; and so; **de entonces** of those times; **por entonces** in those days

entornar to half-close; to turn

entrada *f.* entrance, admission; **pedir la entrada** to request permission to enter

entrañar to contain; to involve

entrar to go in; to come in, enter

entre between, among

entre semana on weekdays, during the week

entreabierto half-open; ajar

entregar (gu) to deliver; to hand in; to betray

entrelazar (c) to interlace; to interweave

entrenamiento *m.* training

entrenar to train

entretanto meanwhile; meantime

entretener *(irreg.)* to amuse, to entertain; **entretenerse** to amuse oneself

entrevista *f.* interview

entrevistar to interview

entumecido numb

entusiasmar to enthuse

entusiasmo *m.* enthusiasm

envejecer (cz) to grow old

envenenamiento *m.* poisoning

envenenar to poison

enviar to send

enviciado addicted

enviciamiento *m.* addiction

enviciar to corrupt; to cause someone to become addicted; **enviciarse con** to become addicted to

envidia *f.* envy

envilecido vilified, debased

envolver (ue) to wrap

envolverse (ue) to surround oneself

epidemia *f.* epidemic

epígrafe *m.* epigraph; inscription at the beginning of a literary work

epigrama *m.* epigram; short poem with a witty or satirical point

episodio *m.* episode

época *f.* age, period of time

equilibrio *m.* balance, equilibrium

equipaje *m.* luggage

equipo *m.* team; **trabajar en equipo** to work as a team member

equitación *f.* horseback-riding

equitativo just, equitable, fair

equivalente equivalent

equivocación *f.* mistake, error, blunder

equivocado mistaken

equivocarse (qu) to make a mistake or error

erigido erected, set up

erizarse (c) to bristle; to stand on end *(hair)*

erizo (de mar) *m.* sea urchin

erótico erotic

erradicación *f.* eradication, extermination, wiping out

errante wandering, nomadic

esa, ésa that, that one

escala *f.* scale; **a escala menor** on a lower scale

escandalizar (c) to shock, scandalize

escándalo *m.* scandal

escandaloso scandalous

escapar to escape, flee

escape: a escape at full speed

escarcha *f.* frost

escarlata scarlet

escarmiento *m.* lesson or warning gained from punishment

escarpín *m.* baby's booties

escasez *f.* scarcity, lack

escaso scarce

escena *f.* scene

escenario *m.* stage

esclavitud *f.* slavery

esclavo/a *m. & f.* slave

Escocia Scotland

escoger (j) to choose, select

escolar scholastic

escoltar to accompany; to escort

esconder(se) to hide, conceal *(oneself)*

escondida: a escondidas on the sly, secretly

escopeta *f.* gun, shotgun

escribir to write

escrito *(ptp. of* **escribir***)* written

escritor/a *m. & f.* writer, author

escritorio *m.* writing desk; office, study

escritura *f.* writing

escuchar to listen (to); to hear

escuela *f.* school

escueto unadorned, brief

escultura *f.* sculpture

escurridizo slippery

escurrirse to slip away

ese, ése that, that one

esencial essential

esfera *f.* sphere

esfuerzo *m.* effort

esmero *m.* great care, meticulousness

eso that, all that; **a eso de** around or about; **por eso** for that reason

esos, ésos those, those ones

espacial space *(adj.)*

espacio *m.* space

espacioso spacious; slow; deliberate

espada *f.* sword

espalda *f.* back; **a nuestras espaldas** in back of us;

de espaldas a with one's back to; **por la espalda** in the back

espantajo *m.* scarecrow, obnoxious person *(coll.)*

espanto *m.* terror

espantoso frightful, hideous

España Spain

español/a *m. & f.* Spaniard, Spanish

especial special

especialidad *f.* specialty

especialización *f.* specialization; major study

especializado specialized; **no especializado** unskilled

especializarse (c) to specialize

especialmente especially

especie *f.* kind, sort; species

específico specific

espectacular spectacular

espectáculo *m.* show; sight; spectacle

espectador/a *m. & f.* spectator

especulación *f.* speculation

espejismo *m.* mirage

espejo *m.* mirror

espeluznante hair-raising; horrifying

espera *f.* wait; **sala de espera** waiting room

esperanza *f.* hope

esperar to hope; to expect, to wait for

esperpento *m.* grotesque satire

espinudo thorny

espeso dense

espíritu *m.* spirit

espiritual spiritual

espléndido splendid

esplendor *m.* splendor

esponja *f.* sponge

espontaneidad *f.* spontaneity

espontáneo spontaneous

esposo *f.* husband, spouse; **esposa** *f.* wife, spouse; **esposos** *m. pl.* husband & wife, spouses

espumoso foamy, frothy

esquela *f.* note, short message

esqueleto *m.* skeleton

esquema *m.* outline, diagram, plan

esquematizar to outline, make a diagram of

esquí *m.* skiing

esquina *f.* corner, angle

estabilidad *f.* stability

estable stable

establecer (zc) to establish

establecimiento *m.* establishment

estación *f.* station; season

estacionaria fixed, stable

estadía *f.* stay, sojourn

estadio *m.* stadium

estadista *m. & f. (Puerto Rico)* person favoring the idea of Puerto Rico becoming a state of the USA

estadística *f.* statistic

estado *m.* state; condition

Estados Unidos *m. pl.* the United States

estadounidense American; *m. & f.* American, person from the USA

estallar to explode

estampa *f.* appearance

estampilla *f.* postage stamp

estancamiento *m.* stagnation

estancia *f.* cattle ranch *(Argentina);* stay, sojourn

estanque *m.* pond

estaño *m.* tin

estar *(irreg.)* to be; **estar frito** to be in trouble; **estar orgulloso** to be proud

estatal of the state

estatización *f.* state ownership

estatua *f.* statue

estatura *f.* stature, height *(of a person)*

este *m.* east; *pronoun* this

estela *f.* wake *of a ship or boat),* tail *(of a comet)*

estereotípico stereotypical

estereotipo *m.* stereotype

estéril barren, sterile

estero *m.* stream

estilística stylistic

estilo *m.* style

estimar to esteem; to estimate; to believe

estimulante stimulating; *n.* stimulant

estimular to stimulate

estímulo *m.* stimulus

estirar to stretch out

estival pertaining to summer

esto this, all this

estómago *m.* stomach

estornudar to sneeze

estrafalario outlandish, extravagant

estrategia *f.* strategy

estratificación *f.* stratification

estrechar: estrechar la mano to shake hands

estrechez *f.* tightness, narrowness

estrecho close; narrow

estrella *f.* star

estremecer (zc) to shake, make tremble

estrépito *m.* clamor, din
estrés *m.* stress
estriba to be based (on); to depend (on)
estribación *f.* spur *(of a mountain range)*
estricto severe, strict
estridente strident, shrill
estructura *f.* structure
estruendosamente deafeningly, noisily
estudiante *m. & f.* student
estudiantil pertaining to a student
estudiar to study
estudio *m.* study
estudioso studious, (people) involved in studies
estufa *f.* stove
estupendo stupendous, super, great
estúpido stupid
ETA Basque separatist group
etapa *f.* stage, period of time
eterno eternal
etíope Ethiopian; *m. & f.* Ethiopian person
etiqueta *f.* etiquette; label
étnico ethnic
eufemismo *m.* euphemism
Europa *f.* Europe
europeo/a European; *m. & f.* European
evaporar to evaporate
evasión *f.* escape, evasion
evento *m.* event, happening
evidente evident
evitar to avoid; to prevent
evocar (qu) to evoke; to call forth; to describe
exactitud *f.* exactness, accuracy
exagerado exaggerated
examen *m.* examination
examinar to examine, test

excelencia *f.* excelence
excelente excellent
excepción *f.* exception; **excepción hecha de** with the exception of
excepto except
excesivo excessive
exceso *m.* excess, abuse
exclamar to exclaim
excluido excluding
excluir (y) to exclude
exhausto exhausted
exigencia *f.* demand, requirement
exigente demanding
exigir (j) to demand, require
exiliado *m.* exile, expatriate, refugee
exiliar to exile; **exiliarse** to exile oneself, live outside one's native country
exilio *m.* exile; expatriation
existir to exist; to be
éxito *m.* success; **tener éxito** to be successful
expectativa *f.* expectation, hope
expedición *f.* expedition
expediente *m.* dossier, records, file
experiencia *f.* experience
experimentar to experience; to experiment
explicación *f.* explanation
explicar (qu) to explain
explorador/a *m. & f.* explorer
explorar to explore
explotar to explode; to exploit
exponente *m. & f.* exponent, expounder
exponerse *(irreg.)* to expose oneself
exportar to export

expresar to express
expresividad *f.* expressiveness
expuesto risky
expulsar to expel
exquisito exquisite
extender (ie) to extend; to spread out
extensible stretchy; able to be extended
extenso extensive; **familia extensa** extended family
exterior external; foreign; **en el exterior** abroad, outside the country
exterminar to exterminate
externo external; **política externa** foreign policy
extinción *f.* extinction
extinguido extinct
extranjero/a *m. & f.* foreign; foreigner
extrañar to miss *(someone)*
extrañarse to be surprised; to wonder
extraño/a *m. & f.* strange; outsider
extraterrestre/a *m. & f.* alien (from outer space)
extravagante extravagant
extremado extreme
extremo extreme
extrovertido extroverted

F

fábrica *f.* factory
fabricado manufactured
fabricar (qu) to process; to manufacture
fábula *f.* fable
fabuloso fabulous
fácil easy
facilidad *f.* ease; facility; *f.*

pl. conveniences, means

facilitar to facilitate; to supply, furnish

factible feasible, workable

facultad *f.* ability; faculty; school of a university

fachada *f.* facade; exterior part of a building

faja *f.* girdle

falda *f.* skirt

falsedad *f.* falsity; false-hood, lie

falso false; untrue

falta *f.* lack, absence; **hacer falta** to be necessary; to need

faltar to be lacking

fallar to fail, miss

fallo *m.* error, fault, mistake

fama *f.* fame, reputation

familiar familiar; of or be-longing to a family or families

famoso famous

fantasía *f.* fantasy

fantasma *m.* ghost

farisea/o hypocritical, deceptive

farmacia *f.* phamacy

farmacopea *f.* pharma-copoeia, book of drugs and prescriptions

farol *m.* lamp, lantern

fascinar to fascinate

fascismo *m.* Fascism

fascista fascist

fase *f.* phase

fastidiar to annoy; **fas-tidiarse** to get annoyed

fastuosa lavish, luxurious

fatalidad *f.* fatality

fatiga *f.* fatigue; hard breathing

favela *f.* slum (*Brazilian*)

favor *m.* favor; **a favor de** in favor of; **por favor** please

favorecer (zc) to favor

favorito favorite

faz *f.* face; surface

fe *f.* faith

fealdad *f.* uglyness, homeliness

febrero *m.* February

fecha *f.* date

Federico Frederich

felicidad *f.* happiness

felicitar to congratulate

Felipe Phillip

feliz happy, fortunate

femenino feminine, female

feminismo *m.* feminism

feminista *m. & f.* feminist

fenómeno *m.* phenomenon

feo ugly

feria *f.* market; fair

feroz cruel, savage, wild

ferretería *f.* foundry; hard-ware store

ferrocarril *m.* railroad

festejar to feast; to celebrate

festejo *m.* feast; entertainment

festivo festive, joyful

fiarse (de) to confide (in), trust

ficticio fictitious

ficha *f.* filing card; entry

fidelidad *f.* faithfulness

fiebre *f.* fever

fiel faithful

fiera *f.* wild beast

fiesta *f.* party; social gather-ing; celebration

fiestero party-loving

figura *f.* figure

figurar to figure, appear

figurarse to imagine

fijado fixed

fijamente fixedly

fijarse (en) to notice

fijo fixed; sure; agreed upon

fila *f.* row; **en la fila** in the line

filiación *f.* filiation; **por filiación masculina** through the paternal side

filólogo/a *m. & f.* philologist

filosofía *f.* philosophy

filosófico philosophic

filósofo/a *m. & f.* philosopher

fin *m.* end; purpose; **a fin de que** in order that; **a fines de** at the end of; **al fin** at last; **en fin** in short; **fin de semana** weekend; **por fin** finally

final *m.* end, finish

financiación *f.* (*Amer.*) financing

financiar to finance

financiero financial

finca *f.* property, piece of property; farm

fingido feigned; false

fino fine, excellent; polite, refined; good quality

firma *f.* firm, business

firmar to sign

firme firm; **de tierra firme** on the mainland

físico physical

flaco thin; skinny

flagelo *m.* scourge

flamenco Andalusian gypsy (*music, dance, etc.*)

flan *m.* custard

flauta *f.* flute

flecha *f.* arrow

flechazo *m.* arrow shot or wound; sudden love, infatuation

flojear to be weak

flor *f.* flower

florecimiento *m.* flowering; bloom

floresta *f.* forest, grove

florestería *f.* florist, flower shop

florido flowery

flotar to float

fluctuar to fluctuate

fluidez *f.* fluidity, fluency

fogata *f.* bonfire

folklórico folkloric, folk *(music, art, etc.)*

follage *m.* foliage

folleto *m.* pamphlet

fonda *f.* inn; restaurant

fondo *m.* bottom; back, rear; backstage; background; **esquí de fondo** cross country skiing; **fondos** *m. pl.* funds

footing *m. (angl.)* jogging

foráneo foreign

forastero/a *m. & f.* alien, strange; stranger

forcejear to struggle

forjar to forge; to build

forma *f.* form, type, sort

formalidad *f.* formality

formalizar to formalize; to settle, confirm

formar to form

formulario *m.* form, application

fortalecer (zc) to fortify

fortaleza *f.* fortitude; fortress

fortuna *f.* fortune

forzoso compulsory, forced

forzosamente inevitably, necessarily

fosa *f.* grave, pit

foto *f.* snapshot; photo

fotografía *f.* photograph

fotógrafo/a *m. & f.* photographer

frac *m.* tails, swallow-tail coat

fracasar to fail

fracaso *m.* failure, downfall, ruin

fragor *m.* uproar, din

francés/a French; **francés** *m.* Frenchman; **francesa** *f.* Frenchwoman

Francia *f.* France

franco frank, open; generous

Francisco Francis

franquear to cross, pass through

franqueza frankness, openness

frasco *m.* flask; jar

frase *f.* phrase; sentence

fraude *m.* fraud

fraudulento fraudulent, deceitful

frecuencia *f.* frecuency

frecuentar to frequent

frecuente frequent

frenar to restrain; to brake, slow down

frente front; **por frente** in front; **frente a** in front of; *f.* forehead

fresco fresh, cool; **fresco** *m.* coolness

frescura *f.* freshness, coolness

frialdad *f.* indifference, coolness

frijol *m.* bean

frío cold; *m.* cold; **a sangre fría** in cold blood; **hacer frío** to be cold *(in a room, outside)*

frito fried

frívolo frivolous

frondoso leafy

frontera *f.* border; limit

frustrado frustrated

frustrarse to become frustrated

fruta *f.* fruit *(edible)*

fruto *m.* fruit *(part of a plant)*

fuego *m.* fire; **fuegos de artificio** fireworks

fuente *f.* source; spring *(of water);* fountain

fuera outside

fueres *second person s. fut. subj. of* **ir** *(archaic)*

fuerte strong, vigorous; strongly

fuerza *f.* strength; power; **a fuerza de** by dint of; **a fuerza viva** by brute force; **hacer fuerza** to force; **fuerzas armadas** armed forces

fuga *f.* flight, escape

fugarse (gu) to escape, flee; to run away

fugaz fleeting

fulano *m.* chap, bloke, fellow; **fulana** *f.* woman, girl, gal

fulgor *m.* glow

fumador/a *m. & f.* smoker

fumar to smoke

función *f.* function

funcionar to work, function

funcionario/a *m. & f.* government official, functionary

fundación *f.* foundation; founding

fundador/a *m. & f.* founder

fundar to found; to establish

fundirse to melt

fundo *m.* estate

fúnebre funereal, gloomy

funesto fatal, unfortunate

furia *f.* rage, fury, anger

furor *m.* frenzy

fusil *m.* rifle, gun

fútbol *m.* soccer; **fútbol americano** football
futbolista *m. & f.* soccer player
futuro future

G

gaita *f.* bagpipe
galán *m.* young gentleman; suitor
galancete *m.* frivolous young man, dandy
galardón *m.* reward, recompense
galeón *m.* galleon; sailing ship
galería *f.* gallery
Galicia Galicia (region in Northwestern Spain)
galope *m.* gallop
gallego/a *m. & f.* Galician, person from Galicia
gallina *f.* hen
gallito *m.* (*dim of* **gallo**) little rooster
gallo *m.* rooster
gana *f.* desire; wish; appetite; **tener ganas de** + *inf.* to feel like + *ger.;* **de mala gana** unwillingly
ganado *m.* livestock, cattle
ganador/a winning; *m. & f.* winner
ganancia *f.* profit, gain
ganar to earn; to gain; to win
gandul *m.* lazybones
ganga *f.* bargain
garantía *f.* guarantee, pledge
garantizar (c) to guarantee
gasa *f.* chiffon
gasolina *f.* gasoline
gastar to spend; to wear out (clothes)

gasto *m.* expense; cost
gastronomía *f.* gastronomy
gato/a *m. & f.* cat
gemelo/a *m. & f.* twin; **gemelos** binoculars
gemido *m.* groan, moan, wail
gemir (i) to moan
genealógico genealogical
generación *f.* generation
general: por lo general in general
generalísimo *m.* commander in chief
generalización *f.* generalization
gen *m.* gene (biol.)
generar to generate, produce
género *m.* gender; kind; genre; cloth, fabric
generosidad *f.* generosity
genética genetics
genial brilliant
genio *m.* genius
gente *f.* people; crowd
geografía *f.* geography
Gerardo Gerard
gerente *m. & f.* manager
gerundio *m.* gerund
gesto *m.* gesture; facial expression
gigantesco gigantic
gira *f.* tour; excursion
giratorio revolving
gitano/a gypsy; *m. & f.* gypsy
globo *m.* balloon
glorificar (qu) to glorify
glorioso glorious
glotonería *f.* gluttony; greed
gobernado governed
gobernador/a *m. & f.* governor
gobernar (ie) to govern; to regulate; to direct
gobierno *m.* government

gol *m.* (*angl.*) goal (in soccer)
golosina *f.* sweet, tidbit
golpe *m.* blow, stroke, hit; **de golpe** suddenly **golpe militar** coup d'état
golpear to beat; knock; to tap
golpista *m. & f.* person involved in a coup d'état
goma *f.* rubber; glue
gongo *m.* gong
gordo fat, plump
gorguera *f.* ruff; gorget, neck guard (*of armor*)
gorra *f.* cap
gorrión *m.* sparrow
gota *f.* drop
gozar (c) to enjoy
gozo *m.* joy, pleasure, delight
grabar to record (on tape); to engrave
grabado recorded (on tape)
grabadora *f.* tape recorder
gracia *f.* grace; favor; wit; point of a joke; **hacer gracia** to amuse; **tener gracia** to be amusing, funny
gracias *f. pl.* thanks; **dar las gracias** to thank
gracioso funny, pleasing, graceful
grado *m.* degree; **a tal grado** to such a degree
gran *contr. of* **grande** (in front of a masc. sing. noun), great
grande great; large; big
grandeza *f.* greatness; magnificence
grandilocuente grandiloquent, pompous
grandísimo very big
grandote huge (*coll.*)
granito *m.* (*dim of* **grano**) little grain

granja *f.* farm

grano *m.* grain, seed

grasa *f.* grease; fat

gratis free, without cost

gratuito free; gratuitous

grave serious, important; grave

grávido *(poetic)* gravid, heavy, full

gremio *m.* trade union; corporation

griego/a *m. & f.* Greek

grieto *m.* crack

grillo *m.* cricket

gringo/a *m. & f.* foreigner (said especially of Americans or British)

gripe *f. (med.)* influenza, flu

gris gray

gritar to shout, scream

grito *m.* scream, shout

grosería *f.* coarseness, ill-breeding

grosero rude, vulgar, coarse

grotesco grotesque

grueso bulky; thick; heavy

grupal of a group

grupo *m.* group

guacamaya *f.* macaw

Guadalajara city in Mexico

guapo attractive, good-looking; (in Cuba) brave, fearless

guardar to keep

guarida *f.* den or lair of a wild beast

guatemalteco/a Guatemalan; *m. & f.* Guatemalan

guayaba *f.* guava apple

guerra *f.* war

guerrero martial, warlike

guerrilla *f.* band of guerrillas or partisans

guerrillero/a *m. & f.* guerrilla fighter

guía *f.* guidebook; *m. & f.* guide

guiar to guide

guineo *m.* a kind of banana

guiñar to wink

guitarra *f.* guitar

gustar to taste; to try; to please, be pleasing

gusto *m.* taste; pleasure; **tanto (mucho) gusto** glad to meet you

H

Habana Havana *(capital city of Cuba)*

haber *(irreg.)* to have *(aux.)*; there is **(hay); haber de** + *inf.* to be (have) to; **hay que** + *inf.* it is necessary to

habilidad *f.* ability; skill; cleverness

habitación *f.* room

habitante *m. & f.* dweller; inhabitant

habitar to inhabit; to live in

hábito *m.* habit, custom

habitual customary

habituar to habituate, accustom

habla *f.* talk, way of talking

hablador/a talkative

hablar to speak, talk

hacer *(irreg.)* to make; to do; **hacer caso** to pay attention; **hacer compras** to go shopping; **hacer falta** to be necessary; **hacer gracia** to seem funny, amusing; **hacer mutis** to leave the scene *(in a play);* **hacer** + *time expression* ago (**hace 100 años** 100 years ago); **hacer un alto** to come to a halt; **hacer un viaje** to take a trip; **hacerse** to become

hacia toward; **hacia atrás** backward

hacienda *f.* farm, ranch; property, estate

hada *f.* fairy

halagar (gu) to flatter, praise

hálito *m.* breath

hallar to find; to meet with; to discover

hallazgo *m.* discovery

hambre *f.* hunger; famine; eagerness; **dar hambre** to make hungry

hambriento hungry

hampa *f.* underworld, criminal world

harto fed up; very

hasta till, until; even; up to, as far as; **hasta ahora** until now; **hasta luego** see you later; **hasta que** until

hastío *m.* tedium, boredom

hechizo *m.* enchantment, spell

hecho *m.* fact; incident; *(ptp. of* **hacer***)* made, done

hechura *f.* form, shape; fashion

hectárea *f.* hectare, unit or metric measure for land equivalent to 10,000 square meters, or approximately two and a half acres.

hedonismo *m.* hedonism; philosophy that puts pleasure as the highest goal of human life

helada *f.* frost

helado *m.* ice cream

helicóptero *m.* helicopter

hemisferio *m.* hemisphere

hemofílico/a *m. & f.* hemophiliac

hendedura *f.* (also **hendidura**) cleft, slit
heredar to inherit
herencia *f.* inheritance, heritage
herida *f.* wound
herido/a *m. & f.* wounded person
herir (ie, i) to hurt or wound
hermano *m.* sibling; brother; **hermana** *f.* sister
hermético hermetic; impenetrable
hermoso beautiful, handsome
hermosura *f.* beauty
herrar (ie) to shoe *(horses)*
herrero *m.* blacksmith
hervir (ie, i) to boil
híbrido hybrid
hidalgo *m.* nobleman
hielo *m.* ice
hierro *m.* iron; **caballo de hierro** iron horse, *i.e.* railroad
hijito *dim. of* **hijo** little son
hijo *m.* child; son; **hija** *f.* daughter; **hijos** *m. pl.* children
hilera *f.* row
hilo *m.* wire; thread *(of a plot)*
hincapié *m.* digging one's feet in, standing firm; **hacer hincapié en** to stress or emphasize
hinchable inflatable
hipar to hiccup, hiccough
hipersensible hypersensitive
hipocresía *f.* hypocrisy, falseness
hipódromo race track
hiriente wounding, cutting
hisopo *m.* paint brush
hispánico Hispanic

hispano/a Hispanic; *m. & f.* Hispanic, person of Spanish or Latin American origin; **hispanoamericano** Spanish American, Latin American
hispanoparlante Spanish-speaking
historia *f.* history; story
historiador/a *m. & f.* historian
histórico historic
historieta *f.* anecdote, small story; comic strip
hogar *m.* home; residence; **hogar para ancianos** old age home
hoguera *f.* bonfire
hoja *f.* leaf; sheet of paper
hojear to page through *(a book)*
hola hello
Holanda *f.* Holland
hombre *m.* man; human being; **hombre de negocios** businessman
hombro *m.* shoulder
homeopatía *f.* homeopathy, method of treating disease by giving very small doses of drugs that would produce in a healthy person symptoms similar to those of the disease
homeopático homeopathic
honesto honest, decent, upright
honrado honorable
honrar to honor
hora *f.* hour; time; **hora de acostarse** bedtime; **hora del desayuno** breakfast time
horario *m.* schedule
horchata *f.* white beverage

made from the chufo plant and served in Spain as a soft drink in hot weather; white beverage made from barley and almonds, served in some countries
horda *f.* horde
horizonte *m.* horizon
hormiga *f.* ant
horneado baked
horriblemente horribly
hospitalizado hospitalized
hostil hostile
hostilidad *f.* hostility
hoy today, this day; **de hoy en adelante** henceforth, from now on; **hoy día** nowadays
hoyo *m.* hole
hueco *m.* hole
huelga *f.* workers' strike
huellas *f. pl.* footprints
huerta *f.* vegetable garden
hueso *m.* bone
huésped/a *m. & f.* guest, lodger
huevo *m.* egg
huidizo fugitive; fleeting
huir (y) to flee, escape
humanidad *f.* humanity
humano human
humeante smoking, steaming
humedecerse (zc) to become wet
húmedo humid; damp, moist, wet
humilde humble, meek
humillación *f.* humiliation
humo *m.* smoke
humorístico humorous
hundirse to sink
hurtadillas (a) furtively, on the sly
hurtar to steal, rob

I

ibérico Iberian
ibero/a *m. & f.* Iberian
idéntico identical
identidad *f.* identity
identificación *f.* identi-
fication
identificar (qu) to identify;
to recognize
idioma *m.* language
idiota *m. f.* idiot
idiotez *f.* idiocy
ido *(ptp. of* **ir)** gone: **ido de
la cabeza** to be wild, be
crazy
idóneo suitable, apt, proper
iglesia *f.* church
ignorante *m. & f.* ignora-
mus; uncouth person
ignorar not to know, to be
ignorant of
igual equal; the same; **cuentan por igual** are equally
important; **de igual modo**
in the same way; **igual
que** the same as
igualdad *f.* equality
igualitario egalitarian
igualmente equally; also
ilegal illegal, unlawful
ilegítimo illegitimate
ilustración *f.* illustration
ilustrar to illustrate
imagen *f.* image; picture
imaginar(se) to imagine
imaginario imaginary
imitar to imitate
impacientarse to become
impatient
impasible impassive,
unfeeling
impedir (i) to prevent; **impedir** + *inf.*, **impedir que** +
subj. to prevent from + *ger.*

imperfecto *m.* imperfect
tense *(of verbs)*
imperio *m.* empire
imperioso imperious;
imperative
impermeable *m.* raincoat
implementar to implement
implicación *f.* implication
implicar (qu) to imply
implícito implicit
imponer *(irreg.)* to impose
importación *f.* importation
importancia *f.* importance;
significance; magnitude
importar to be important;
to matter; to import
imposibilidad *f.* impos-
sibility
imposible impossible
imposición *f.* imposition
imprescindible indispensable, imperative
impresionante impressive
impresionar to impress
improvisado improvised
impuesto *m.* tax; *(ptp. of
verb* **imponer,** to impose*)*,
imposed
impulsar to impel, drive
impune unpunished
inagotable inexhaustible
inalcanzable unobtainable,
unattainable
inapropiado inappropriate
inaugurar to inaugurate,
open
incaico Incan, of the Incas
(group of Peruvian Indians)
indendio *m.* fire,
conflagration
incentivación *f.* the creation of incentives
incertidumbre *f.*
uncertainty
incidente *m.* incident

incierto uncertain
inclinación *f.* inclination,
preference
inclinado inclined; **estar
(muy) inclinado a** + *inf.* to
be (very) inclined to + *inf.*
incluir (y) to include
inclusive even, inclusive
incluso even; including
incógnita *f.* mystery
incomodar to inconve-
nience, bother
incómodo uncomfort-
able; inconvenient;
embarrassing
incomprensión *f.* lack of
understanding
inconfundible unmis-
takeable
incontable countless
inconveniente inconvenient; *m.* difficulty;
disadvantage
incorporar to take in; to in-
corporate; **incorporarse**
to get up *(from a reclining
or sitting position)*
incrédula incredulous,
unbelieving
increíble incredible
incremento *m.* increase
inculto uneducated
indecisión *f.* indecision,
indecisiveness
indeciso indecisive,
hesitating
independencia *f.* independence
independiente independent
independista *m. & f.* advocate of independence
independizarse to become
independent
indescifrable indeci-
pherable

indicación *f.* indication; suggestion; **indicaciones** *f. pl.* directions

indicar (qu) to indicate, show; to point out

índice *m.* index; ratio

indicio *m.* indication, sign; clue

indiferencia *f.* indifference, apathy

indígena indigenous; *m. & f.* native person

indignación *f.* indignation

indignado indignant

indignarse to become indignant, angry

indio/a Indian; *m. & f.* Indian (*of India, of West Indies, of America*)

indiscutible indisputable, unquestionable

indiscutiblemente indisputably

individualización *f.* individualization

individuo *m.* individual

indocumentado/a *m. & f.* person without legal papers; illegal immigrant

indolente indolent, lazy

indudable doubtless, certain

indudablemente undoubtedly, without doubt

industria *f.* industry

industrializado industrialized

inercia *f.* inertia

inesperado unexpected

inestabilidad *f.* instability

inestable unstable

inevitablemente inevitably

inexactitud *f.* mistake, inaccuracy

infancia *f.* childhood, infancy

infeliz unhappy; unfortunate

inferencia *f.* inference, conclusion

infierno *m.* hell

ínfimo very small or mean

inflación *f.* inflation

influenciar to influence

influido influenced

influir (y) to influence

influjo *m.* influence

información *f.* information

informal unreliable; **traje informal** casual dress

informar to inform; **informarse (de)** to become informed (about)

informe shapeless; *m.* report

infortunado unfortunate

infortunio *m.* misfortune, misery

infrarrojo infrared

infrecuente infrequent

ingeniería *f.* engineering

ingeniero/a *m. & f.* engineer

ingenio *m.* wit, cleverness; sugar mill

ingenuo naive

inglés English; *m.* English language; Englishman; **inglesa** *f.* Englishwoman

ingresar to commit (to an asylum or institution); to enter, become a member of

ingreso *m.* income; admission

iniciar to begin, initiate

injuriar to insult

injustamente unjustly

injusticia *f.* injustice

inmediatamente immediately

inmediato immediate

inmenso immense

inmigrante *m. & f.* immigrant

inminente imminent, menacing

inmovilidad *f.* immobility; lack of movement; stillness

inmueble *m.* real estate; building

inmunodeficiencia *f.* immunodeficiency

inmunológico immunological

inocencia *f.* innocence

inocente innocent, harmless

inocuo innocuous, harmless

inoportuno inopportune, badly timed

inquietarse to get upset, worry

inquieto restless, anxious, disturbed

inquietud *f.* uneasiness, concern

inquilino/a *m. & f.* tenant, renter

insaciable insatiable

insecto *m.* insect

inseguridad *f.* insecurity

inseguro insecure; unsafe

insensato senseless, foolish

insinuar to insinuate; to suggest; **insinuarse** to wheedle or work one's way, insinuate oneself

insistencia *f.* insistence, persistence

insistentemente insistently

insistir (en) to insist (on)

insolación *f.* sunstroke

insolentarse to become insolent

insólito unusual

insomne *m. & f.* insomniac

insomnio *m.* insomnia, sleeplessness

insoportable unbearable
inspectivamente *(neol.)* in the manner of one who inspects
inspirar to inspire
inspiración *f.* inspiration
instalaciones *f. pl.* installations; facilities
instalarse to install oneself
instante *m.* instant
instigar to instigate, incite
instintivamente instinctively
institución *f.* institution
instituto *m.* institute
instrucción *f.* education; instruction; **instrucciones** *f. pl.* instructions, orders, directions
instruido well-educated
instrumento *m.* instrument
insultar to insult
insuperable incapable of being overcome, insuperable, invincible
intachable exemplary; beyond reproach
integración *f.* integration; assimilation; joining
integrado integrated; **integrado de** made up of
integral definitive
inteligente intelligent
intención *f.* intention
intensidad *f.* intensity
intenso intense
intentar to attempt, try
intento *m.* attempt, purpose
intercalar to insert
intercambiar to exchange, interchange
intercambio *m.* exchange, interchange
interés *m.* interest
interesar to interest

interesante interesting
interferencia *f.* interference
interior interior, inner; *m.* interior, inside; mind, soul
intermedio intermediate, halfway
internacional international
internado placed in a hospital, mental institution or other institution
internamiento *m.* internment, confinement
internar to commit (to an institution)
interpretar to interpret
interpretación *f.* interpretation
intérprete *m. & f.* interpreter, actor, performer
interrogar (gu) to question, ask; interrogate
interrrumpir to interrupt
interrupción *f.* interruption
intervención *f.* intervention; interference; participation
intervenir *(irreg.)* to intervene; to take part
intimidación *f.* intimidation
intimidad *f.* privacy, intimacy
íntimo intimate; **amigo íntimo** close friend; **en lo más íntimo** in one's innermost thoughts
intoxicado (de) poisoned (by)
intriga *f.* intrigue; entanglement; plot of a play
intrincado intricate
introducción *f.* introduction
intromisión *f.* insertion; interference, meddling
intuición *f.* intuition
intruso/a *m. & f.* intruder
intuitivo intuitive
inútil useless; vain

inutilidad *f.* futility, uselessness
inválido/a *m. & f.* invalid
invención *f.* invention
inventar to invent, think up, imagine
invento *m.* invention
inversión *f.* investment; inversion; reversal
invertir (ie, i) to invert, turn upside down; to invest
investigación *f.* investigation; research
investigador/a *m. & f.* investigator; researcher
investigar (gu) to investigate; to inquire into
invierno *m.* winter
invitado/a *m. & f.* guest
inyección *f.* injection, shot
ir *(irreg.)* to go; **hora de ir** time to go; **ir de compras** to go shopping; **irse** to go away, leave
ira *f.* anger
Irlanda *f.* Ireland
irlandés *m.* Irishman; **irlandesa** *f.* Irishwoman
ironía *f.* irony; **con ironía** ironically
irónico ironic
irrazonable unreasonable
irremisiblemente irremissibly; unpardonably
irresponsable irresponsible
irritación *f.* irritation
irritante irritating
irritar to irritate
isla *f.* island
italiano/a *m. & f.* Italian
izquierda left; *f.* left wing *(politically)*
izquierdista leftist, left-wing; *m. & f.* leftist, left-winger

J

¡ja! ha! *(imitation of laugher)*
Jacobo Jacob
jactarse (de) to brag (about)
jadear to pant
jai alai *m.* Jai alai, pelota, a Basque ball game
Jaime James
jalapeño *m.* jalapeño, a very hot Mexican pepper
jamás never, ever
jamón *m.* ham
Japón *m.* Japan
japonés/a Japanese; *m. & f.* Japanese person
Jaque river in Venezuela
jardín *m.* garden, flower garden
jardinero/a *m. & f.* gardener
jarro *m.* jug; pitcher
jaula *f.* cage
jazmín *m.* jasmine
jefe/a *m. & f.* chief, boss, leader; **jefe de familia** head of the family
jerarquía *f.* hierarchy
jerga *f.* jargon
Jimonea river in Venezuela
jira *f.* tour, trip
Jorge George
jornada *f.* journey, trip
jornal *m.* daily wage
José Joseph
Josefina Josephine
joven young; *m. & f.* young person; **jóvenes** *m. pl.* young people
jovencito/a *m. & f. (dim. of joven)* young person
joyas *f. pl.* jewelry
joyería *f.* jewelry
Juan John
Juana Jane

judío/a Jewish; *m. & f.* Jewish person
juego *m.* game
juerga *f. (coll.)* spree
jugador/a *m. & f.* player
jugar (ue, u) to play; to gamble; **jugar a los naipes** to play cards
jugo *m.* juice
jugoso juicy, succulent
juguete *m.* toy
juguetear to play, romp, sport
juguetería *f.* toy shop
juicio *m.* judgment, trial
julio *m.* July
junco *m.* (bot.) bulrush, cane, stick
jungla *f.* jungle
junio *m.* June
juntarse to gather together
junto joined; **junto a** next to; **junto con** along with
juntos together
juro: a juro *(Colombia or Venezuela)* certainly; by force
justamente exactly, right
justicia *f.* justice
justificado justified
justificar to justify
justo just, fair, right
juvenil youthful, juvenile
juventud *f.* youth
juzgar (gu) to judge

K

kilómetro *m.* kilometer

L

laberinto *m.* labyrinth; maze
labio *m.* lip

labor *f.* labor, work
laboratorio *m.* laboratory
lac *(Latin)* milk
lacio straight *(hair)*
lacito *(dim. of lazo)*
lacónico brief, concise, laconic
lado *m.* side, direction; **al lado** near, next; **al lado de** on the side of, beside; **ir de un lado al (para) otro** to go to and fro; **por (de) un lado** on the one hand; **por otro lado** on the other hand; **por todos lados** on all sides
ladrido *m.* bark *(of a dog)*
ladrón/a *m. & f.* thief
lago *m.* lake
lágrima *f.* tear
lamentación *f.* lamentation, wail
lamentar to mourn
lamento *m.* lament, wail
laminar to laminate
lámpara *f.* lamp
lance *m.* incident; affair
langosta *f.* locust
lanza *f.* spear, lance
lanzar (c) to throw, hurl; **lanzarse** to throw oneself, fling oneself
largar to release, give, let go
largavista *m.* spyglass
largo long; **a lo largo de** along, throughout
lascivo/a lustful, lascivious
lástima *f.* pity
lastimar (se) to hurt; to get hurt
lata *f.* tin can; **dar la lata** *(coll.)* to annoy, irritate
latifundio *m.* large estate
látigo *m.* whip, lash
latín *m.* Latin *(language)*
latino Latin

latinoamericano/a Latin American; *m. & f.* Latin American

lavadero *m.* laundry, washing place

lavar(se) to wash *(oneself)*

laxitud *f.* laxness, slackness

lazo *m.* bow

leal loyal

lealtad *f.* loyalty

lección *f.* lesson; *(fig.)* warning, example

lector/a *m.* reader

lectura *f.* reading

leche *f.* milk

lecho *m.* bed

lechuga *f.* lettuce

leer (y) to read; **leer la mano** to read palms

legalización *f.* legalization

legalizar to legalize

legar (gu) to bequeath, leave (in one's will)

legítimo legitimate

lejano distant

lejos far away

lema *m.* slogan

lengua *f.* tongue; language

lenguaje *m.* language; idiom

lentamente slowly

lentitud *f.* slowness

lento slow

leproso/a *m. & f.* leper

letal lethal

letra *f.* letter; **letra** *f.* lyrics *(words of a song);* **al pie de la letra** exactly, to the letter; **estudiantes de letras** arts students

letrero *m.* sign; inscription

levantar to raise, lift; **levantarse** to get up

leve light, slight

levemente gently, lightly

levísimo very lightly

ley *f.* law

leyenda *f.* legend

liberación *f.* liberation

liberalizar to liberalize

liberar to liberate, free

libertino loose-living, rakish

librar to save, deliver, rescue

libre free; **al aire libre** in the open air; **dejar libre (a)** to give freedom (to); **tiempo libre** free time, spare time

librería *f.* bookstore

libreta *f.* notebook

libro *m.* book

licencia *f.* leave, permit; license; licentiousness, excess

liceo *m.* high school

lícito licit, legal; just, rightful

líder *m.* leader, chief; *pl.* **líderes**

lidiar to fight; to face up

lienzo *m.* canvas

ligereza *f.* lightness, agility

ligero light; quick, rapid

limitar to limit

limitarse (a) to limit or confine oneself (to)

límite: fecha límite deadline

limón *m.* lemon

limpia *f.* cleansing

límpido *(poetic)* limpid, pure, clear

limpieza *f.* cleanliness, cleaning

limpio clean; neat, tidy; **en limpio** in final form

linaje *m.* lineage

lindo pretty, nice, lively; **ser de lindo** *(excl. fam.* to be so pretty

línea *f.* line

lingua *(Latin)* tongue

lino *m.* linen

linterna *f.* lantern; **linterna eléctrica** flashlight

lío *m.* bundle; *(coll.)* mess, problem

líquido *m.* liquid

lista *f.* list

listo ready, prepared; clever, smart, sharp

literario literary

literatura *f.* literature

liturgia *f.* liturgy

lo him, it, you *(relating to* **usted***);* **dar lo mismo** to be the same; **lo** + *adj.* the . . . *or* the . . . thing *or* the area of the . . . *(e.g.:* **lo misterioso** the mysterious; **lo triste** the sad thing; **lo político** the area of the political; **lo cual** that which; **lo demás** the rest; **lo mismo** the same thing; **lo mismo que** the same as; **lo que** what, that which; **por lo común** generally; **por lo demás** as to the rest; **por lo menos** at least; **por lo tanto** so, therefore; **por lo uno o por lo otro** for this or that

localidad *f.* place, locality

loco/a mad; crazy; *m. & f.* mad person; **volverse loco** to become crazy, go mad

locura *f.* madness, insanity

lodo *m.* mud

lógico logical

lograr to achieve; to manage (to)

lomo *m.* back *(of an animal)*

lona *f.* canvas

lonche *m. (angl.)* lunch

Londres *m.* London

lote *m.* parcel, lot
lotería *f.* lottery
lozanía *f.* exuberance, vigor
lucecita *f.* *(dim. of* **luz)**
lucidez *f.* lucidity, clarity
luciente shining
lucir (zc) to display, show off *(something)*
lucrativo lucrative, profitable
lucha *f.* fight, struggle
luchador quarrelsome
luchar to fight, struggle
lucir to appear
Lucrecia Lucretia
luego then; later; soon; **desde luego** naturally, of course; **luego de** immediately after
lugar *m.* place; **en lugar de** instead of; **en primer lugar** in the first place; **tener lugar** to take place
lugarejo *m.* *(pej.)* place, spot
Luis Louie
lujo *m.* luxury; lavishness
lujoso luxurious
lujuria *f.* lechery, lust
luminoso luminous
luna *f.* moon; **luna de miel** honeymoon
lunes *m.* Monday
lustro *m.* lustrum, period of five years
luz *f.* light

LL

llamar to call; to name; **llamarse** to be called
llanto *m.* crying, flood of tears
llanura *f.* plain
llave *f.* key

llegada *f.* arrival
llegar (gu) to arrive, come; to reach; **llegar a ser** become
llenar to fill
lleno full, filled
llevar to carry; to take; to convey; to wear *(clothes);* **llevar puesto** to wear; **llevarse bien** to get along well
llorar to weep, to cry
llovar (ue) to rain
lluvia *f.* rain

M

machacar to crush, to pound
machete *m.* machete
machista *m. & f.* male chauvinist
madera *f.* wood, timber
madre *f.* mother
madrileño/a from Madrid, *m. & f.* person from Madrid
madrugada *f.* dawn; early morning
madurez *f.* maturity
maduro mature; ripe; **de edad madura** middle-aged
maestro/a *m. & f.* school teacher
magia *f.* magic
mágico magic, magical
magistratura *f.* magistracy, judgeship
magnífico magnificent
mago/a *m. & f.* magician
maguey *m.* maguey, American Agave cactus
maíz *m.* corn
majaderías *f. pl.* nonsense

majestuoso majestic
mal badly, poorly, wrongly; *m.* evil; illness
mala: de mala gana unwillingly
malanga *f.* taro (edible root)
maldecir to curse; slander
maldición *f.* curse
maldito cursed
malecón *m.* a seaside wall
malentendido *(gall.)* misunderstanding
malestar *m.* uneasiness
maleta *f.* suitcase
maletín *m.* *(dim. of* **maleta)**
malhumorado bad-tempered; peeved
malicia *f.* malice; maliciousness; guile
malicioso malicious, sly, evil
malinterpretar to misinterpret
malo bad, ill; wicked; **a la mala** by force
malograr to ruin, spoil
maltratado damaged, harmed
malvado wicked, very perverse
manada *f.* herd
manceba *m.* concubine, mistress
mancha *f.* stain
mandado sent
mandar to command; to order; to send
mandarina *m.* mandarin orange
mandato *m.* command
mando *m.* command; **altos mandos** high command
manejar to manage; to handle
manera *f.* manner; fashion; way; **de manera...** in a . . .

way; **de esta manera** in this way; **de ninguna manera** not at all

maní *m.* peanuts

manía *f.* mania, habit

manifestación *f.* manifestation; show; demonstration; mass meeting

manifestar (ie) to show

manifesto *m.* statement; manifesto

maniobra *f.* operation

manipulación *f.* manipulation

manivela *f.* crank

manjar *m.* delicious food

mano *f.* hand; **a mano** by hand; at hand; **leer la mano** to read palms; **mano de obra** labor force; **tomarse de la mano** to hold (each other's) hands

manosear to handle

manta *f.* blanket

manteca *f.* lard, grease

mantener *(irreg.)* to maintain; to keep; to hold; to support

mantenimiento *m.* maintenance

mantequilla *f.* butter

manualmente manually, with one's hands

manuscrito *m.* manuscript

manzana *f.* apple; *(in Spain and in México)* a city block

maña *f.* cunning, craftiness; trick

mañana *f.* morning; *m.* tomorrow

mañanero *(of the)* morning

mañanitas *f. pl.* little morning songs

mapa *m.* map

maquiladora *f.* foreign assembly plant, especially those on the border between Mexico and the U.S.A.

máquina *f.* machine

maquinaria *f.* machinery

mar *m. & f.* sea, ocean

maravilla *f.* marvel

maravillado amazed, astounded

maravilloso wonderful

marca *f.* brand

marcado marked, pronounced

marcar (qu) to mark; to indicate; to score *(a goal in soccer)*

marco *m.* *(fig.)* setting, back-ground; frame (of a picture)

marcha *f.* march; **marcha del tiempo** passing of time

marchar to leave, to depart

marcharse to leave

marchito faded, withered

marchoso *(slang)* full of excitement and activity

margen *m.* margin; *f.* bank (of a river)

marginado left out

María Mary

mariachi *m.* popular Mexican street band

marido *m.* husband

marino marine, of the sea

marinero *m.* sailor

mariposa *f.* butterfly

marisco *m.* shellfish

marmita *f.* kettle, pot

mármol *m.* marble

Marta Martha

martes *m.* Tuesday

martillo *m.* hammer

martirio *m.* martyrdom, torture

marxismo *m.* marxism

marzo *m.* March

más more; most; **más bien** rather

masa *f.* mass; bulk

masacrado slaughtered

masaje *m.* massage

masas *f. pl.* masses, *(common)* people

máscara *f.* mask

masculino masculine, of or pertaining to men

masivo massive

masticar to chew

matar to kill; to murder

matemáticas *f. pl.* mathematics, math

matemático/a *m. & f.* mathematician

materia *f.* matter, material; subject *(studied in school)*; theme, subject matter

materno maternal, of the mother

maternidad *f.* maternity

matiz (ces) *m.* shade (in colors); nuance (in words)

matrícula *f.* registration (in a university); tuition; **derechos de matrícula** tuition fees

matricularse to enroll, register, matriculate

matrimonio *m.* marriage, matrimony; couple

máximo maximum

maya Mayan, of the Mayan Indians

mayo *m.* May

mayor greater, main; major; larger; older; oldest; **la mayor parte** most, the majority; **mayores** *m. pl.* adults, old people

mayorcito *dim. of* **mayor**

mayoría *f.* majority

mecánico/a *m. & f.*
mechanic
mecedor *m.* rocker
medalla *f.* medal
media *f.* stocking; half;
media hora half hour
mediados: a mediados
half-way through
mediano average; medium;
middle
medianoche *f.* midnight
mediante by means;
through; by
medias: a medias half,
halfway
medicamento *m.* medicine
médico/a *m. & f.* physician,
doctor
medida *f.* measure; **a la
medida** tailor-made,
made-to-measure; **hasta
cierta medida** to a cer-
tain extent
medio middle; half; *m.*
means, middle; **clase
media** middle class;
**medios de comunic-
ación** mass media; **medio
andiente** *m.* environ-
ment; **término medio**
average
mediocridad *f.* mediocrity
mediodía *m.* noon, midday
medirse (i) to be measured
meditativo meditative, inclined toward meditation
mejicano/a spelling used in
Spain for **mexicano**
mejilla *f.* cheek
mejor better, best; **lo mejor**
the best
mejora *f.* improvement
mejorar to improve
melancolía *f.* melancholy,
gloom, the blues
melódico melodious

melodioso melodious,
musical
memoria *f.* memory; **hacer
memoria** to try to recall
memorizar to memorize
mencionar to mention
mendigo/a *m. & f.* beggar
menguar to diminish, to
lessen
menor younger; less, least;
youngest; minor
menos less, least; except; **a
menos que** unless; **por lo
menos** at least
mensaje *m.* message
mensurable measurable;
able to be measured
mentalidad *f.* mentality
mente *f.* mind,
understanding
mentir (ie, i) to lie
mentira *f.* lie, falsehood;
parecer mentira to seem
impossible
mentiroso/a lying, deceitful
m. & f. liar
menudo: a menudo often
mercado *m.* market; **mercado interno de consumo**
home consumer market
mercancía *f.* merchandise
merecer (cz) to merit,
deserve
merendar (ie) to snack; **a la
merienda** at snack time
merienda *f.* snack
mérito *m.* merit
mes *m.* month
mesa *f.* table
mesero/a *m. & f.* waiter in a
restaurant (Mexico)
mesita *dim. of* **mesa**
mestizaje *m.* crossbreed-
ing; combining of races
(especially between White
and Indian)

mestizo/a of mixed race,
especially of American
native and European
backgrounds; *m. & f.* person of native American
and European ancestry
meta *f.* goal, aim
metálico metallic
meter to put; to place;
meter la pata to put
one's foot in it, make a
faux pas; **meterse** to go
in, enter
método *m.* method
metodología *f.* methodology
metro *m.* meter; subway
mexicano/a Mexican; *m. &
f.* Mexican person
mexicano-americano/a
Mexican-American *m. & f.*
Mexican-American person
mezcla *f.* mixture, blend
mexclar to mix; **mezclarse**
to mingle
microbio *m.* germ, microbe
microclima *m.* microclimate
microcosmo *m.* microcosm
microcuento *m.* short short
story
midiendo *(ptp. of* **medir***)*
measuring
miedo *m.* fear, dread; **tener
miedo** to be afraid
miel *f.* honey
miembro/a *m. & f.* member
mientras while; meantime;
mientras que whereas,
while; **mientras tanto**
meanwhile
migraña *f.* migraine
(headache)
Miguel Michael
mil *m.* thousand
milagro *m.* miracle, wonder
milenario millenary;
millenarian

mili f. (slang) military service
militar military; m. army officer, soldier
millar m. thousand
millón m. million
millonario/a m. & f. millionaire
mimado spoiled
mina f. mine
minar to undermine
mínimo m. minimum
ministro/a m. & f. minister
minoría f. minority
minoritario/a minority; **grupo minoritario** minority group
minucioso meticulous
minuto m. minute
mío, mía my, mine, of mine
mirada f. look; gaze; glance
mirar to watch; to look at
misa f. mass (Catholic ceremony)
miseria f. poverty; **villa miseria** slum
mísero wretched, unfortunate
mismo same; **al mismo tiempo** at the same time; **lo mismo** the same; (used after a noun) -self (himself, herself, itself, etc.)
misterio m. mystery
misterioso mysterious
mistificación f. hoax, trick, fraud
mitad f. half; middle
mito m. myth
mitología f. mythology
mixto coeducation, mixed
mocos: sorberse los mocos to sniffle and snort loudly
mochila f. backpack, knapsack

moda f. fashion; **a la moda** in style; **de moda** in style; in fashion; **última moda** latest fashion
modales m. pl. manners
modelo m. & f. pattern; model
moderado moderate
moderador/a m. & f. moderator (of a program)
moderar to moderate, control
modernismo m. Modernism (literary movement of renovation in Spain and Latin America at the end of the 19th and begining of the 20th century)
modernista Modernist, of or pertaining to the literary movement of Modernism
moderno modern, recent
modesto modest, unassuming
modestia f. modesty
modificación f. modification, change
modificar (qu) to modify
modismo m. idiom
modo m. manner, way; **de modo que** so that; **de todos modos** anyway; at any rate; **modo de vivir** life style
mojar to wet; to moisten; **mojarse** to get wet
moldear to mold, to form
molestar to bother, annoy
molestia f. bother
molesto upset
molleto m. fuzzy-head
momentáneamente momentarily
momento m. moment

momia f. mummy (embalmed corpse)
monarquía f. monarchy
monárquico monarchist, monarchical, advocating a monarchy
monja f. nun
mono cute, pretty; m. monkey
monolingüe monolingual
monoparental one parent (family)
monótono monotonous
montaña f. mountain
montar to ride (horseback); to lift; to place
montuno of the mountains
monte m. forest; woodland
moñito (dim. of **moño**) bun, chignon (of hair)
moral f. ethics; morality
moralidad f. morality
morboso morbid
mordaz scathing, sarcastic
mordedura f. bite
morder (ue) to bite
moreno dark, dark-haired
moribundo moribund, dying
morir (ue,u) to die
mortero m. mortar (bowl for pounding solids)
mortificar to mortify
mortífero lethal, to the death
moro/a Moorish; m. & f. Moor
moroso slow to pay
mosca f. fly
mosquetero m. musketeer
mostrar (ue) to show; to point out
motivo m. motive; reason; motif
motor m. (slang) car

mover (se)(ue) to move

movida *f. (Spanish, slang)* activity, interaction

móvil *m.* motive

movimiento *m.* movement

mozo: buen mozo, buena moza good-looking

mucamo/a *m. & f.* servant

muchachito *m. dim of* **muchacho**

muchacho *m.* boy; **muchacha** *f.* girl; maid

muchedumbre *f.* crowd

muchísimo *sup. of* **mucho,** very very much

mucho much, a lot, a great deal (of)

muchos many

mudarse to move *(residence)*

mudo silent

mueble *m.* piece of furniture

muerte *f.* death; **pena de muerte** death penalty

muerto *ptp. of* **morir;** dead; **muerto de frío** freezing; **muerto de hambre** *m.* very poor person

muestra *f.* example; token

mujer *f.* woman; wife

mula *f.* female mule

mulato *m.* mulatto

multinacional multinational

multitud *f.* multitude, crowd

mundano worldly

mundial world-wide; of the whole world; **Mundial** *m.* world soccer championship

mundo *m.* world; **todo el mundo** everybody

municipio *m.* township

muñequita *f. (dim of* **muñeca)** little doll

muralla *f.* wall

murmurar to murmur

murmullo *m.* murmur

muro *m.* wall

Musa *f.* Muse

músculo *m.* muscle

musculoso muscular

museo *m.* museum

música *f.* music

musicalidad *f.* musicality

músico/a *m. & f.* player, musician

músculo *m.* muscle

mutis *m.* exit *(of actors in a play)*

mutuamente mutually

muy very; greatly; highly

N

nacer (zc) to be born

nacido *(ptp. of* **nacer)** born

nacimiento *m.* birth

nación *f.* nation

nacional national

nacionalidad *f.* nationality

nacionalismo *m.* nationalism

nada nothing; (not) at all; **nada de** no; none of

nadar to swim

nadie no one, nobody, not anybody

nadita *(dim. of* **nada)** almost nothing

naftalina *f.* naphthalene (a preservative), moth ball

naipe *m.* card

naranja *f.* orange

naranjo *m.* orange tree

narcómano *m.* drug addict

narcótico *m.* narcotic

narcotraficante *m. & f.* drug dealer

narcotráfico *m.* drug trade, drug dealing

narigón/a *m. & f.* large-nosed

nariz *f.* nose

narración *f.* narration

narrador/a *m. & f.* narrator

narrar to narrate

narrativo narrative

natación *f.* swimming

natal native

natalidad *f.* birth rate; **control de la natalidad** birth control

natural natural; **hijo/a natural** illegitimate child

naturaleza *f.* nature

Navarra *f.* Navarre, region of NE Spain and SW France

navegante *m.* sailor, seaman

navegar (gu) to navigate

necesario necessary

necesidad *f.* necessity, need, want

necesitar to need

necio *f.* foolish

nefasto ominous, fateful, unlucky

negar (ie) to deny; to disown; to negate

negligencia *f.* negligence

negociante *m.* dealer, merchant

negociar to negotiate, dicker for

negocio *m.* business; transaction; **hombre (mujer) de negocios** businessman (woman)

negrilla *f.* bold face type

negro/a black *m. & f.* Black person

nena *f. (alt. form of* **niña)** little girl, baby

neoyorquino/a of or from

New York; *m. & f.* New Yorker

nervio *m.* nerve

nerviosidad *f.* nervousness

nevar (ie) to snow

ni nor, neither, not ever; **ni... ni...** neither . . . nor; **ni siquiera** not even; **ni uno** not even one; **ni pensarlo** I wouldn't dream of it!

nicaragüense *m. & f.* Nicaraguan

nicho *m.* niche, tomb

nido *m.* nest

niebla *f.* fog

nieto/a *m. & f.* grandson, granddaughter, grandchild; **nietos** grandchildren

nieve *f.* snow; **Blanca Nieves** Snow White

ninguno no, (not) any; nobody, no one

ningún *apocopated form of* **ninguno** *used before masculine singular nouns*

niñez *f.* childhood

niñito *dim. of* **niño**

niño/a child; **niños** children

nivel *m.* level

noción *f.* notion

nocivo harmful, noxious

nocturno of the night, nocturnal; **club nocturno** night club

noche *f.* night; nighttime; **de noche** at night; **de la noche** p.m., of the night; **esta noche** tonight; **por la noche** at night, in the evening

nochebuena *f.* Christmas Eve

nombrar to name, nominate

nombre *n.* name

noquear to knock out (boxing)

noramala *(coll. alt. of* **enhoramala***):* **mandar noramala** to send a person to the devil

nordeste *m.* northeast

norma *f.* norm; standard; rule

normalidad *f.* normality, normalcy

noroeste *m.* northwest

norte *m.* north

Norteamérica *f.* North America

norteamericano American; **norteamericano** *m.* man from USA; **norteamericana** *f.* woman from the USA

norteño northern; *m. & f.* northerner

nosotros we

nostalgia *f.* nostalgia, homesickness

nota *f.* note; score; mark (in school); note (short letter)

notar to notice

noticia *f.* news

notita *dim. of* **nota**

notorio well known; notorious

novata/o *m. & f.* novice

novedad *f.* piece of news; novelty

novedoso novel, new

novela *f.* novel

novelista *m. & f.* novelist

novelón *m.* long, poorly written novel

noveno ninth

noviembre *m.* November

novio *m.* fiancé; groom; boyfriend; **novia** *f.* fiancée; bride; girlfriend; **novios** *m.*

pl. engaged couple, bride and groom

nube *f.* cloud

nuca *f.* nape (of neck)

nuera *f.* daughter-in-law

nuestro/a our

nuevamente again, anew

nueve nine

nuevo new; **de nuevo** again, anew

numerado numbered

número *m.* number

nunca never, ever

nutritivo nutritious

nutrir to nourish

O

o or; **o... o...** either . . . or . . .

obediencia *f.* obedience

objetivo *m.* objective, aim, goal

objeto *m.* object

obligación *f.* obligation, duty

obligado obliged, obligated

obligar (gu) to oblige; to force

obra *f.* work; **mano de obra** labor, labor force; **obra de teatro** play (theatrical), drama

obrero/a *m. & f.* (manual) worker, laborer

obsequiar to give

obsequio *m.* gift

observación *f.* observation

observador/a *m. & f.* observer

observar to observe

obsesionado obsessed

obstáculo *m.* obstacle

obstante: no obstante however, nevertheless

obstinado obstinate, stubborn

obtener *(irreg.)* to obtain

obtuso obtuse, dull

obvio obvious

ocasión *f.* occasion, opportunity, chance

ocasionar to occasion, cause

occidental western, occidental

occidente *m.* west, occident

océano *m.* ocean

octavo eighth

octubre *m.* October

ocultar to hide

oculto hidden

ocupadísimo *sup. of* **ocupado**

ocupado busy

ocupar to occupy; **ocuparse** to be busy or occupied, to occupy oneself

ocuparse de to concern oneself with, to take charge of

ocurrente witty

ocurrir to happen; **se le ocurrió** it occurred to him (her)

ochenta eighty

ocho eight

oda *f.* ode

odiar to hate

odio *m.* hatred

odontología *f.* odontology

oeste *m.* west

ofensa *f.* offense, insult

ofensivo offensive

oferta *f.* offer

oficial official *m. & f.* officer

oficina *f.* office

oficio *m.* trade, craft

ofrecer (zc) to offer

ofrenda *f.* offering

ofuscar (qu) to obscure

oído *m.* ear; *(ptp. of* **oír***)* heard

oír *(irreg.)* to hear

ojalá May God grant that; I hope that

ojeada *f.* glance, glimpse

ojeras *f. pl.* circles under the eyes

ojito *m. dim. of* **ojo**

ojo *m.* eye

ola *f.* wave *(of the sea)*; crowd, wave (of people)

oler (ue)(h) to smell

oligarquía *f.* oligarchy, government by a small elite group

oligárquico oligarchical, pertaining to government by a small elite group

olor *m.* smell

olvidar to forget; **olvidarse de** to forget

olvido *m.* forgetfulness; oblivion; loss of memory

olla *f.* cooking pot

omitir to omit, to leave out

once eleven

onda *f.* wave (on sea water)

ondular to undulate, wave

onomatopeya *f.* onomatopoeia

ONU *f.* United Nations *(Organización de Naciones Unidas)*

opción *f.* option; choice

operar to operate

opinar to pass judgment; to express an opinion

oponerse *(irreg.)* **(a)** to oppose; to be opposed to

oportunidad *f.* opportunity

oportunismo *m.* opportunism

oportunista opportunistic; *m. & f.* opportunist

opresión *f.* oppression, tyranny

optar (a) (por) to opt for; to decide in favor of

opuesto opposite, contrary; *(ptp. of* **oponer***)* opposed

opulencia *f.* oppulence, superabundance of riches

oración *f.* prayer; *(grammatical)* sentence

orden *m.* sequence, order; *f.* order, command; **a sus órdenes** at your service

ordenamiento *m.* arranging, ordering

ordenanza *f.* ordinance, rule; **de ordenanza** usual

ordenado tidy, arranged, in order

ordenador *m.* computer

ordenar to order

ordeñar to milk *(a cow, goat, etc.)*

oreja *f.* ear

organización *f.* organization

organizado organized

organizar to organize

orgullo *m.* pride

orgulloso proud

orientación *f.* orientation, direction

oriente *m.* east

originar(se) to originate

originario originating, native

orilla *f.* bank; shore

oro *m.* gold; **de oro** golden

orquesta *f.* orchestra

ortografía *f.* spelling

oscurecer to darken

oscuridad *f.* darkness

oscuro *m.* dark

oso *m.* bear; **oso hormiguero** anteater, "ant bear"

ostentar to make a show of, to brag

ostentosamente ostentatiously

otoño *m.* autumn, fall

otro other; another; another one; **otra vez** again; **por otra parte** on the other hand

ovillo *m.* ball of yarn; **hecho un ovillo** curled up

oxigenado bleached *(hair)*

oxígeno *m.* oxygen

ozono *m.* ozone; **capa de ozono** ozone layer

P

p'a *contr. of* **para**

pabellón *m.* pavillion; ward

Pablo Paul

paciencia *f.* patience

paciente patient

pacífico peaceful

paco *m.* policeman *(coll. Chile)*

Paco Frank *(dim. of* **Francisco***)*

pacto *m.* pact; commitment

padecer (cz) to suffer

padecimiento *m.* suffering

padre *m.* father; priest; *m. pl.* **parents**

paella *f.* Valencian rice dish

paga *f.* payment

pagar (gu) to pay (for)

página *f.* page

país *m.* country

paisaje *m.* landscape

pajaritos *m. pl.* little birds

pájaro *m.* bird

palabra *f.* word

palabrota *f.* swearword, obscenity

palacio *m.* palace

paladar *m.* palate, roof of the mouth

pálido pale

paliza *f.* beating

palma *f.* palm tree

palmear to pat

palmera palm tree

palmotear to pat

palo *m.* stick

paloma *f.* dove

palomita *dim. of* **paloma**

palpitante throbbing; burning *(question)*

palpitar *m.* palpitation, beating, throbbing

Pamplona city in Spain

pan *m.* bread, loaf

panal *m.* honeycomb

pandilla *f.* gang

panecillo *m. dim. of* **pan**

panfleto *m.* pamphlet

pantalla *f.* screen (cinema); shade (lamp)

pantalones *m. pl.* pants, trousers

panteón *m.* mausoleum, pantheon, grave

pañoleta *f.* bandana; scarf

pañuelo *m.* scarf, handkerchief

Papa *m.* Pope; **papa** *f.* potato

papel *m.* paper; role; **hacer el papel** to play the role

papelillo *m. dim. of* **paper** slip of paper or role; insignificant role

papi *m.* Daddy

paquete *m.* packet, package

par *m.* pair; **de par en par** wide open

para in order to; **para que** so that; **para abajo** down below; **estar para** to be

in the mood for; to be about to

partacaídas *m. s.* parachute

paracaidista *m. & f.* parachutist

parada *f.* stop, halt

paradoja *f.* paradox

parador *m.* inn

paraguas *f.* umbrella

paraguayo/a Paraguayan; *m. & f.* person from Paraguay

paraíso *m.* paradise

paraje *m.* place, spot

paralítico *m. & f.* paralytic

paralizar to paralize

parámetro *m.* parameter

parar to stop, halt, cease

parcial partial

parecer (zc) to seem, to appear; **al parecer** apparently; **parecerse (a)** to resemble

parecido similar; *m.* resemblance

pared *f.* wall

pareja *f.* pair, team, partners

parentesco *m.* relationship, kinship

paréntesis *m.* parenthesis

pariente *m.* relative

parir to give birth to

parlamento *m.* parlament

Parnaso *m.* Parnassus

paro *m.* unemployment

parodia *f.* parody

parque *m.* park

párrafo *m.* paragraph

párroco *m.* parson; parish priest

parte *f.* part; side; **cualquier parte** anywhere; **en parte** partially; **en** *or* **por todas partes** everywhere; **gran parte** a large part, a great many; **la mayor parte** the majority; **por otra parte** on the other hand; **por parte de** on the side of, on behalf of

participación *f.* participation

participar to participate

partida *f.* departure

partidario/a *m. & f.* supporter

partido *m.* match; party *(political)*

partir to part; to start off; **a partir de** beginning with

pasado *m.* past *(referring to time),* gone by; **el año pasado** last year

pasaje *m.* number of passengers on an airplane; (airline or boat) ticket

pasajero/a *m. & f.* traveler, passenger

pasar to pass; to spend *(time);* to happen; **pasarlo bien** to have a good time; **¿Qué pasa?** What's happening?; **pasar el rato** to relax; **pasar por alto** to disregard, to omit

pasatiempo *m.* pastime

pascua *f.* Easter; (also used for Christmas, esp. in pl.) **¡Felices Pascuas!** Merry Christmas!

pasear to take a walk, walk about

paseo *m.* walk, stroll, ride, **dar un paseo** to take a walk

pasillo *m.* hall; corridor; aisle

pasividad *f.* passiveness, passivity

pasmado stunned

paso *m.* step

pasta *f.* pasta noodles; **pasta dentífrica** tooth paste

pastar to graze

pastel *m.* cake

pastizal *m.* pasture ground for horses

pata *f.* foot or leg *(of an animal);* paw; **meter la pata** to make a mistake

patada *f.* kick

patatús *m.* fit, convulsion

paternidad *f.* paternity

patio *m.* court; yard

patita *f. dim. of* **pata**

patria *f.* native country, homeland

patriarca *m.* patriarch

patriarcado *m.* patriarchy; rule as patriarch

patriarcal patriarchal

patrimonio *m.* patrimony

patrón *m.* boss; employer; patron saint

pauperizado impoverished, very poor

pausa *f.* pause

pavo *m.* turkey

payo/a *m. & f.* non-gypsy

paz *f.* peace

peatón/a *m. & f.* pedestrian

pecado *m.* sin

pecar to sin

peces *(m. pl. of* **pez***)* fish(es)

pecho *m.* chest

pedazo *m.* piece, bit

pedido requested, asked for

pedir (i, i) to ask (for); to ask *(a favor);* to beg; **pedir prestado** to borrow

Pedro Peter

pegar (gu) to beat; to glue; to hit

pelado bald, hairless

pelea *f.* battle, fight, quarrel

peleador quarrelsome

pelear to fight, quarrel

película *f.* film, movie

peligro *m.* danger, risk, peril

peligroso dangerous

pelo *m.* hair; **tomar el pelo** to tease

pelota *f.* ball

peluca *f.* wig

peludo hairy

pena *f.* pain; **pena de muerte** death penalty; **valer la pena** to be worthwhile

penal: penales financieros financial woes

penalización *f.* penalty, punishment

penalizar to penalize, punish

pendiente *m.* earring; **estar pendiente de** to be absorbed by; to be eagerly waiting for

penetrante penetrating; clearsighted

penitente *m. & f.* person performing acts of penance

penosamente painfully

pensador/a *m. & f.* thinker

pensamiento *m.* thought

pensar (ie) to think, intend

pensión *f.* boarding house; pension, allowance

pensionista *m. & f.* boarder, inmate

penumbra *f.* semi-darkness

peña *f.* musical social gathering

peor worse, worst

pequeño little, small

percatarse (de) to notice; to become aware (of)

percepción *f.* perception

percibir to perceive
percha *f.* hat or clothes rack; clothes hanger
perder (ie) to lose
piédida *f.* loss
perdido lost
perdón *m.* pardon
perdonar to forgive
predurar to last
peregrino wandering; foreign *(as in substances added)*
perenne perennial, perpetual
pereza *f.* laziness
perezoso lazy, idle
periódico *m.* newspaper
periodista *m. & f.* reporter
período *m.* period *(of time)*
perjudicar to harm, to injure
perjudical harmful, detrimental
perjuicio *m.* harm, damage
permanecer (zc) to stay, remain
permanencia *f.* stay; sojourn
permiso *m.* permission
permitir to allow
pero but, yet
perplejidad *f.* perplexity
perplejo perplexed
perra *f. (female)* dog
perrito *m. dim. of* **perro**
perro *m. (male)* dog
persecución *f.* persecution
perseguir (i, i) to pursue; to persecute
persona *f.* person
personaje *m.* character *(in a play or story)*
personal *m.* personnel, staff
pertenecer (zc) to belong to
pertenencias *f. pl.* belongings
perturbar to disturb

peruano Peruvian
perverso perverse, wicked
pesadilla *f.* nightmare
pesado heavy; tiresome
pesadumbre *f.* grief, pain, sorrow
pesar: a pesar de in spite of
pesas *f. pl.* weights (for weight lifting)
pesca *f.* fishing
peseta *f.* monetary unit of Spain
pesimismo *m.* pessimism
pesimista pessimistic
peso *m.* weight; importance; monetary unit of Mexico, Uruguay, and Argentina
pestaña *f.* eyelash
peste *f.* disease
petardista *m. & f.* deceiver, cheat
petrificado petrified
petróleo *m.* petroleum
picadillo *m.* dish made with ground beef and spices
picadura *f.* bite *(of an insect or snake)*
picante hot, highly seasoned; biting; sarcastic
picapedrero *m.* stonecutter
picar (qu) to sting; to burn *(the mouth)*
pie *m.* foot; **al pie de la letra** literally; **ponerse de pie** to stand up
piedad *f.* pity, mercy; piety
piedra *f.* stone
piel *f.* skin
pierna *f.* leg
pieza *f.* piece; literary work; room *(of a house, hotel, etc.)*; **pieza dramática** play, drama
pila *f.* battery
píldora *f.* pill

pináculo *m.* pinnacle, summit
pincharse to inject *(oneself)*; to shoot up *(with drugs)*
pinchazo *m.* puncture; bite
pincho *m.* pieces of food served on a small stick, as appetizers
pino *m.* pine tree
pinta *f.* appearance
pintado painted
pintar to paint
pintoresco picturesque
piojo *m.* louse
pirámide *f.* pyramid
pisar to step on, tread
piscina *f.* swimming pool
piso *m.* floor, story
pista *f.* (landing) field; clue; **pista de tenis** tennis court
pistola *f.* pistol, gun
pitar to whistle
pizarra *f.* blackboard
placentero pleasant
placa *f.* plaque, plate, small sign
placer *m.* pleasure, delight
plácido placid, serene
plaga *f.* plague
planeta *m.* planet
planificación *f.* planning; **planificación familiar** family planning
plano *m.* plane; **plano secundario** secondary place *(of importance)*; **primer plano** foreground
planta *f.* plant
plantación *f.* plantation
plantado: dejar plantado to leave in the lurch, jilt
plantar to plant
planteamiento *m.* exposition; way of stating

plantear to outline, set forth
plata *f.* silver; money
plataforma *f.* platform
plátano *m.* banana; plantain
plateado silvery
platería *f.* silversmithing
platero *m.* silversmith
plática *f.* chat, talk
plato *m.* dish; plate
playa *f.* beach
plaza *f.* square, place
plazo *m.* period, term, space *(of time)*
plebeyo/a *m. & f.* plebeian
plegar to fold
pleno full
pluma *f.* pen; feather
plumazo *m.* stroke of the pen
población *f.* population; town
poblado *m.* town, village
poblar (ue) to populate; to settle
pobre poor
pobreza *f.* poverty
pocilga *f.* pigpen; hovel
poco little, scanty; **hace poco** a short while ago; **poco a poco** little by little; **un poco** a little (of)
pocho *m.* mixture of Spanish and English
pocos, pocas few
poder (ue, u) to be able, to be possible; *m.* power, authority, ability; **en poder de** in the hands of
poderoso powerful, mighty
poema *m.* poem
poesía *f.* poetry
poeta *m.* poet
poetisa *f.* poetess
polémica *f.* controversy; polemic

policía *f.* police force; *m. & f.* police officer
politécnica *f.* polytechnic institute
política *f.* politics, policy
politicastro *m.* petty politician
político/a political; *m. & f.* politician
pololo *m.* boyfriend (Chile)
polvo *m.* dust
pólvora *f.* gunpowder
pollera *f.* skirt
pollo *m.* chicken *(young)*
pomo *m.* (small) bottle; vial
pomposo pompous
pómulo *m.* cheekbone
poner *(irreg.)* to put; to place; to give; **poner fin a** to put an end to; **ponerse** to wear, put on *(clothing);* to become; to begin to
pontificar (qu) to pontificate, talk with authority
popular popular, well liked
popularidad *f.* popularity
poquísimo *sup. of* **poco**
por by, for, about, by means of; through; **por ciento** percent; **por ejemplo** for example; **por eso** for this reason, because of this; **por favor** please; **por igual** equally; **por lo general** generally; **por lo menos** at least; **por lo tanto** therefore; **por medio de** by means of; **por otra parte** on the other hand; **¿por qué?** why?; **por todas partes** everywhere
porcelana *f.* china *(dishware)*
porcentaje *m.* percentage

porque because; so that
portador/a *m. & f.* carrier
portátil portable
porte *m.* bearing, size
portento *m.* marvel, portent
portero *m.* concierge; doorman
Porto *m.* Port wine
portugués *m.* Portuguese *(language)*
porvenir *m.* future
poseer (y) to possess, own
posguerra *f.* postwar period
posibilidad *f.* possibility; chance
posición *f.* position
posponer to postpone
posta *f.* emergency aid station
poste *m.* pole, post
posterior later, subsequent
postgrado *(shortened form of* **postgraduado***)* postgraduate
postre *m.* dessert
postular to postulate
postura *f.* posture, position
potencial *m.* potential
pozo *m.* well, pit
prática *f.* practice
prácticamente practically
practicante *m. & f.* practitioner
practicar (qu) to practice, exercise
práctico practical
pradera *f.* meadowland; prairie
prado *m.* meadow, field
precaución *f.* precaution
precio *m.* price
precioso precious
precipitación *f.* haste
precipitadamente hastily, impetuously

precipitarse *(irreg.)* to rush headlong

preciso necessary; definite, precise, clear

precocidad *f.* precocity, precociousness

precolumbino pre-Columbian

preconcebido preconceived

precoz precocious, advanced

predecir *(irreg.)* to foretell, predict

predicamento *m.* predicament

predicción *f.* prediction

predisposición *f.* predisposition

predominar to predominate

predominio *m.* predominance

preferencia *f.* preference

preferible preferable

preferir (ie,i) to prefer

pregonar to publicize

pregunta *f.* question; **hacer una pregunta** to ask a question

preguntar to ask, question; **preguntarse** to wonder

prejuicio *m.* prejudice

preliminar preliminary

premio *m.* reward; prize

prendedor *m.* pin

prender to turn on (the lights, television)

prensa *f.* press, the newspapers

preocupación *f.* worry

preocuparse (de) to worry, be worried (about)

preparativos *pl.* preparation

prescindir (de) to do without

presencia *f.* presence

presenciar to witness; attend

presentar to present; to introduce; to submit

presente; tener presente to keep in mind

preservativo *m.* contraceptive; condom

presidencia *f.* presidency

presión *f.* pressure

preso/a imprisoned; *m. & f.* prisoner; **meter (mandar) preso** to have imprisoned; **presa de pánico** victim (prey) of panic

préstamo *m.* loan

prestar to lend, loan; **pedir prestado** to borrow; **prestarse (a)** to lend oneself (to); **prestar atención** to pay attention

prestigio *m.* prestige

pretencioso vain, pretentious

pretender to attempt to; to try to

pretérito *m.* preterit

prevalecer (zc) to prevail

prevención *f.* prevention

previo former; previous

primario primary

primavera *f.* spring, springtime

primer *apocopated form of* **primero** *used before masculine singular nouns*

primero first

primitivo primitive

primo/a *m. & f.* cousin

princesa *f.* princess

príncipe *m.* prince

principiar to commence, begin

principio beginning, principle; **al principio** at the beginning; **a principios de** at the beginning of

prioridad *f.* priority

prioritario having priority

prisa *f.* hurry; **a (con) prisa** hurriedly; **tener prisa** to be in a hurry

prisión *f.* prison

prisionero *m.* prisoner

privación *f.* deprivation

privado private

privatización *f.* privatization; the selling off of state-owned business to the private sector

privilegiado *m.* privileged person

probabilidad *f.* probability

probablemente probably, likely

probar (ue) to try; to prove

problema *m.* problem

problemática *f.* problematical matter

problemático problematical

proceso *m.* trial; process

proclamado proclaimed

proclamar to proclaim

procurar to strive

producción *f.* production

producir (j) (zc) to produce

productor/a *m. & f.* producer

profesor/a *m. & f.* professor; teacher of High School or University

profesorado *m.* faculty; teaching staff

profético prophetic

proficuo advantageous, fruitful

profundo profound, deep

programa *m.* schedule, program

programación *f.* planning, programming

programador/a *m. & f.* programmer

programar to plan

progresista progressive (devoted to progress)

progresivo progressive, advancing

progreso *m.* progress, advancement

prohibición *f.* prohibition, forbidding

prohibicionista prohibitionistic

prohibido forbidden

prohibir to prohibit, forbid, hinder

prójimo/a *m. & f.* fellow, creature, neighbor

prólogo *m.* prologue, preface

prolongado prolonged

prolongar to prolong

promedio *m.* average

promesa *f.* promise

prometer to promise

promiscuidad *f.* promiscuity

promiscuo promiscuous

promover (ue) to promote, further

promulgar (gu) to proclaim; to promulgate

pronombre *m.* pronoun

pronóstico prediction; prognosis

pronto soon; promptly; **de pronto** all of a sudden; **tan pronto como** as soon as

pronunciamiento *m.* pronouncement

pronunciar to pronounce

propaganda *f.* advertising, publicity; propaganda

propagar (gu) to propagate, spread

propensión *f.* propensity, inclination, tendency

propenso prone, inclined

propicio favorable

propiedad *f.* property

propietario/a *m. & f.* owner

propina *f.* tip, gratuity

propio own

proponer *(irreg.)* to propose; to suggest

proporcionar to provide, furnish

proposición *f.* proposal, proposition

propósito *m.* purpose

propuesto *(ptp. of* **proponer***)* proposed, suggested

propugnar to advocate

prosa *f.* prose, writing which is not poetry

proseguir (i) to continue on, proceed

prosperidad *f.* prosperity

próspero prosperous

prostitución *f.* prostitution

protección *f.* protection

proteger to protect

protegido protected

protestante Protestant

protestar to protest, to affirm

protocolo *m.* protocol

prototipo *m.* prototype

protuberante protruding

proveedor/a *m. & f.* provider; supplier

proveer (y) to provide

provenir *(irreg.)* to issue; to originate

proverbio *m.* proverb

providencia *f.* providence, foresight

provincia *f.* province

provisto *(ptp. of* **proveer***)* provided

provocar (qu) to provoke

provocativo tempting, provocative

próximo next; near, close

proyectar to play, design; project

proyecto *m.* project, plan

prudente prudent

prueba *f.* proof; test

psicología *f.* psychology

psicológico psychological

psicólogo/a *m. & f.* psychologist

psiquiatra *m. & f.* psychiatrist

PSOE *(abbr. for* **Partido Socialista Obrero Español***)* Spanish Socialist Workers' Party

publicación *f.* publication

publicar (qu) to publish

publicitario advertising

público *m.* audience; crowd; public

pudiente rich, opulent

pudrirse to rot, become rotten

pueblecito *dim of* **pueblo;** *m.* small town

pueblo *m.* town, village; people *(of a nation);* common people, populace

puente *m.* bridge

puerco *m.* pig, hog

puerta *f.* door, doorway, gateway

puerto *m.* port; harbor

puertorriqueño/a Puerto Rican; *m. & f.* Puerto Rican

pues as, then, therefore, since

puesta (del sol) *f.* sunset
puesto *m.* job; place;
  puesto que since
pulmón *m.* lung
pulmonía *f.* pneumonia
pulque *m.* pulque *(Mexican cactus liquor)*
punta *f.* point, tip
punto *m.* period; dot; point, end; **punto de vista** point of view
puntualidad *f.* punctuality, certainty
pureza *f.* purity
purificado purified
purísimo *sup. of* **puro**
puro pure; sheer

Q

que which, that, who, whom; **el que** he who; **para que** so that
quedar(se) to stay; to remain; to be left; to become; **quedarle bien (a alguien)** to fit (someone) well
quehacer *m.* task, chore
queja *f.* complaint
quejarse (de) to complain (about)
quemado burnt; burnt out
quemar to burn; to wither *(plants);* **quemarse** to get burnt, burn oneself
querendón/a *m. & f.* favorite
querer (ie) to wish, desire; to love, want
querido/a *m. & f.* beloved dear; *f.* mistress
queso *m.* cheese
quien who; whom; he who; she who
quieto still, quiet

química *f.* chemistry
químico/a chemical *m. & f.* chemist
quince fifteen
quinientos five hundred
quinta *f.* country estate
quinto fifth
quiropráctico/a *m. & f.* chiropractor
quitar to take away; to leave; **quitarse** to take off *(clothes)*
quizá (quizás) perhaps, maybe
quo: status quo *(Latin)* state of things as they are

R

rabo *m.* tail *(of an animal)*
racimo *m.* bunch *(of grapes)*
racismo *m.* racism
racista racist
radicar to take root; to be based, located
Rafael Raphael
raíz *f.* root; *(pl.* **raíces***)*
ramo *m.* bunch of flowers; branch
Ramón Raymond
ranchera *f.* popular Mexican style of song
rápidamente rapidly, fast, quickly
rapidez *f.* swiftness, rapidity, speed
rápido fast, quick
raptar to kidnap
raro uncommon, scarce; odd, strange
ras: a ras de level with
rasgo *m.* feature, trait
rastro *m.* track
rata *f.* rat

rato *m.* spell, while, period; **rato libre** free time, spare time
ratón *m.* mouse
raya *f.* line; boundary
rayo *m.* beam, ray, lightning
raza *f.* race
razón *f.* reason; **tener razón** to be right
reacción *f.* reaction; response
reaccionar to react
real real; royal; **Calle Real** Royal Street; **la Real Academia** the Royal Academy
realidad *f.* reality
realismo *m.* realism
realista realistic
realizar (c) to carry out; to achieve; to put into effect
realmente really; in fact; actually
reaparición *f.* reappearance, return
rebaño *m.* herd
rebelarse (contra) to rebel, revolt (against)
recapacitar to think over, reflect on
recato *m.* modesty; circumspection
recauchadora *f. (Peruvian)* tire repair business
recepción *f.* reception; social gathering, party
recepcionista *(Amer.)* receptionist
receta *f.* recipe; prescription
recetar to prescribe
recibir to receive; to greet, welcome
reciclaje *m.* recycling
recién newly, recently
reciente recent

recientemente recently

recinto *m.* space, area; enclosure

recio strong

recitar to recite

reclamación *f.* claim

reclamar to claim, demand

recobrar to recover, get back, retrieve

recoger (j) to pick up; to gather

recomendación *f.* recommendation, suggestion

recomendar (ie) to recommend; to suggest; to advise

reconfortante comforting

reconocer (zc) to recognize; to identify

reconocimiento *m.* recognition; acknowledgment

reconquista *f.* reconquest

reconstrucción *f.* reconstruction

reconstruir (y) to reconstruct

recordar (ue) to remember, recall

recorrer to go through or over; to traverse

recorrido *m.* space or distance traveled; journey, run

recreo *m.* recreation; recess

rectificar (qu) to rectify

recuerdo *m.* memory, reminiscence; souvenir

recuperar to recuperate; to make up

recurso *m.* recourse, resort, means; resource

recurrir a to turn to, appeal to

rechazar (c) to reject, refuse, turn down

rechazo *m.* rejection; refusal

redondo round

reducción *f.* reduction, cutback

reducido reduced; limited; small *(in number)*

reducir (j) (zc) to reduce; to subdue

reelección *f.* reelection

reelegido reelected

reemplazar (cz), (c) to replace

referencia *f.* reference; allusion

referir(se) (ie, i) to refer; to allude

refinado refined

reflejar to reflect

reflexión *f.* reflection

reflexionar to reflect on, think about

reflexivo reflexive

reformar to reform; to change, improve; to alter

reforzar (ue) to strengthen, reinforce

refrán *m.* saying, proverb

refrescante refreshing

refresco *m.* soft drink

refugiado/a *m. & f.* refugee

refugiarse to take refuge, shelter

refugio *m.* refuge, shelter

refulgente radiant

regadío *m.* irrigated land

regalar to give as a gift

regalo *m.* gift, present

regar (ie) to water

regatear to haggle over, bargain

regateo *m.* bargaining, negotiating a price

regidor *m.* councilman

régimen *m.* regime; diet

regir (j, i) to rule, guide, govern

registro *m.* register

regla *f.* rule; ruler

reglamentaria pertaining to regulations, rules or bylaws

reglamento *m.* rule, regulation; by-law

regordeta chubby, plump

regresar to return, come back, go back

regreso *m.* return; homeward journey

reguero *m.* trail

regular to regulate

regularidad *f.* regularity

rehacerse *(irreg.)* to recover; to pull oneself together

rehusar to refuse

reina *f.* queen

reinar to reign, rule

reino *m.* kingdom; **el Reino Unido** the United Kingdom

reír (i, i) to laugh

reiterar to reiterate, repeat

reja *f.* grill, bar; grids

rejuvenecer (zc) to rejuvenate

relación *f.* relation; relationship; ratio

relacionar to relate; to connect

relajado relaxed

relajamiento *m.* relaxation

relajante relaxing

relajar to relax

relajarse to become relaxed

relamido affected

relatar to relate; to tell; to report

relativamente relatively

relativo relative

religioso religious

reloj *m.* watch; clock

reluciente shining, brilliant

relucir: salir a relucir to come to light, appear
rematar to finish off; to put the finishing touch to something; *(in sports)* to complete a play
remediar to remedy, help
remedio *m.* remedy; **sin remedio** inevitable, irremediable
remendar (ie) to mend
remiendo *m.* patch
reminiscente reminiscent
remoto remote
rendija *f.* crack, crevice
rendir (i, i) to produce, yield; to surrender; to pay (tribute); **rendir culto** to worship
renombrado renowned, famous
renombre *m.* renown, fame
renovación *f.* renovation, renewal
renunciar to renounce; to give up
reo/a *m. & f.* criminal offender
reparar to notice, heed; to repair
reparo *m.* scruple, doubt
repartir to distribute; to divide up, share
repasar to revise; to check
repaso *m.* review
repente: de repente suddenly; all at once
repentino sudden
repetir (i, i) to repeat; to say (do) again
repicar to ring out
repiqueteo *m.* pealing of bells
replicar to reply
repositorio *m.* repository

reposo *m.* rest, repose
representante *m. & f.* representative
representar to represent; to stand for; to mean
represión *f.* repression
represivo repressive
reprimir to repress, hold back
reprobatorio reproving, disapproving
reproche *m.* reproach, rebuke
reproducir (j) (zc) to reproduce
reptil reptilian; *m.* reptile
república *f.* republic
republicano republican
repudiar repudiate
repugnar to revolt, nauseate; to hate, loathe
repujado embossed
repulsión *f.* rejection, repulsion
requisito *m.* requirement, requisite
resaltar *tr. v.* to be prominent or conspicuous
resentido resentful
resentimiento grudge, resentment
reseña *f.* outline, sketch, brief description
reserva *f.* reservation
reservación *f.* reservation *(in a hotel)*
reservado reserved, kept in reserve; discreet
reservar to reserve; to keep in reserve, set aside
resfriado sick with a head cold
residencia *f.* residence, dormitory; stay
residir to reside, dwell

residuo *m.* residue; remnant
resistir to resist; to bear, withstand; to stand up to
resolución *f.* resolution
resolver (ue) to solve, resolve
resonancia *f.* resonance; importance, renown
respaldar to endorse
respaldo *m.* back of a seat
respecto: al respecto about the matter; **con respecto a** with respect to, in regard to
respetable respectable
respetar to respect
respeto *m.* respect, consideration
respetuoso respectful, considerate
respiración *f.* breathing; **aguantar la respiración** to hold one's breath
respirar to breathe
respiro *m.* respite, breathing space; rest
resplandor *m.* gleam, glow
responder to answer, respond, answer back
responsabilidad *f.* responsibility
responsable responsible; *m. & f.* responsible person
respuesta *f.* answer
restablecer (zc) to reestablish, restore; **restablecerse** to recover
restar *(math.)* to subtract; to take away
restaurado restored
restituir (y) to restore
resto *m.* rest, remainder
restricción *f.* restriction
resucitar to bring back to life, to resurrect

resuelto resolved; determined

resultado *m.* result; outcome, sequel, effect

resultar to be, to turn out (to be); **resulta que** it happens that

resumen *m.* summary; **en resumen** in short

resumir to sum up; to summarize

resurgir to reappear, spring up again

retener *(irreg.)* to retain; to keep back

retirar to retreat; to withdraw; to move back

retiro *m.* quiet place; seclusion; retreat

retoque *m.* retouching, finishing touch

retozar (c) to romp, frolic

retroceder to step back, back away

retrospectivo retrospective; **escena retrospectiva** flashback

reuma rheumatism

reumatismo rheumatism

reunión *f.* meeting, gathering; social gathering, party

reunir to reunite; to get together; to assemble

revelar to disclose, reveal

reventar (ie) to do serious harm; to burst, explode

reverencia *f.* reverence, curtsy

revés *m.* reverse; opposite side; **al revés** in the opposite way

revirtiendo *(pres. part. of revertir)* reversing, reverting

revista *f.* magazine; variety show

revivir to relive; to revive

revolcarse to roll about, to wallow

revolotear to flutter around

revolución *f.* revolution

revolucionario/a *m. & f.* revolutionary

revuelta *f.* commotion; disturbance; riot

rey *m.* king

rezar (c) to pray

riachuelo *m.* brook

riada *f.* flood

ribera *f.* bank; beach; coast

rico rich; wealthy, tasty

ridiculizar (c) to ridicule

ridículo ridiculous, ludicrous; **poner en ridículo** to expose to ridicule

riego *m.* irrigation, watering

rienda: dar rienda suelta a to give free rein to

riendo laughing

riesgo *m.* risk, danger

rifle *m.* rifle, hunting gun

rígido rigid

rigor: de rigor prescribed by rules, obligatory

rigurosamente severely, harshly, strictly

rima *f.* rhyme; **rimas** short poems

rincón *m.* corner, nook; retreat

rinde: See **rendir**

riña *f.* quarrel, argument; fight

río *m.* river

riqueza *f.* wealth, richness

risa *f.* laugh; **risas** *f. pl.* laughter; **morirse de risa** to die laughing

rítmico rhythmic

ritmo *m.* rhythm

rito *m.* rite, ceremony

rival *m. & f.* rival

rivalidad *f.* rivalry

rizado curly

robaniños *m. & f.* kidnapper

robar to steal, rob

robo *m.* robbery

roca *f.* rock, stone

roce *m.* light touch

rocoso rocky

rodante rolling

rodar (ue) to roll, drag; to move about

rodear to surround, encircle, enclose

rodilla *f.* knee

rogar (ue) to beg, ask for

rojo red

rol *m.* role, part

romano Roman

romanticismo *m.* romanticism

romántico romantic

romanticón *pej. of* **romántico**

romper to break, tear up, rip out

rompimiento *m.* breaking

roncar to snore

rondar to go the rounds; **rondar de** to come near to, to approximate

ropa *f.* clothes, clothing; dress

rosa *f.* rose

rosado pink

rosetas *f. pl.* small roses; **rosetas (de maíz)** popcorn

rosquilla *f.* sweet bread, ring-shaped biscuits

rostro *m.* face

rotación *f.* rotation, turn; revolution

roto *m. & f. (Chile)* very poor person

rozar (c) to rub, touch lightly
rubio fair-haired, blond
ruborizarse (c) to blush, flush
ruboroso blushing
rudo rude; simple; hard, tough
ruedo *m.* turn, rotation; arena, bullring
rugir (j) to roar; to rumble
ruido *m.* noise, sound
ruidoso noisy
ruina *f.* ruin
rumbo *m.* route, direction
rumor *m.* murmur, mutter, confused noise
Rusia *f.* Russia
ruso Russian

S

sábado *m.* Saturday
sábana *f.* bed sheet
saber *(irreg.)* to know
sabiduría *f.* wisdom, knowledge
sabio/a wise; *m. & f.* expert, learned person
sabor *m.* flavor, taste
sabroso delicious, tasty
sacar (qu) to take out, get out; to obtain; **sacar buenas notas** to get good marks
sacerdote *m.* priest
saciar to satisfy, glut
saco *m.* sack; *(Amer.)* jacket
sacrificio *m.* sacrifice
sacristán *m.* verger, sacristan, sexton
sacudir to shake
sádico sadistic
sagrado sacred, holy

sajón Saxon
sala *f.* large room; drawing room; **sala de espera** waiting room
salario *m.* salary, wages, pay
salida *f.* exit; **callejón sin salida** dead-end street
salir *(irreg.)* to get out, go out, come out; to emerge, appear; to turn out, take after
salmo *m.* psalm
salón *m.* parlor, living room
salsa *f.* sauce, gravy
saltar to jump, leap over; to skip (something)
salud *f.* health
saludable healthful
saludar to greet, bow, say hello
saludo *m.* greeting
salvadoreño/a Salvadorean; *m. & f.* person from El Salvador
salvaje wild, untamed; *m. & f.* savage
salvar to save, rescue
salvo except (for)
San *apocopated form of* **Santo**
sanar to cure, to heal
sanatorio *m.* sanatorium, hospital
sancocho *m.* boiled dinner (Amer.)
sandalia *f.* sandal
sanfermines *m. pl.* festival of **San Fermín**
sangre *f.* blood; **a sangre fría** in cold blood
sangriento bloody
sano healthy, sound; **sano y salvo** safe and sound
santiamén: en un santiamén in a jiffy

santo/a holy; *m. & f.* saint
santuario *m.* sanctuary
saquear to ransack, loot
sastre *m.* tailor
sátira *f.* satire
satírico satiric(al); *m.* person who writes satires
satirizar (c) to satirize
satisfacción *f.* satisfaction
satisfactoriamente satisfactorily
satisfecho satisfied
sección *f.* section
seco dry, dried; *(fig.)* broke, penniless
secretaria *f.* woman secretaria
secreto secret, hidden; *m.* secret
sector sector, section
secundaria *f.* high (school)
secuestrar to kidnap, abduct
secundario secondary; minor, of lesser importance
sed *f.* thirst, thirstiness
sedante *m.* sedative
sedar to sedate
sedentario sedentary
secucción *f.* seduction
seductor/a seductive, tempting
seguido followed; **en seguida (enseguida)** immediately
seguidor/a *m. & f.* follower
seguir (i, i) to follow, come after, come next; to pursue to continue
según according to, in accordance with
segundo second; *m.* second
seguramente for sure; with certainty

seguridad *f.* safety, security; certainty

seguro sure, certain; for sure

seis six

selección *f.* selection

seleccionar to select

selva *f.* forest, woods, jungle

sello *m.* stamp, seal; postage stamp

semana *f.* week; **entre semana** weekdays, during the week

Semana Santa *f.* Holy Week (week preceding Easter)

semejante similar; such, of that kind

semejanza *f.* resemblance

semejar to seem like, resemble

semestre *m.* semester

semicerrado half-closed

semisalvaje half-wild

senador/a *m. & f.* senator

sencillo simple, plain

senda *f.* path, trail; way

sendero *m.* path, trail; way

senos *m. pl.* breasts

sensación *f.* sensation

sensibilidad *f.* sensitivity

sensibilización *f.* therapy aimed at sensitizing people

sensible sensitive, impressionable

sensitivo sensitive; sentient

sensorial sensorial, relating to the delights of the five senses

sensualidad *f.* sensuality; sensuousness

sentado seated

sentar (ie) seat; **sentarse** to sit

sentenciado sentenced

sentido *m.* sense; meaning; direction, way

sentimiento *m.* feeling, emotion, sentiment

sentir (se) (ie, i) to feel, perceive, sense

seña sign, indication

señal *f.* sign, indication

señalar to point out; to mark

señor *m.* man, gentleman; Mr.; landlord; **el Señor** the Lord; **señora** *f.* lady; Mrs., madame; **señores** *m. pl.* Mr. and Mrs.

señorial majestic, regal, stately

señorita *f.* young lady; Miss, Ms.

separación *f.* separation; division

separado separate, separated

separar to separate, move away

separarse to separate (oneself), part company

septiembre *m.* September

séptimo seventh

sepulcro *m.* tomb, grave

sequedad *f.* aridness, dryness

ser (irreg.) to be; *m.* being

serenidad *f.* serenity; presence of mind, self-possession

sereno calm, peaceful; *m.* night watch-man

seriamente seriously, in earnest

serie *f.* series; group of related numbers or things

seriedad *f.* seriousness, gravity

serio serious, grave; **en serio** seriously; really and truly

sermón *m.* sermon

seropositivo serumpositive

seropositividad *f.* serumpositivity

serpiente *f.* snake, serpent

servicial obliging, accomodating, keen to help

servicio *m.* service

servil servile, slavish

servir (i) to serve

sesenta sixty

setenta seventy; **los años setenta** the seventies

severamente severely, harshly

severo severe

sexo *m.* sex

sexto sixth

si if, whether

sí yes; **sí mismo** himself; **sí misma** herself

sicología *f.* (alternate spelling of **psicología**) psychology

sicoterapia (psicoterapia) *f.* psychotherapy

sidatorio *m.* (neologism) special sanatorium for people with AIDS

sido *ptp. of* **ser;** been

siempre always; all the time; ever; **como siempre** as usual; **para siempre** forever; **casi siempre** most of the time

sien (es) *f.* temples

siesta *f.* siesta, nap

siete seven

sigilosamente discreetly, secretly

siglo *m.* century

significado *m.* meaning

significar (qu) to mean, signify

significativo significant, meaningful

siguiente following
silbido *m.* whistle, hiss
silencio *m.* silence
silencioso silent
sílfide *f.* sylph
silueta *f.* silhouette, outline
silla *f.* chair; **silla de ruedas** *f.* wheelchair
sillón *m.* armchair; public office
simbolizar (c) to symbolize
símbolo *m.* symbol
simpatía *f.* congeniality, interest, empathy
simpático nice, congenial, likeable
simple simple, bare
simplemente simply, merely
sin without; **sin embargo** but, nevertheless
sincerarse to speak frankly
sinceridad *f.* sincerity
síncope *f.* syncope
síndrome *m.* syndrome
singular singular, exceptional, odd
siniestro sinister, evil, wicked
sino but (used after a negative statement); but rather
sinónimo *m.* synonymous; synonym
sintético synthetic
síntoma *m.* symptom
sinúmero *m.* great number, endless number
siquiera at least, even; **ni siquiera** not even
sirena *f.* siren *(warning)*
sirio/a *m. & f.* Syrian, person from Syria
sirviente *m.* servant; **sirvienta** *f.* maid
sistema *m.* system, method
sistemático systematic

sitiado besieged, surrounded
sitio *m.* place; spot; site
situación *f.* situation, position
situado situated, placed
situar to place, situate
smoking *m.* dinner jacket, tuxedo
soberbio superb; proud
sobrar to be left over; exceed; **de sobra** superfluous; more than enough
sobre about; on; upon; over; on top; *m.* envelope
sobrecogedor overpowering
sobredosis *f.* overdose
sobrepasar to exceed, surpass
sobresalir to stand out, distinguish oneself; to excel
sobresaltado frightened
sobrevivir to survive
sobrino *m.* nephew
sobrina *f.* niece
sociabilidad *f.* sociability
socialismo *m.* socialism
socialista *m. & f.* socialist
socializarse to socialize; to nationalize (industries, banks, etc.); to establish state control over
sociedad *f.* society
socio/a *m. & f.* member, partner; business associate
sociólogo *m.* sociologist
sofisticado sophisticated
sofisticación *f.* sophistication
sofocar (qu) to suffocate
sol *m.* sun, sunlight, sunshine
solamente only, solely, just
soldadillo *dim. of* **soldado**
soldadito *dim. of* **soldado**
soldado *m.* soldier

soleado sunny
soledad *f.* solitude, loneliness
solemne solemn
soler (ue) to be accustomed to
solicitar to request, ask for
solidificar to solidify
sólido solid, hard
solitario lonely, solitary
solo single, sole; only one, unique; by oneself, alone
sólo only
soltar (ue) to let go, release
soltero single, unmarried
solución *f.* solution
solucionar to solve; to resolve
solventar to settle; to solve
sombra *f.* shadow, shade
sombrerero *m.* hatter, hatmaker
sombrero *m.* hat
sombrío gloomy, dark and dismal
someter to submit, put forward
sometido subjected to, caused to undergo *(a medical exam, etc.)*
somnolencia *f.* somnolence, drowsiness
sonámbulo/a sleepwalking; *m. & f.* sleepwalker
sonar (ue) to ring *(a bell)*; to sound, make a noise; to blow *(a trumpet)*
soneto *m.* sonnet
sonido *m.* sound, noise
sonoro sonorous; loud
sonreído *(Puerto Rico)* smiling, with a smile
sonreír (i, i) to smile
sonriente smiling
sonrisa *f.* smile

sonrojarse to blush

soñador/a *m. & f.* dreamer

soñar (ue) to dream

sopetón *m.* punch; **de sopetón** suddenly

soplo *m.* blow, puff, gust

soportar to bear, stand, endure

Sor Sister (archaic form of address for a woman member of a religious order)

sorberse: sorberse los mocos to sniffle and snort loudly

sórdido dirty, squalid, mean, sordid

sordo deaf; muffled

sorprendente surprising; amazing; startling

sorprender to surprise, amaze, startle

sorprendido surprised, amazed

sorpresa *f.* surprise

sorpresivo surprising, sudden, unexpected

sos *(Argentina)* localism for **eres** (you are)

sosera *f.* insipidity, dullness, inanity

sospechar to suspect

sostener *(irreg.)* to support

soviético Soviet

status status quo *(see* **quo***)*

suave gentle, sweet

suavemente smoothly, softly

suavidad *f.* smoothness, softness; gentleness

subalterno/a *m. & f.* subordinate

subdesarrollado underdeveloped

subdesarrollo *m.* under-development

súbdito/a *m. & f.* subject; citizen (of a monarchial regime)

subempleo *m.* under-employment

subida *f.* promotion; ascent, climbing

subir to climb, mount, ascend

súbitamente suddenly, unexpectedly

súbito sudden, unexpected

subjuntivo *m.* subjunctive

submarino underwater

subproletariado *m.* sub-proletariat

subrayar to underline

subtítulo *m.* subtitle

subversión *f.* subversion

subyugar (gu) to subjugate; to subdue

succionar to suck

suceder to happen

sucesivamente successively

suceso *m.* event; incident

suciedad *f.* filth, dirt

sucio dirty, filthy, soiled

sucumbir to succumb

sudamericano South American

sudar to sweat

sudor *m.* sweat

Suecia *f.* Sweden

suegro *m.* father-in-law; **suegra** *f.* mother-in-law

suela *f.* sole (of a shoe)

sueldo *m.* salary, wages, pay

suelo *m.* soil, ground, land

suelto loose, undone

sueño *m.* dream; sleep

suerte *f.* destiny, chance, luck, fate; sort, kind; **buena suerte** good luck

suficiente suficient, enough

suficientemente sufficiently, adequately

sufrido patient, enduring

sufrimiento *m.* suffering, misery

sufrir to suffer

sugerencia *f.* suggestion

suicidarse to commit suicide

suicidio *m.* suicide

suizo Swiss, from Switzer-land

sujetar to hold down, keep down; to hold tight

sujeto *ptp. of* **sujetar;** *m.* subject

suma *f.* adding, addition

sumar to add; **sumarse (a)** to join

suministrar to provide, supply, furnish

sumirse to sink, to become submerged

suntuosidad *f.* lavishness, sumptuousness

superar to surpass; to overcome; to exceed

superficie *f.* surface

superioridad *f.* superiority

superpoblado over-populated

supervivencia *f.* survival

suplementario supplementary

súplica *f.* supplication, request, plea

suplicar to implore, to plea

suponer *(irreg.)* to suppose, assume

supremo supreme

supuestamente supposedly

supuesto *ptp. of* **suponer;** supposed, assumed, believed; **por supuesto** of course

sur *m.* south

surgimiento *m.* arising, appearance

surgir (j) to arise, emerge, spring up

suroeste *m.* southwest

suspender to suspend, interrupt

suspendido suspended, interrupted; hanging

suspirar to sigh

suspiro *m.* sigh

sustancia *f.* matter

sustantivo *m.* noun

sustento *m.* sustenance, food

sustituir (y) to substitute

sustituto *m.* substitute

susto *m.* fright

susurrar to whisper

susurro *m.* whisper

sutil subtle, delicate

suyo, suya his, hers, theirs

T

tabaco *m.* tobacco

tabla *f.* plank, board; table (of figures), chart; **Tablas de la Ley** Tablets of the Law

taburete *m.* stool

tacto *m.* tact; touch; feeling

taita *m.* *(fam.)* dad, daddy, uncle, grandfather

tal such; **con tal de que** provided that; **el tal hombre** this man; **tal como** such as; **tal vez** perhaps, maybe; **un tal Amado** a man called Amado

talar to cut down, to fell *(trees);* to lay waste, devastate

talasoterapia *f.* term used for a recent health therapy

used in some parts of Spain, in which the patient is placed in sea water, mud, sea weed and other substances

talento *m.* talent, ability, gift

tallar to carve, engrave or cut *(stone)*

tamal *m.* *(Mexican & Central American)* tamale, dish made from corn meal, chicken or meat, and chili, wrapped in banana leaves or corn husks

tamaño *m.* size

tambaleante staggering, reeling

también also, as well, too

tampoco neither, not . . . either

tan so, as; **tan sólo** only, just

tanque *m.* tank

tanto so much, as much; **A tanto como B** A as well as B; **mientras tanto** meanwhile; **por lo tanto** therefore; **tanto gusto** it is a pleasure; **un tanto** a little bit

taquería *f.* (Mexican) taco stand

tardanza *f.* delay, tardiness, slowness

tardar to take a long time, be long; to be late

tarde late; **más tarde** later; *f.* afternoon, early evening

tarea *f.* task; homework assignment

tarjeta *f.* card; **tarjeta de crédito** credit card

tasa *f.* rate

teatro *m.* theater

técnica *f.* technique

técnico/a technical; *m. & f.* expert

tecnología *f.* technology

techo *m.* roof

tejer to knot, weave

tejido *m.* textile, fabric; woven material

tela *f.* cloth, fabric

telaraña *f.* spider's web, cobweb

tele *f.* T.V. *(abbreviation for* **televisión***)*

telefonear to telephone

telefonema *m.* telephone call, telephone message

teléfono *m.* telephone

telenovela *f.* soap opera

televisor *m.* television set

telón *m.* curtain of a theatre

tema *m.* theme, subject, topic

temario *m.* program, agenda

temático thematic

temblar (ie) to tremble, shake

tembloroso trembling, shaking

temer to fear, be afraid of

temible fearsome, dread, frightful

temido feared, dreaded

temor *m.* fear

templo *m.* temple

temporada *f.* season; period, spell

temporal temporary

temprano early; **por la mañana temprano** early in the morning

tenacidad *f.* tenacity, firmness, persistence

tenaz (pl. tenaces) tenacious, firm

tendencia *f.* tendency; trend, inclination

tenderete *m.* booth

tender(se) (ie) to lie down, stretch out

tendido lying down, flat

tener *(irreg.)* to have, possess; **no tiene ni pies ni cabeza** it does not make any sense; **tener... años** to be . . . years old; **tener calor** to be hot; **tener celos** to be jealous; **tener cuidado** to be careful; **tener envidia** to envy; **tener ganas de** + *inf.* to feel like + *ger.;* **tener hambre** to be hungry; **tener interés** to be interested; **tener la culpa** to be to blame, be guilty; **tener listo** to have ready; **tener miedo** to be afraid; **tener puesto** *(with clothes)* to be wearing; **tener que** + *inf.* to have to, must; **tener prisa** to be in a hurry; **tener razón** to be right; **tener reparos** to hesitate; to have misgivings about

tenida *f. (Arg. and Chile)* suit, dress, uniform

tenis *m.* tennis

tensión *f.* tension; strain, stress

tentador tempting, enticing

terapéutico therapeutic

terapia *f.* therapy

tercer third

terco stubborn

terminación *f.* ending, termination

terminar to end; to conclude; to finish, complete

término *m.* term

ternura *f.* tenderness, affection

terraza *f.* terrace, balcony

terreno *m.* field; ground

terrestre terrestrial

territorio *m.* territory

terror *m.* terror

terrorismo *m.* terrorism

terrorista *m. & f.* terrorist

tertulia *f.* social gathering

tesis *f.* thesis; theory

tesorito *m. (fam.) (dim. of tesoro)* sweetheart, honey, etc.

tesoro *m.* treasure, hoard

testigo *m.* witness

testimonio *m.* testimony; proof

textil textile

texto: libro de texto textbook

tez *f.* skin

ti you *(familiar, used after a preposition)*

tibio lukewarm, mild

tiempo *m.* time, period; weather; **a tiempo** in (on) time; **al mismo tiempo** at the same time; **al tiempo que** while, meanwhile; **aquellos tiempos** those days; **¿cuánto tiempo hace?** how long ago?; **durante un tiempo** for a while; **en tiempo de** in the time of; **hace buen tiempo** it is good weather; **hace mucho (poco) tiempo** a long (short) time ago; **la marcha del tiempo** the passing of time

tienda *f.* store, shop; tent

tierno tender, soft

tierra *f.* earth, world; ground, soil; *f. pl.* lands, estates; **la Tierra** the Earth; **nuestra tierra** our country (land)

tigre *m.* tiger

tímidamente timidly, shyly

tintero *m.* ink pot

tinto: vino tinto red wine

tío *m.* uncle; **tía** *f.* aunt

típicamente typically

típico typical, characteristic

tipo type, sort, kind

tira: tira cómica *f.* cartoon

tirano/a *m. & f.* tyrant

tirar to throw, fling; to shoot

tiritar to shiver

tiro *m.* shot (from a gun)

titi *f.* Auntie (Puerto Rican)

titulado *m.* holder of an academic degree

título *m.* title; degree

titubear to hesitate

toalla *f.* towel; terrycloth

tobillo *m.* ankle

tocadiscos *m.* phonograph, record player

tocar (qu) to touch; to play music; **en lo tocante a** in reference to; **por lo que toca** regarding, concerning; **tocarle a uno** to fall to someone; to be one's turn; **tocarse** to touch one another

TLC acronym for Tratado de Libre Comercio, NAFTA (in English)

todavía still yet; **todavía no** not yet

todo all; whole; entire; every; entirely, completely; everything; **a toda costa** in spite of all inconveniences; **a toda prisa** in all haste; **a todas horas** at any time; **ante todo** first of all, above all; **de todos modos** anyway, in any case; **del todo** wholly, completely; **después de todo** after all; **en toda Europa** throughout Europe; **en todo caso** in any case; **en todo**

momento at all times; **sobre todo** especially, most of all; **toda clase** any kind; **todas las semanas** every week; **todas partes** everywhere; **todo el mundo** everybody; **todo tipo** all kinds

todopoderoso all-powerful, almighty

tolerancia *f.* tolerance

tolerante tolerant

tomar to take; to accept; to get; to drink

tomar prestado/a to borrow; **tomar precauciones** to take precautions

tomate *m.* tomato

tomo *m.* volume, tome

tonelada *f.* ton

tono *m.* tone

tontería *f.* silliness, foolishness

tonto silly, foolish, stupid

toque *m.* touch

torcido twisted, bent

torito *m.* *(dim. of* **torito***)* little bull

tormenta *f.* storm

tormento *m.* torment; torture

tornar to turn, to become

tornasol *m.* changeable color

toro *m.* bull

torpe awkward, clumsy

torre *f.* tower

tortilla *f.* omelet; (Mex.) tortilla

tórtola *f.* turtledove

tortura *f.* torture

torturado tortured

torturar to torture

tos *f.* cough

tosco coarse, crude, unpolished

tostado suntanned

tostarse to suntan

totalidad *f.* totality

totalitario totalitarian

totalmente totally, wholely, completely

toxicomanía *f.* drug addiction

tóxico toxic

traba *f.* bond, tie; obstacle

trabajador/a hard-working, industrious; *m. & f.* worker, laborer

trabajar to work

trabajo *m.* work; job, task

tradición *f.* tradition

tradicional traditional

traducción *f.* translation

traducir (j) (zc) to translate

traer *(irreg.)* to bring, get, fetch; to carry, take

tráfico *m.* traffic; trade, commerce

tragedia *f.* tragedy

trágico tragic

trago *m.* drink

traguito *m.* small drink

traicionar to betray

traje *m.* costume, dress, suit; **traje de baile** evening gown; **traje de baño** bathing suit

trajín *m.* chore, work, hectic activity

trama *f.* plot

trámites *m. pl.* transactions, procedures, formalities

trampa *f.* trap, trick; cheating; **hacer trampas** to cheat

trampolín *m.* springboard, diving board

tranquilidad *f.* calmness, tranquility

tranquilizador soothing, calming; reassuring

tranquilizante *m.* tranquilizer

tranquilizar (c) to calm, quiet down

tranquilo still, calm, tranquil

transfigurar to transfigure

transformación *f.* transformation

transformar to transform; to change, convert (into)

transición *f.* transition

transmisible transmittable, transmissible

transmisión *f.* transmission

transmitir to transmit; to pass on

transparencia *f.* transparency; clarity

transportar to transport, carry

transporte *m.* transport, transportation

tranvía *m.* tram, streetcar

trapo *m.* rag

traquetear to shake; to rattle, jolt

tras behind; after

¡tras! ¡tras! tap, tap!; bam, bam!

transcendente transcendent, of great importance

trasladar to move; to remove; to transfer

traspasar to cross the boundaries of

traste *m.* bottom, backside

trastornado afflicted; unbalanced, mad

tratado *m.* treaty, pact

tratamiento *m.* treatment

tratar to treat, handle; to deal with, be about; **tratar de** + *inf.* to try to + *inf.*

trato *m.* treatment; way of behaving or dealing

través: a través de through, by means of

travestismo *m.* transvestism, practice of dressing in clothing of the opposite sex

trayecto *m.* distance, stretch *(traveled)*

trazar to design; to lay out; to outline

trece thirteen

tregua *f.* truce, respite; **sin tregua** without respite

treinta thirty

tremedal *m.* bog

tremendo terrible, tremendous, dreadful; **a la tremenda** to extremes

tren *m.* train

trepar to climb

tribu *f.* tribe

trigo *m.* wheat

trigueño *(hair)* corn-colored, dark blond

trimestre *m.* trimester

tripulación *f.* crew

triste sad; gloomy; sorrowful

tristeza *f.* sadness, gloom

triunfador/a *m. & f.* winner

triunfante triumphant

triunfar to triumph; to win

triunfo *m.* triumph, success, victory

trofeo *m.* trophy

trompeta *f.* trumpet, bugle

tronco *m.* tree trunk

tropezar (ie) (con) to bump (into)

trópico *m.* tropic

trozo *m.* piece; fragment

truco *m.* trick

tubo *m.* tube; pipe; **tubo de respiración** snorkle tube; **hacer buceo con tubo** to snorkle

tumba *f.* tomb, grave

tumbar to knock down

tumultuoso tumultuous

túnel *m.* tunnel

turbación *f.* upset, confusion, embarrassment

turbado disturbed

turbarse to become disturbed or upset

turbulento turbulent

turismo *m.* tourism

turista *m. & f.* tourist

turístico touristic

turno *m.* turn, shift; **alternar turnos** to take turns

Turquía *f.* Turkey

tutear to address someone as **tú**

tuyo, tuya yours

U

u or; (used instead of **o** before **o** or **ho**)

ugandés/a Ugandan

último last; latest, most recent; **a la última moda** in the latest style; **en último caso** as a last resort; **por último** lastly, finally; **el último grito** *(slang)* the latest fad, the "in" thing

únicamente only, simply

único only *(used in front of a noun)*; unique; **hijo/a único/a** only child

unido united; **Estados Unidos** United States; **Naciones Unidas** United Nations; **Reino Unido** United Kingdom

unir(se) to unite, join

universalidad *f.* universality

universidad *f.* university

universitario *(pertaining to the)* university

unos, unas several, a few, some

urbanidad *f.* politeness, urbanity, courtesy

urbanización *f.* housing development; urbanization

urbanizar (c) to develop, urbanize

urbano urban

urbe *f.* large city, metropolis

urgencia *f.* urgency

urgente urgent, pressing; imperative

Uruguay *m.* Uruguay

uruguayo/a Uruguayan; *m. & f.* Uruguayan

usado used

usar to use, make use of; to wear (clothing)

uso *m.* use

usted, ustedes you *(formal)*

útil useful; usable, serviceable

utilidad *f.* usefulness

utilizar (c) to use, make use of; to utilize

V

vaca *f.* cow; **carne de vaca** beef

vacaciones *f. pl.* vacation, holiday

vacilante unsteady; wobbly; hesitant; flickering

vacilar to hesitate, vacilate

vacío empty; vacant, unoccupied; *m.* emptiness, void

vacuna *f.* vaccine

vagamente vaguely

vagancia *f.* negligence; loafing

vago vague

valentía *f.* courage, bravery

valer to be worth; to cost, be priced at; **no vale gran cosa** it is worthless; **no vale la pena** it is not worthwhile; **valerse de** to make use of; to take advantage of

validez *f.* validity

válido valid

valiente brave, valiant

valija *f.* suitcase

valioso worthwhile; valuable

valor *m.* value, worth; courage

valorar to value; to price; to appraise

valorizar to value; to evaluate

vals *m.* waltz

valle *m.* valley

valoración *f.* valuation, appraisal

vanamente in vain, futilely

vanidad *f.* vanity

vano vain

vaporoso vaporous; airy, light

vaquero *m.* cowboy

vaquita *f. dim. of* **vaca**

variado varied; mixed; assorted

variar to vary

variedad *f.* variety, diversity

varios some, several, various, a number of

varón male *(human being);* *m.* male; man, boy

varonil manly

vasallo *m.* vassal, subject

vascuence *m.* Basque (language)

vasito *m. (dim. of* **vaso***)* little glass

vaso *m.* glass

vasto vast, huge

vaya *pres, subj. of* **ir**

Vd. *variant of* **Ud.**

Véase Please see (reference)

veces *f. pl. (pl. of* **vez***)* occasions, times; **a veces, algunas veces** sometimes; **muchas veces** many times

vecindad *f.* neighborhood

vecino/a neighboring, near; *m. & f.* neighbor

vedado forbidden, prohibited

vega *f.* fertile lowland

vegetal *m.* vegetable

vegetariano vegetarian

vehemente vehement, impassioned

veinte twenty

veinticinco twenty-five

veintiocho twenty-eight

vejez *f.* old age

vela *f.* sail; candle

velada *f.* evening, evening party

velo *m.* veil

velocidad *f.* speed

velorio *m.* wake, vigil *(preceding burial)*

veloz swift, fast

vena *f.* vein, blood vessel

vencedor victorious

vencer (z) to conquer, vanquish, beat

vendedor/a *m. & f.* salesperson

vender to sell

veneno *m.* poison

venerar to venerate, worship

venezolano/a Venezuelan *m. & f.* Venezuelan

venganza *f.* vengeance, revenge

venir *(irreg.)* to come; to arrive

venta *f.* sale

ventaja *f.* advantage

ventana *f.* window

ventanilla *f.* small window

ventanita *f.* small window; peephole

ventrudo bulky, bulging

ventura *f.* luck, fortune

ver *(irreg.)* to see, look, watch *(television);* **a ver** let's see; **tener que ver (con)** to have to do with

veranear to pass the summer season; to vacation; to pass a holiday

veraniego summer *(as an adj.)* of summer

verano *m.* summer

veras: de veras truly, really

verbosa wordy

verdad *f.* truth; **verdad o mentira** true or false

verdadero true

verde green

verdugo *m.* hangman; executioner

verduras *f.* vegetables

vergüenza *f.* shame; **tener vergüenza** to be ashamed; to be embarrassed

verídico true

verificar (qu) to verify

verso *m.* verse; line of poetry

vértice *m.* vertex, apex

veste *f. (poet)* garment

vestido *(past part of* **vestir***)* dressed; *m.* dress, suit of clothes

vestir (i, i) to dress; **vestirse** to get dressed

vestuario *m.* apparel, clothes

veta *f.* vein (minerals)

veterinario/a *m. & f.* veterinarian

vez *f.* time; **a la vez** at the same time; **a veces** sometimes; **cada vez** each time; **de vez en cuando (de vez en vez)** once in a while; **en vez de** instead of; **muchas veces** many times; **otra vez** again; **raras veces** seldom; **tal vez** perhaps; **una vez** once; one time

vía *f.* way, means

viajar to travel

viaje *m.* journey; trip; **hacer un viaje** to take a trip

viajero/a *m. & f.* traveler

víbora *f.* viper, snake

Vicente Vincent

vicio *m.* vice

vicioso vicious, bad

víctima *f.* victim

vida *f.* life; **llevar una vida...** to lead a ... life; **modo de vida** lifestyle; **nivel de vida** standard of living

vidrio *m.* glass

viejo/a old; ancient; *m. & f.* elderly man, or woman

viento *m.* wind

vientre *m.* belly

vieres *second person s. fut. subj. of* **ver** *(archaic)*

viernes *m.* Friday

vigente in force

vigilar to keep guard over

vigilia *f.* vigil; wakefulness

vil despicable, vile

villa: villa miseria slum

villano rude, impolite; *m.* villain, evildoer

vínculo *m.* chain, connection

vinchuca *f.* a species of bedbug

vinillo *m.* light or weak wine

vino *m.* wine

violación *f.* violation; rape

violar to violate

violencia *f.* violence

violento violent, impulsive

viril virile, male

virtud *f.* virtue

viruela *f.* smallpox

visa *f.* **visado** *m.* visa

visigodo Visigoth

visita *f.* visit

visitante *m. & f.* visitor

visitar to visit

vislumbrar to see vaguely, catch a glimpse of; to conjecture, imagine

víspera *f.* evening before; day before

vista *f.* view; sight; glance; **a primera vista** at first glance; **bien visto** on second thought; **punto de vista** point of view

visto *ptp. of* **ver**

viudo *m.* widower; **viuda** *f.* widow

¡viva! hurrah! hail!

vívido vivid

vivienda *f.* housing

viviente alive, live

vivir to live

vivo living; alive; lively, bright; **hacer el vivo** to play the con artist

vocabulario *m.* vocabulary; dictionary

volador flying

volar (ue) to fly

volátil volatile

volcán *m.* volcano

volcar to turn over, to tilt

vólibol *m.* volleyball

volumen *m.* volume

voluntario/a *m. & f.* volunteer

voluptuosa voluptuous

volver (ue) to return; **volver a** + *inf.* to ... again; **volverse** to become; **volver en sí** to recover consciousness, to come to

vos you *(fam. used in Argentina and certain other regions in place of* **tú***)*

votación voting

votante *m. & f.* voter, one who votes or casts a ballot

votar to vote

voto *m.* vote

voz *f.* voice

vuelo *m.* flight

vuelta *f.* turn; return; walk, stroll

vuelto *ptp. of* **volver**

Y

y and

ya already, presently; **ya no (no ya)** no longer; **ya que** since

yacer to lie, be stretched out

Yaquis Indian of Mexico

yerba *(var. of* hierba*)* herb

yerbatero/a *m. & f.* herb doctor, native healer

yuca *f.* yucca, cassava

yugoslavo/a *m. & f.* Yugoslav

yunque *m.* anvil

Z

zafarse to escape, to get away

zafio *m.* crude, coarse

zanahoria *f.* carrot
zapatero *n.* shoemaker
zapatilla *f.* slipper
zapato *m.* shoe
zarzuela *f.* Spanish musical
   comedy or operetta

zenofobia *(alt. of* **xenofo-**
   bia*)* xenophobia, hatred
   of strangers or foreigners
zona *f.* zone
zonzo *m.* simpleton
zorro *m.* fox

zozobra *f.* worry, anxiety
zumbido *m.* humming,
   buzzing
zumo *m.* juice